MARIA UND THOR BRAARVIG
Sechs Paar Schuhe

MARIA UND THOR BRAARVIG

Sechs Paar Schuhe

Wie wir die Welt bereisten
und die Heimat fanden

Sollte diese Publikation Links auf Webseiten Dritter enthalten, so übernehmen wir für deren Inhalte keine Haftung, da wir uns diese nicht zu eigen machen, sondern lediglich auf deren Stand zum Zeitpunkt der Erstveröffentlichung verweisen.

Verlagsgruppe Random House FSC® N001967

Copyright © 2019 by Diana Verlag, München,
in der Verlagsgruppe Random House GmbH,
Neumarkter Straße 28, 81673 München
Redaktion: Dr. Carina Heer und Wiebke Bach
Umschlaggestaltung: Geviert, München
Umschlagfoto: © Laurin Wenzl, www.laurinwenzl.at
Satz: Leingärtner, Nabburg
Druck und Bindung: CPI books GmbH, Leck
Alle Rechte vorbehalten
Printed in Germany
ISBN 978-3-453-29225-3

www.diana-verlag.de
Dieses Buch ist auch als E-Book lieferbar.

Prolog

Wenn einer eine Reise tut …

Was du machst, und nicht, was du sagst, verrät, wer du wirklich bist.
NORWEGISCHES SPRICHWORT

Dortmund, Herbst 2013
»Ihr seid verrückt«, sagen uns einige. Andere halten uns für mutig. Und wir? Wir sehen das ein wenig anders. Wir tun eigentlich nur etwas, worauf wir richtig Lust haben.
Ob wir verrückt sind?
Vielleicht.
Mutig?
Keine Ahnung.
Voller naivem Optimismus und Vertrauen ins Leben?
Aber hallo!

Das Ganze nimmt an einem stürmischen Abend im Herbst 2013 seinen Anfang. Ich sitze in meinem Lieblingssessel – eine Tasse Tee vor mir auf dem Tisch und meinen E-Book-Reader in den Händen. Meine Frau Maria, mit der ich seit zehn Jahren verheiratet bin, und unsere vier Kinder, Lydia, Amy, Aaron und Filippa, schlafen bereits, wodurch es im Haus wunderbar still ist. Das Einzige, was ich hören kann, ist das gedämpfte Dröhnen eines Sturms, der mir aber nichts anhaben kann, hier in meinem sicheren Versteck.

Das Buch *Be A Free Range Human* von Marianne Cantwell handelt davon, wie man sich als Selbstständiger ein Leben aufbauen kann, in dem man mehr Zeit zum Leben und Reisen hat und weniger arbeiten muss. Ein Thema, das mich schon länger beschäftigt. Maria und ich spüren viele kleine Sehnsüchte in uns. Wir hätten gerne mehr Zeit, würden gerne naturverbundener und einfacher leben. Wir würden am liebsten arbeiten, weil es uns Spaß macht und um etwas zu kreieren, was andere Menschen bewegt, und nicht weil wir es müssen. Viele Wünsche auf einmal, könnte man meinen, oder dass wir etwas vernünftiger – und realistischer – werden sollten. Aber ich werde das Gefühl nicht los, dass ich mir mehr vom Leben wünsche. Was ist alles möglich, wenn wir auf unser Herz hören und neue Dinge ausprobieren?

Ich stelle die Tasse zurück auf den Tisch, ziehe die Knie an und lese weiter. Nichts lässt mich besser entspannen als ein gutes Buch.

Doch dann schrecke ich plötzlich zusammen und höre auf zu lesen. Meine Augen ruhen auf der Zeile, deren Worte in meine Gemütlichkeit eindringen wie ein Stachel in meine Haut. Es ist nur ein einziger Satz, doch er drückt etwas aus, das ich tief in mir drin schon lange gefühlt habe, doch selbst nicht in Worte fassen konnte.

Anstatt zu überlegen, wann du deinen nächsten Urlaub machst, solltest du vielleicht lieber dein Leben so gestalten, dass du nicht davor fliehen musst.

SETH GODIN

Ich spüre förmlich, wie mein Herz schneller und lauter schlägt. Ich lese die Zeile wieder und wieder. Schließlich lege ich das Buch zur Seite, schließe die Augen und lasse den Sinn dieser Worte auf mich wirken.

Mir wird bewusst, dass ich höchstpersönlich Herr meines Lebens bin und dass ich viel zu viele Entscheidungen im Leben getroffen habe, ohne wirklich auf mein Herz zu hören. Stattdessen habe ich einfach das getan, was von mir erwartet wurde.

Das fängt schon mit diesem Haus an, in dem ich mich bis zu diesem Augenblick so wohlgefühlt habe. Mein Blick wandert über die Raufascrtapete, die ich selbst an die Wand geklebt und gestrichen habe, dann zu den Möbeln und schließlich zum Parkettboden, den wir uns nur fürs Wohnzimmer leisten konnten. Ganz nett hier, aber ist das alles?

Ein Leben lang Schulden abzubezahlen, damit wir, wenn wir in Rente gehen, perfekt abgesicherte Hausbesitzer sind, die verreisen, sich entspannen und das Leben endlich genießen können, fühlt sich plötzlich wie die dämlichste Idee aller Zeiten an. Wer weiß, ob wir dann noch in der Lage sind, das Leben überhaupt zu genießen? Vielleicht ist dann einer von uns – oder wir beide – dafür zu krank oder schon längst tot.

»Ich darf und will *jetzt* leben«, sage ich in die Stille hinein. Und meine Stimme hört sich plötzlich ganz fremd an. »Und wenn jemand anderer Meinung ist, dann kann mir das absolut egal sein. Verdammt, ich darf mein Leben komplett selbst in die Hand nehmen. Und warum sollte ich auch nicht?« Mir fällt kein einziger guter Grund ein, warum ich dem Strom weiterhin folgen soll. Warum soll ich so leben wie alle anderen und das tun, was alle anderen tun? Hauptsache vorsorgen und einen sicheren – und leider heißt das viel zu häufig auch langweiligen – Job haben. Bloß nichts erleben, denn dabei könnte ja etwas passieren.

Meine Gedanken rasen, und ich spüre eine Lebensfreude wie lange nicht mehr.

Ein Mann in der Midlife-Crisis, könnte man jetzt denken. Und dass mir mein Leben nicht gefällt, oder dass ich unglücklich bin. Aber so ist es nicht. Erstens bin ich erst Anfang dreißig, und zweitens liebe ich meine Frau und meine vier Kinder über alles. Ich habe viele gute Freunde und einen Job als freiberuflicher Übersetzer, der ganz in Ordnung ist. Finanziell geht es uns zwar nicht wirklich gut, aber wir sind immer halbwegs über die Runden gekommen. Eigentlich verdiene ich gut genug. Das Problem ist, dass ich zu undiszipliniert bin. Es gibt immer andere Projekte, die mir mehr Spaß machen, die allerdings auf absehbare Zeit kein Geld bringen. Vielleicht auch nie, das weiß man nicht so genau. Aber ich bin eben ein Träumer. Und dann taucht beim Übersetzen eine Melodie oder irgendeine Idee in meinem Kopf auf, die dringend zu Papier gebracht werden muss. Tue ich das nicht, kann ich mich beim Übersetzen nicht mehr konzentrieren, weil die Gedanken mich nicht loslassen. Und schon ist der halbe Arbeitstag weg.

Es ist mir etwas peinlich, das zuzugeben, aber es ging tatsächlich so weit, dass wir in unseren zwölf Jahren in Dortmund meistens unter der Armutsgrenze gelebt haben. Ein Haus haben wir uns trotzdem gekauft. Komplett von der Bank finanziert. »Eure Zahlen passen vorne und hinten nicht«, sagte damals der Bankangestellte, nachdem er sich unsere finanzielle Situation angeschaut hatte, »aber ich vertraue euch irgendwie. Keine Ahnung warum, ist einfach nur so ein Bauchgefühl.«

Trotz unserer wenig rosigen finanziellen Situation ist unser Leben hier in Ordnung. In diesem Augenblick wird mir dennoch klar, dass ich mich nach mehr Freiheit und mehr Zeit sehne.

Wann haben wir uns eigentlich für dieses Leben entschieden? Gibt es nicht etwas Sinnvolleres irgendwo da draußen? Wozu der ganze Stress und die unzähligen Verpflichtungen? Wer hat festgelegt, dass das Leben so aussehen soll, und warum machen wir alle blind mit?

Ich springe auf. Das Buch fällt polternd zu Boden.

»Wir können machen, was wir wollen, verdammt!«, höre ich mich sagen. Wir müssen kein vorgeschriebenes 08/15-Leben führen, nur weil das die meisten so machen, wir müssen keinen Erwartungen entsprechen.

Ich denke zurück an meine Zeit als Jugendlicher und junger Erwachsener und realisiere, wie ich mich unbewusst von den Erwartungen der Gesellschaft und anderer Menschen beeinflussen ließ, die viel zu viel Macht über mich hatten.

Und während ich in meinem Wohnzimmer stehe und grüble, wird mir bewusst, dass das Gedanken sind, die schon seit Längerem in mir geschlummert haben, allerdings verborgen und wie einzelne Puzzleteile, die nicht zusammenpassen. Dieser eine Satz des Buches fügt jetzt plötzlich alle Teile zu einem Gesamtbild zusammen und gibt ihnen Sinn. Er ist wie ein Tritt in den Hintern. Als würde das Leben höchstpersönlich an die Tür klopfen und sagen: »Hey, kapierst du es immer noch nicht? Wie viele Zeichen muss ich dir noch geben? Dein Leben ist ein Geschenk. Pack es doch endlich aus!«

In diesem Augenblick fängt all das an, wie verrückt in mir zu toben. Es dauert nicht lange, bis mir die Idee in den Sinn kommt, eine Weltreise zu machen.

Was für ein befreiender Gedanke!
Eine Weltreise als Neuanfang.
Für ein ganzes Jahr.

Eine Reise, auf der wir uns als Familie neu ausrichten und herausfinden können, was uns wirklich wichtig ist und wie wir leben möchten. Ich merke, wie immer mehr Fragen in mir auftauchen, die ich mir – und meiner Familie – nie zuvor gestellt habe.

Was macht uns glücklich?

Führen wir eigentlich das Leben, das wir führen wollen?

Wenn es so viele Möglichkeiten und Lebensmodelle gibt, warum machen wir uns nicht auf die Suche und finden heraus, was am besten zu uns passt?

Vielleicht wird eine solche Reise ins Unbekannte uns die Antworten auf all diese Fragen geben?

In den letzten Jahren haben Maria und ich bewusst oder unbewusst vieles getan, um uns von unserer dunklen Vergangenheit in einer christlichen Sekte in Norwegen zu befreien. Dort wurden wir einer Gehirnwäsche unterzogen, die uns die Fähigkeit geraubt hat, selbst zu denken und auf unser Herz zu hören. Wir wurden dort zu engstirnigen, schwarz-weiß denkenden Marionetten eines fast schon psychopatischen Priesters erzogen, die darauf getrimmt waren, andere Menschen zu erreichen und in die Sekte zu bringen. Mit zwanzig Jahren wurden wir von dieser Sekte als Missionare nach Deutschland geschickt, um dort Menschen mit der »frohen Botschaft« zu erreichen und eine Art Glaubensgemeinschaft aufzubauen. Doch nicht wir änderten die Menschen in Deutschland, sondern das Land änderte vielmehr uns.

Zum Glück.

Im Laufe der Zeit haben wir viele kleine Schritte gemacht, bei denen wir bewusst gegen die Erwartungen der Leute in der Kirchengemeinde – so bezeichnete sich die Sekte – gehandelt haben, um Stück für Stück mutiger und freier zu werden. Es war schlichtweg ein Lernprozess, bei dem wir geübt haben, eigene Entscheidungen zu treffen, unabhängig von den Meinungen anderer.

Vielleicht ist jetzt der Zeitpunkt gekommen, der ganzen Welt zu zeigen, dass es *unser* Leben ist, denke ich, während ich im Zimmer auf und ab laufe – ich brenne förmlich. Nichts kann mich mehr an meinem Platz halten.

Innerlich bereite ich mich darauf vor, meine Gedanken mit Maria zu teilen. »Wir werden dieses Leben so gestalten, wie es uns gefällt, völlig egal, was andere darüber denken mögen!«

Ich fühle mich so leicht und aufgewühlt wie lange nicht mehr und bin fest entschlossen, die erste Gelegenheit, die sich bietet, zu nutzen, um Maria in meine Überlegungen einzuweihen.

Am nächsten Morgen stehe ich mit den Kindern alleine auf, frühstücke mit ihnen und bringe die drei Ältesten in die Schule und in den Kindergarten. Auch Filippa, die Kleinste, nehme ich mit, damit Maria noch ein bisschen schlafen kann. Sie hat in den letzten Tagen sehr viel um die Ohren gehabt, also kümmere ich mich heute um alles.

Als Filippa und ich zurückkommen, sitzt meine Frau bereits am Frühstückstisch und schmiert sich ein Brötchen, eine Tasse Tee vor sich auf dem Tisch. Sofort teile ich meine Gedanken mit ihr und bin gespannt auf ihre Reaktion. Diese beendet meinen Höhenflug allerdings ziemlich abrupt.

»Was sollen wir denn ein ganzes Jahr lang machen? Wir

können doch nicht ein Jahr Urlaub machen, ohne dass die Reise einen tieferen Sinn hat!«

Schon von Kindesbeinen an ist uns eingeimpft worden, dass alles, was wir tun, entweder Gott oder der Kirchengemeinde dienen muss. Etwas nur für uns selbst zu tun, vor allem in dieser Größenordnung, scheint für Maria unvorstellbar, und ich kann es ihr nicht übel nehmen. Denn ich hätte vor ein oder zwei Jahren genau so reagiert wie sie. Der einzige Grund, warum ich in meinem Befreiungsprozess ein wenig weiter bin, ist, dass ich nicht mein ganzes Leben in der norwegischen Sekte verbracht habe, so wie sie. Ich bin erst als Jugendlicher dazugekommen, und die Gehirnwäsche sitzt bei mir nicht ganz so tief wie bei ihr. Außerdem würden vermutlich die wenigsten Leute eine Weltreise mit vier Kindern unternehmen, egal was für eine Vergangenheit sie haben.

Als die Kinder abends im Bett sind, versuche ich erneut, mit Maria über das Thema zu sprechen, aber ich spüre, wie sich alles in ihr dagegen sträubt.

Ihr Widerstand führt dazu, dass die spontane Idee von einer Weltreise fast genauso schnell verschwindet, wie sie gekommen ist: Wir gehen schlafen. Und während ich neben Maria im Bett liege und ihren tiefen Atemzügen lausche, verfliegt meine Euphorie und lässt mich allein in der Dunkelheit zurück. Habe ich mich zu sehr in ein bloßes Gefühl hineingesteigert? Es kommt nicht selten vor, dass Maria mich zurück auf den Boden der Tatsachen holen muss. Manchmal sind meine Ideen zwar gut, aber oft auch nicht. Meistens vertraue ich dann ihrem Urteil, aber dieses Mal fällt es schwer loszulassen. Und dennoch: Ohne ihre Unterstützung kann ich die Weltreise sowieso nicht durchziehen. Somit verliere ich meinen Traum in den kommenden Wochen immer mehr aus den Augen.

Mehrere Monate vergehen, ohne dass ich weiß, dass ein kleiner Samen in Marias Herz gesät worden ist.

»Thor, ich muss mit dir reden.« Wir sitzen draußen vor unserem Haus. Die Sonne ist gerade untergegangen, die Kinder liegen in ihren Betten.

Ich mag diese Worte zu Beginn eines Gesprächs nicht. Sie machen mich nervös, klingen irgendwie drohend und unheilverkündend. Vielleicht weil sie mich an unsere Zeit in der Sekte erinnern. Da verhieß eine solche Einleitung nie etwas Gutes. Sie bedeutete vielmehr, dass ich wieder etwas falsch gemacht hatte. Einen Fehler, auf den mich unser Priester hinwies, für den er mich zurechtweisen wollte. Doch Marias Worte sind anderer Natur.

»Ich hab gestern von einer Familie gelesen, die eine Weltreise gemacht hat. Mit fünf Kindern. Eins davon sitzt sogar im Rollstuhl!«

Die Worte klingen in der behaglichen Stille nach. Maria sieht mich aus ihren großen grünen Augen an. Ohne dass ich es mitbekommen habe, hat Maria in den letzten Monaten unzählige Reiseblogs durchstöbert und sich intensiv mit dem Thema Weltreise beschäftigt. Ihre Folgerung hängt unausgesprochen in der Luft: »Wenn die das schaffen, dann wir doch auch, oder?«

Ich atme tief ein. Und bekomme Angst vor unserem naiven Optimismus. Plötzlich ist Maria diejenige, die reisen will, und ich derjenige, der überzeugt werden muss. Allerdings braucht sie nicht lange. Denn mein Traum vom Reisen und von Freiheit konnte natürlich so schnell nicht wieder verschwinden. Es dauert nicht lange, bis all das wieder an die Oberfläche gelangt, was ich vor einem halben Jahr so stark gespürt habe.

Und so beginnen wir mit der Planung unseres Abenteuers. Im Sommer 2015 – also in eineinhalb Jahren – zu starten, scheint uns eine gute Idee, denn dann wird unsere älteste Tochter Lydia mit der Grundschule fertig sein. Bis dahin haben wir genug Zeit, um uns vorzubereiten und herauszufinden, was wir mit dem Haus machen wollen, das wir nur drei Jahre zuvor bei einer Zwangsversteigerung erworben haben.

Die Reisepläne beflügeln uns, und auch wenn die Reise noch lange nicht angefangen hat, spüren wir, dass sie uns jetzt schon verändert. Der Alltag ist zwar noch der gleiche, aber wir fühlen uns auf seltsame Weise freier und lebendiger, und das Leben scheint plötzlich ein einziges großes Abenteuer zu sein, bei dem alles möglich ist. Es fühlt sich tatsächlich wie eine Art Neugeburt an.

Auf dem Weg zu einem selbstbestimmten Leben haben wir schon lange mit den Ketten unserer Vergangenheit gerungen. Dabei haben wir viele kleine Siege erlebt, die sich wahnsinnig gut angefühlt haben. Doch das war nichts im Vergleich zu dem Glücksrausch, den wir jetzt erleben.

Beflügelt von diesem Freiheitsgefühl, entscheiden wir uns dafür, das Haus nicht – wie ursprünglich gedacht – zu vermieten, sondern zu verkaufen, damit wir völlig frei sind und während der Reise keine Verpflichtungen in Deutschland haben. Mit der Entscheidung, es zu verkaufen, fällt uns ein riesengroßer Stein vom Herzen.

»Hey Thor, weißt du, was das bedeutet?«, sagt Maria mit strahlenden Augen, »wenn es uns irgendwo gefällt, zum Beispiel auf einer tropischen Insel, könnten wir theoretisch dort bleiben.«

»Und ich arbeite dann dort als Übersetzer?«

»Ja, genau, solange du eine Internetverbindung und deinen Laptop hast, kannst du doch von überall aus Texte übersetzen und damit Geld verdienen!«

Wir sitzen vor unserem kleinen Haus in Dortmund, dem wir schon bald für immer den Rücken zuwenden werden. Vor uns auf dem Gartentisch liegt die Liste mit Dingen, die wir vor unserer Abreise noch erledigen müssen. Marias Gedanken gefallen mir sehr gut. Freiheit war mir schon immer wichtig. Bereits als kleiner Junge habe ich davon geträumt, einen unabhängigen Job zu haben, vielleicht als Journalist. Dabei habe ich diesen Freiheitsdrang nie wirklich ausgelebt. Bis auf ein paar Ausnahmen. Eine Zeit lang habe ich zum Beispiel versucht, mein Geld als Musiker zu verdienen. Und auch der Job als freiberuflicher Übersetzer ist so eine Ausnahme. Hätte ich den nicht, könnten wir auch die Weltreise kaum finanzieren. Das Haus ist nämlich nicht viel mehr wert als die Summe, die wir der Bank schulden. Für unser altes Auto bekommen wir auch kaum noch was. Also werde ich unterwegs arbeiten müssen, damit wir nicht nach wenigen Monaten irgendwo festsitzen, ohne Geld für ein Rückflugticket.

Die bevorstehende Weltreise stellt unser Leben komplett auf den Kopf. Wir sehen unser Leben aus einer neuen Perspektive, hinterfragen alles und beschäftigen uns mit vielen neuen Dingen, von denen wir vorher keine Ahnung gehabt haben. Dazu gehört unter anderem ein minimalistischer Lebensstil, den wir sofort als sinnvoll empfinden.

Alles, was wir besitzen und nicht wirklich brauchen, ist eine unnötige Last, lesen wir. Wir sammeln immer mehr Müll an, benötigen irgendwann ein großes Haus oder eine große Wohnung, um das ganze unnötige Zeug unterbringen zu können, und gehen das ganze Leben arbeiten, um diese Lagerstätte abzubezahlen. Und wenn wir zu Hause sind, verbringen wir unsere Zeit damit, die große Unterkunft und alles, was dort aufbewahrt wird, zu putzen und in Schuss zu halten. Um von dort wieder zur Arbeit zu kommen, benötigen wir noch ein schickes neues Auto, was ebenfalls bezahlt werden muss. Schon ist unser Leben ein einziges riesiges Hamsterrad geworden, aus dem wir erst mit siebenundsechzig Jahren entkommen.

Uns wird immer klarer, dass das nicht unser Ding ist. Wir wollen lieber frei und unabhängig sein und vor allem ganz viel Zeit haben. Das kostbarste Gut, das es gibt.

Bei der Packliste für die Reise und beim Ausmisten vor dem Hausverkauf beginnen wir also direkt damit, unsere neue Lebensphilosophie anzuwenden. Wir entscheiden uns dafür, nur das Allernötigste mit auf die Reise zu nehmen, und verschenken, verkaufen oder verschrotten alles aus unserem Haus, was uns nicht wirklich wichtig ist. Dabei stellen wir schnell fest, dass wir uns tatsächlich nach jedem losgewordenen Gegenstand leichter und freier fühlen.

Während wir hin- und her- und aus- und wegräumen, führen Maria und ich intensive Gespräche darüber, was wir von unserer Reise um die Welt in 365 Tagen erwarten.

»Weißt du«, sagt Maria, als sie gerade einen Schwung Tupperdosen zum Mitnehmen an die Straße stellt. »Eigentlich habe ich gar keine Lust mehr darauf, in der Stadt zu leben.«

Maria spricht damit aus, was auch mir schon seit Langem durch den Kopf geht. Offenbar spüren wir beide tief in uns eine Sehnsucht nach einem einfachen Leben in der Natur. Gerne ein wenig altmodisch, mit ein paar Tieren und einem kleinen Gemüsegarten. Wir können nicht genau erklären, warum, es fühlt sich einfach richtig an. So als wären wir für ein solches Leben geschaffen, als wüssten wir es nur nicht mehr, weil wir viel zu lange in einer künstlichen Parallelwelt gelebt haben.

»Denkst du, wir bekommen das hin?«, fragt Maria zögerlich.

»Das werden wir schon sehen.«

Wir beschließen, die Weltreise als eine Art Testprojekt zu sehen, bei dem wir herausfinden wollen, wie es sich anfühlt, mit sehr wenig Luxus zu leben, dafür aber mit sehr viel Zeit, Natur und Freiheit.

Alle diese Gedankenprozesse gehen extrem schnell voran. Wir reden ständig über unser Vorhaben und verschlingen Blogartikel und Bücher über die Themen Reisen, Freiheit, Minimalismus oder inspirierende Menschen, die ein selbstbestimmtes Leben abseits des Hamsterrades unserer Leistungsgesellschaft führen.

Und mitten in diesem Rausch buchen wir sechs One-Way-Tickets nach Bangkok. »Von dort aus können wir dann schauen, wie es weitergeht«, sagen wir uns, und allein dieser Satz lässt unsere Herzen fast platzen vor Vorfreude.

Die Tickets sind so günstig, dass wir direkt zuschlagen, auch wenn zu diesem Zeitpunkt noch nichts geklärt ist, weder mit der Schule noch mit unserem Haus, das noch verkauft werden muss. Allerdings setzen wir damit ein Zeichen für uns selbst. Die Reise ist jetzt nicht nur ein Plan oder ein Traum, sondern real. Ganz offiziell.

In den nächsten Monaten beschäftigen wir uns fast täglich mit unserer Reise.

Wo soll es hingehen? Was ist mit Impfungen, und was muss sonst noch alles beachtet werden? Wollen wir doch lieber teure »Around-The-World-Tickets« kaufen, bei denen wir schon jetzt sämtliche Stationen inklusive Reisedaten festlegen müssen?

All diese Fragen und vor allem die scheinbar unbegrenzten Möglichkeiten erschlagen uns fast, und uns wird schnell klar, dass wir die Reise nicht genau im Voraus planen wollen. Wenn wir etwas von ihr lernen möchten, müssen wir flexibel sein und uns treiben lassen, damit wir überhaupt auf die Zeichen, die sie uns gibt, reagieren können. Wir wollen uns auf die Orte, die wir besuchen, und auf die Menschen, denen wir begegnen, einlassen können. Und so soll die Reise, auf die wir uns begeben, ihre eigene Geschichte schreiben. Sie soll sich entfalten dürfen, wie es ihr gefällt, und uns immer wieder aufs Neue überraschen. Drei Tage hier, einen Tag dort, und das Abklappern der obligatorischen Sehenswürdigkeiten ist nichts für uns. Wir werden uns Orte suchen, die uns gefallen, um dann eine Weile dort zu bleiben und zur Ruhe zu kommen, um die Kultur, die Natur und all die Eindrücke auf uns wirken zu lassen. Begegnen wir anderen Reisenden, werden wir uns vermutlich Geschichten beim Sonnenuntergang erzählen, Geheimtipps austauschen und vielleicht sogar Freundschaften schließen. Jeder Tag soll wie eine neue Seite eines spannenden Buches sein, das man nicht mehr weglegen möchte.

Wenn die Zeit zum Aufbruch kommt, dann werden wir das schon spüren. Dann packen wir unsere Rucksäcke und ziehen einfach weiter. Vielleicht hören wir eine Geschichte über einen magischen Ort, den wir unbedingt sehen wollen. Und vielleicht kommen wir da auch nie wirklich an, weil wir auf dem Weg dorthin über einen anderen Ort stolpern, in den wir uns verlieben, oder weil wir Leuten begegnen, die uns auf andere Gedanken bringen.

Dann wird eben alles anders.

Und das ist dann auch gut so.

1

Aufbruch und Zweifel

Man kann die Wirklichkeit des Lebens nicht erkennen,
bevor man am Abgrund gestanden hat.
NORWEGISCHES SPRICHWORT

Dortmund, Juni 2015

»Wach auf, Baby!«, flüstere ich leise, während ich Maria über das Gesicht streichle, »heute ist der große Tag, es geht endlich los!«

Sie dreht sich zu mir, macht die Augen auf und lächelt verschlafen, bevor sie wieder eindöst.

»Komm schon, wir müssen Gas geben! Der Wecker hat schon zwei Mal geklingelt.« Ich schüttele sie leicht und gehe zu den Kindern, um auch sie zu wecken. Sie liegen auf Matratzen, direkt auf dem Boden. Daneben kleine Stapel mit der Kleidung für den Abreisetag. Ansonsten ist die Wohnung völlig leer.

Schon seit wir das Haus vor drei Monaten verkauft haben, wohnen wir in dieser provisorischen Wohnung, die sich im Haus einer befreundeten Familie befindet. Lea, Peter und ihre beiden Söhne haben wir vor acht Jahren kennengelernt, als sie auf Wohnungssuche in Dortmund waren und sich die Wohnung über uns angeschaut haben. Sie sind Russlanddeutsche, sparsam, geduldig, großzügig und warmherzig. Wir lieben sie, und hier zu wohnen, ist der perfekte Übergang zu unserem großen Abenteuer gewesen. Ein kleiner Neuanfang vor dem großen Neuanfang sozusagen. Es hat sich tatsächlich ein bisschen wie Urlaub angefühlt. Dabei haben wir die letzten Monate hier auf dem Fußboden verbracht – fast ohne Möbel und nur mit dem Allernötigsten.

Ich blicke mich ein letztes Mal um, bevor wir diese Wohnung für immer verlassen. Die Wände sind kahl, der Raum fast leer. Schön ist es hier vielleicht nicht, aber es hat uns an nichts gefehlt. Die Trennung vom Haus und von dem ganzen Kram, den wir nicht brauchen, fühlt sich in diesem Moment unglaublich gut an. Nichts hält mich hier. Keine Verpflichtungen, kein Darlehen. Alles, was wir voraussichtlich für ein ganzes Jahr benötigen, befindet sich in unseren sechs Rucksäcken, die fertig gepackt im Flur stehen. Dieser Gedanke und das damit verbundene Freiheitsgefühl überwältigen mich fast. Es hält uns nichts. Nirgendwo.

Gleichzeitig beschleicht mich ein anderes Gefühl, während ich ein letztes Mal durch die Wohnung gehe – ein Gefühl, das mich in letzter Zeit immer wieder mal überfallen hat: die Angst vor dem Unbekannten.

Bis vor Kurzem habe ich es nie verstanden, wenn Leute uns wegen unseres Vorhabens für mutig gehalten haben. Wir haben doch ausschließlich Vorfreude empfunden. Die Angst und die Zweifel sind erst jetzt aufgetaucht, wenige Tage bevor wir alles hinter uns lassen wollen. Sowohl bei Maria als auch bei mir. Dortmund ist unsere Heimat geworden, viel mehr als es Norwegen jemals gewesen ist. Wir lieben diese Stadt und ihre Menschen seit Jahren, doch erst in den letzten Tagen ist uns das Ausmaß dieser Liebe bewusst geworden. *Man weiß erst, was man hat, wenn man es verliert*, diese Worte gehen mir einmal mehr durch den Kopf, als ich ans Fenster trete und meinen Blick über die vom Morgenlicht beschienenen Dächer Dortmunds schweifen lasse. Nur haben wir es uns selbst ausgesucht.

Maria hat immer viele tiefgehende Freundschaften gehabt. Und sie findet schnell neue Freunde. Mir waren intensive Freundschaften nie wirklich wichtig. Ich habe immer gedacht, dass mir meine eigene Gesellschaft und die meiner Familie reicht. Wenn ich dann noch ein paar Jungs zum Fußballspielen oder Burgeressen hatte, war für mich alles perfekt.

Ich erinnere mich sogar an einen Freund aus unserer Kirchengemeinde in Dortmund, der sich mir öffnete und anvertraute, dass er sich nach Freundschaften sehne, die tiefer gehen: »Bevor ich nach Dortmund umgezogen bin, hatte ich mehrere solche Freundschaften«, erzählte er mir, »und jetzt fehlt mir das total.« Es war offensichtlich, dass er wissen wollte, ob ich an einer solchen Freundschaft Interesse hatte. Meine Antwort ist mir heute etwas peinlich. Mein einziger Trost ist, dass ich ehrlich war: »Ich brauche keine Freundschaften«, sagte ich ihm damals. »Ich bin mit mir selbst glücklich, und ansonsten reichen mir meine Familie und die Dinge, die wir Männer aus der Kirchengemeinde ab und zu miteinander unternehmen.«

Ich hatte damals noch wenig Ahnung, wer ich war, und mir war nicht klar, dass auch ich tiefe Freundschaften brauche. Erst jetzt, da wir dabei sind, Dortmund den Rücken zu kehren, wird mir das richtig bewusst. Plötzlich merke ich, dass es tatsächlich eine Handvoll Leute gibt, die ich nur sehr ungern verlasse. Menschen, mit denen ich viel erlebt habe und die mir über die Zeit richtig ans Herz gewachsen sind.

»Ich hab so ein Gefühl, dass ihr nicht wiederkommen

werdet«, hat uns Jenny noch vor ein paar Tagen gesagt und uns dabei traurig angeschaut. Sie ist eine gute Freundin, die während unserer gesamten Zeit in Dortmund mit uns durch dick und dünn gegangen ist.

»Doch, doch, wir kommen schon zurück«, hat Maria geantwortet. Doch wir beide sind uns nicht mehr so sicher. Wir haben ein bisschen Angst davor, dass wir woanders tatsächlich das Leben finden, das wir eigentlich leben wollen, und dass dieser Abschied vielleicht doch für immer sein könnte. »Da bin mir zu achtzig Prozent sicher«, hat Maria nach einer kurzen Denkpause hinzugefügt. Vor einem Jahr hätten wir wohl gesagt, dass die Chancen fünfzig zu fünfzig stehen. Schließlich wollten wir alles offenlassen, unser Leben komplett überdenken und herausfinden, wie wir leben möchten. Doch je näher der Tag der Abreise rückte, desto wahrscheinlicher fühlte es sich für uns an, nach Dortmund zurückzukehren. Einfach deshalb, weil uns nach und nach klar wurde, was wir in dieser Stadt und in diesem Land alles hatten – vielleicht aber auch, um unsere Freunde und auch uns selbst zu trösten.

»Hey, ihr werdet euch die Welt ansehen, Freunde. Ihr seid auf der Suche nach einem anderen Lebensmodell. Ihr werdet traumhafte Orte sehen. Wie soll Dortmund da mithalten können? Es ist quasi Dortmund gegen den Rest der Welt«, gab Jenny resigniert von sich, »juhu, heja BVB!«

»Wegen dir«, gab Maria zurück, »kann Dortmund locker mithalten. Dich gibt es nur hier!«

Es sind hauptsächlich unsere Freunde, die den Abschied schwer machen, aber dazu kommt, dass Dortmund und Deutschland unsere Heimat geworden sind. Unser sicherer Hafen. Hier kennen wir die Kultur, hier wissen wir, wie die Menschen ticken. Wir waren fast noch Kinder, als wir hierhergezogen sind, und sind in Dortmund quasi erwachsen geworden. Bei unseren Besuchen in unserer alten Heimat Norwegen haben wir uns im Vergleich dazu in den letzten Jahren immer fremd gefühlt.

Doch egal, wie sehr es uns hier gefällt, egal, wie sehr es jetzt kurz vor der Abreise plötzlich schmerzt, all das hier zu verlassen, und auch wenn wir plötzlich auch ein wenig mit Zweifeln kämpfen müssen: Tief in uns drin wissen wir, dass es Zeit für Veränderung ist. Dass wir hier rausmüssen, damit wir wirklich verstehen können, was wir wollen und was uns wichtig ist. Es ist Zeit für einen kompletten Neuanfang, bei dem wir uns selbst und unsere tiefsten, innersten Wünsche, Bedürfnisse und Träume kennenlernen können. Ohne einen solchen Ausbruch und ohne unseren inneren Kompass komplett zurückzusetzen, werden wir nicht in der Lage sein, das zu tun. Weil unser Blick dann immer noch getrübt wäre von all den Selbstverständlichkeiten, die unser Leben ausmachen und die uns das Hinterfragen schwer machen.

Mein Blick fällt auf die Kinder, die immer noch schlafend auf ihren Matratzen liegen. Sie sehen so schön aus, so unbesorgt. Ich spüre in diesem Augenblick eine tiefe Liebe zu ihnen. Wie kann es sein, dass ich trotzdem so oft mit ihnen schimpfe? Im Alltagsstress gehen wir uns schnell auf die Nerven. Vielleicht weil wir zu wenig Zeit haben, um uns gegenseitig wirklich zuzuhören und zu verstehen.

Es fängt schon morgens an, wenn die Kinder in die Schule und in den Kindergarten gebracht werden müssen. Wenn Maria und ich dann mit der Arbeit fertig sind und die Kinder wieder da sind, gibt es andere Verpflichtungen. Ein Kind muss zum Turnverein, ein anderes möchte eine Freundin besuchen und muss gefahren werden, weil diese etwas weiter weg wohnt. Und dann gibt es in der Gemeinde wieder irgendein Problem oder eine Veranstaltung, um die wir uns kümmern müssen.

Wann haben wir Zeit, um einfach zu sein? Zusammen als Familie Zeit zu verschwenden? Irgendwie sind die wenigen Augenblicke am Tag, in denen wir alle zusammen sind, stressige Momente, weil wir dann meistens gerade auf dem Sprung sind. So bekommen wir hauptsächlich die schlechten Seiten voneinander zu sehen und haben zu selten die Zeit, um zusammen zur Ruhe zu kommen. Und genau das ist eins der Dinge, die wir im vor uns liegenden Jahr ändern werden. Wir werden unendlich viel Zeit haben. Ein Jahr lang keine Eile. Ein ganzes Jahr einfach sein, jeder für sich und gemeinsam als Familie.

Ich beschließe, den Kindern während dieser Reise mehr Zeit zu schenken. Ich will sie sehen. Sie sollen richtig spüren, dass ich Zeit für sie habe. Ich will mich ganz auf sie einlassen und ihre Wünsche, Sorgen und Gedanken verstehen. Sie sind mir extrem wichtig, das wissen sie auch. Aber ich möchte, dass sie es nicht nur in ihren Köpfen wissen, sondern richtig in ihren Herzen spüren. Und das können keine schönen Worte bewirken, sondern nur Taten.

Für die Kinder ist diese Reise sowieso das Abenteuer schlechthin. Als wir ihnen von unseren Plänen erzählt haben, waren sie alle begeistert. Nur Lydia, unsere Älteste, hatte auch Bedenken. Im letzten Schuljahr vor unserer Reise haben alle in ihrer Klasse über die weiterführende Schule geredet, und es war sehr schwer für sie, nicht mitreden zu können. Sie wollte sich nicht von den anderen unterscheiden.

Manche ihrer Mitschüler haben ihr gesagt, dass es nicht gut

für sie sei, ein Jahr lang keine Schule zu besuchen. »Du musst doch fleißig lernen, damit du später studieren und viel Geld verdienen kannst«, hat ihr ein Mädchen eingeredet, das die Noten für den Übertritt zum Gymnasium schon sicher in der Tasche hatte. Es war offensichtlich, dass sie ihre Ansichten von ihren Eltern hatte. Solche Kommentare waren nicht schön für Lydia, doch es half ihr, mit uns darüber zu sprechen. »An so eine Leistungsgesellschaft glauben wir nicht«, erklärte ich ihr. »Du bist noch ein Kind, Lydia. So wie deine Freundin geredet hat, sollte kein Kind reden oder denken müssen. Kinder sollen frei sein. Die Welt soll für Kinder in erster Linie ein riesiger Spielplatz sein. Und kein Ort, an dem es immer nur um Leistung geht.«

Um ihr die Sorgen zu nehmen, haben wir uns mit ihr darüber unterhalten, wie viel sie von der Reise fürs Leben lernen würde, und über viele andere Vorteile, die so eine Reise hat. Mittlerweile freut sie sich genauso sehr wie wir alle auf das, was vor uns liegt.

Ich knie mich hin und küsse nacheinander alle vier Kinder auf die Wange. »Wach auf, unsere große Reise beginnt heute«, flüstere ich jedem ins Ohr.

Eine halbe Stunde später sitzen wir im Auto. Oft gibt es Stress und Auseinandersetzungen, wenn wir alle frühmorgens aus dem Haus müssen, doch wenn wir eine Reise unternehmen, arbeiten die Kinder auf eine Art und Weise mit, wie ich sie an ihnen nur selten erlebe. Vermutlich wegen der Aufregung, die diese kleinen und großen Abenteuer mit sich bringen. Ohne zu murren, sind sie aufgestanden, haben ihre Sachen angezogen und sind mit uns ins Auto gestiegen, ihre Rucksäcke zwischen den Beinen.

Unsere Freundin Lea fährt uns zum Bahnhof in Dortmund, wo wir uns zum Frühstück noch Brezeln kaufen, bevor wir in den Zug nach Hamburg steigen, von wo unser Flieger nach Norwegen geht. Die günstigen One-Way-Tickets, die wir nach Bangkok gebucht haben, gehen nämlich von Oslo. So können wir uns noch von unseren Familien verabschieden und drei, vier ruhige Wochen in einem Tipi mitten im Wald verbringen. Das Tipi und das dazugehörige Grundstück gehören seit Kurzem Marias Bruder. Unser Plan ist, dort erst mal richtig runterzukommen, nachdem die letzten Monate in Deutschland für Maria und mich sehr intensiv waren. Die Behördengänge, der Verkauf des Hauses und des Autos. Unzählige Verträge mussten gekündigt, unsere letzten Besitztümer an den Mann gebracht werden.

Außerdem war es ja nicht mit der Entscheidung getan, die Kinder für ein Jahr von der Schule zu nehmen – sie mussten offiziell befreit werden. Das Warten auf die Zusage der Schulleiterin, die erst kurz vor unserer Abreise per Post eingetrudelt ist, hat sich als regelrechte Nervenprobe herausgestellt. Es ist alles sehr viel stressiger gewesen, als wir uns vorgestellt hatten.

Das ist übrigens etwas, was Maria und ich nicht gut können: abschätzen, wie anstrengend und kompliziert ein Vorhaben sein könnte. Ich bin aber froh, dass wir ein gewisses naives Vertrauen ins Leben haben. Hätten wir all die Probleme und Herausforderungen, die bei einer solchen Reise entstehen können, schon vor der Reise im Geiste durchzuspielen versucht, hätte uns das sicherlich überfordert. Und wer weiß, vielleicht hätten wir die Reise dann gar nicht erst gemacht.

Geht man das Ganze ein bisschen naiver an und stellt sich den Problemen in dem Moment, in dem sie auftauchen, sind sie irgendwie lösbar. Wenn man sie dann einzeln bewältigen muss und nicht alle auf einmal, kriegt man es hin. Zumindest war das bisher in unserem Leben immer so, wenn wir uns in irgendwas gestürzt haben, ohne vorher groß zu überlegen.

Ein bisschen wie damals, als wir nach Deutschland gekommen sind, ohne die Sprache zu beherrschen und ohne hier irgendwelche Kontakte zu haben. Wir waren ganz auf uns allein gestellt und sollten eine Glaubensgemeinschaft aufbauen. Für uns war das unser erstes großes Abenteuer.

Doch während wir damals gar keine Angst hatten, sieht das heute ein wenig anders aus. Vielleicht weil wir die Verantwortung für vier kleine Menschen tragen.

Während wir im Auto auf dem Weg zum Hauptbahnhof sitzen, frage ich mich, ob auch dieses Mal alles gut gehen wird, und ich spüre wieder, wie Zweifel und Angst mich packen. Ich atme tief ein: *Bis jetzt hat alles ganz gut geklappt, oder nicht?*

Während ich immer noch in Gedanken versunken bin, parkt Lea das Auto vor dem Nordeingang des Bahnhofs. Wir verabschieden uns in aller Eile von ihr und hasten in den Bahnhof und zum Gleis. Wir planen diese Reise zwar seit eineinhalb Jahren, aber spät dran sind wir natürlich trotzdem. Deshalb bleibt uns keine Zeit für große Gefühle. Erst als der Zug wenige Sekunden später losrollt und wir Lea durch das Fenster zuwinken, spüren wir einen Stich im Herz. Mindestens ein Jahr lang werden wir all diese wunderbaren Menschen, die wir hier in dieser Stadt so liebgewonnen haben, nicht mehr sehen. Und wer weiß, vielleicht werden wir auch nie wieder hier wohnen.

Im ICE schauen wir uns die vorbeifliegenden Häuser und Landschaften an, leicht geblendet von der aufgehenden Sonne, die unserem Aufbruch etwas Magisches verleiht. Filippa, unsere

Jüngste, die gerade erst drei Jahre alt ist, schläft mit einer halben Brezel in der Hand und einem butterverschmierten Gesicht ein. Maria wischt die Butter mit einer Serviette weg und bettet Filippa vorsichtig auf zwei Sitze. Unser Gepäck, bestehend aus sechs Rucksäcken, einem Handgepäckkoffer mit Rollen und einer kleinen Gitarre, befindet sich auf den Sitzen vor uns.

Wir haben viel Zeit investiert, um eine Packliste zu erstellen, die sich auf das Allernötigste beschränkt. Und in diesem Moment fühlt es sich richtig gut an, mit so wenig Gepäck unterwegs zu sein. Anstatt zu überlegen, was wir alles im Laufe eines Jahres gebrauchen könnten – was natürlich eine Menge ist –, haben wir uns entschieden, bloß für eine Woche zu packen. Bei mir landeten lediglich fünf T-Shirts, zwei kurze Hosen, eine Badehose, sieben Boxershorts, sieben Paar Socken, ein Pulli und eine Hose im Rucksack. Ansonsten habe ich noch meinen Kulturbeutel, meinen E-Book-Reader und meinen Laptop zum Arbeiten dabei. Außerdem habe ich vor, einen Blog über unsere Reise zu verfassen – »Sechs Paar Schuhe« soll er heißen. Vielleicht stößt er auf Interesse, und unsere Reise kann andere inspirieren.

In den Taschen der anderen herrscht ähnliche Leere. Die Kinder durften lediglich zwei kleine Spielzeuge oder Kuscheltiere mitnehmen. Der einzige Luxusgegenstand, den wir uns genehmigt haben, ist die kleine Gitarre. Unser Gedanke: *Lieber zu wenig als zu viel.* Wenn Kleinigkeiten fehlen, kaufen wir sie vor Ort. Eine durchschnittliche Familie würde sicherlich das Doppelte für zwei Wochen Mallorca mitschleppen.

Ich schaue Maria in die Augen, und das, was noch übrig ist von der Unsicherheit, die mich vor Kurzem ein letztes Mal überfallen hat, verschwindet sofort. Sie ist meine Heimat, mehr als alles andere. Nichts kann mir Halt und Geborgenheit geben so wie sie. Es kribbelt angenehm im Bauch, und ich spüre, wie ich mich wahnsinnig freue, auf alles, was noch vor uns liegt.

2

Norwegen – Vollkommene Freiheit

Kein Mensch muss müssen!
GOTTHOLD EPHRAIM LESSING

Norwegen, Juni 2015
»Papa, wohin ziehen wir nächste Woche um?« Filippa liegt in ihrem Bett und schaut mich mit großen, fragenden Augen an. Die Worte bleiben zwei Sekunden in der Luft hängen, bis ich realisiere, was sie da gerade gesagt hat. Zuerst muss ich darüber schmunzeln, doch dann wird mir klar, dass sie recht hat. Wir ziehen tatsächlich um, denn wir haben zurzeit kein Zuhause, bis auf das, wo wir gerade sind. Die ersten Tage hier in Norwegen haben wir bei Marias Eltern übernachtet. Danach sind wir eine Woche bei meiner Familie in Westnorwegen gewesen. Im Moment sind wir bei Marias Schwester, wo wir uns seit ein paar Tagen aufhalten, und ab morgen geht es dann endlich ins Tipi – ein riesiges Zelt auf dem Gelände eines ehemaligen Bauernhofs inmitten eines großen Waldes.

Die Selbstverständlichkeit, mit der Filippa diese Frage stellt, beeindruckt mich. Die Vorstellung, dass wir zurzeit kein festes Zuhause haben, fühlt sich sowohl befreiend als auch seltsam an, und es freut mich sehr, dass Filippa sich schon so gut daran gewöhnt hat und sich da zu Hause fühlt, wo wir gerade sind.

Ich habe mich schon oft gefragt, wie unsere Kinder mit dem Nomadenleben klarkommen werden. Und deswegen ist es schön zu sehen, dass sie die Veränderungen und die Herausforderungen, die unsere Reise mit sich bringt, anscheinend gut bewältigen. Sogar noch besser als ihr Papa, der wohl ein bisschen Zeit benötigt, um sich an das Ganze zu gewöhnen. Ich merke, wie ich von dem ganzen Hin und Her ziemlich erschöpft bin, und realisiere auch, wie ich mich von den stressigen letzten Wochen in Deutschland noch lange nicht erholt habe. Es freut mich aber, dass es für die kleine Filippa schon völlig klar ist, dass sie jetzt eine Weile immer wieder umziehen wird, dass sie trotzdem immer zu Hause ist, und dass sie neugierig ist auf das, was kommt.

»Wir ziehen in den Wald«, antworte ich verträumt nach einer viel zu langen Denkpause, »wo die Füchse und Elche zu Hause sind. Dort werden wir in einem Tipi wohnen, einem großen Indianerzelt mit einer Feuerstelle in der Mitte.«

Sie lächelt mich mit leuchtenden Augen an und zieht ihre Bettdecke bis zum Kinn hoch. »Dann können wir Indianer spielen, die ganze Familie«, sagt sie, während sie vor Müdigkeit gähnt, »und Feuer machen im Zelt.«

»Ja, das können wir«, antworte ich leise, gebe ihr einen Kuss auf die Stirn und gehe ins Wohnzimmer zu Maria und ihrer Schwester, bei der wir nun unsere letzte Nacht in der »Zivilisation« verbringen, bevor es zum Zelten geht.

Ich wohne seit zwölf Jahren nicht mehr in diesem Land und habe meine alte Heimat in dieser Zeit nur selten vermisst. Irgendwie verbinde ich Norwegen seit Langem mit der Engstirnigkeit der Sekte, die vor unserem Umzug nach Deutschland fast unser komplettes Leben bestimmt hat. In Deutschland haben Maria und ich das Leben ganz neu kennen- und lieben gelernt. Aus diesem Grund haben wir uns in den letzten Jahren immer wieder gesagt, dass wir nie wieder nach Norwegen ziehen werden. Maria hat jedoch ihre Familie in den vergangenen Jahren vermisst. Bei mir war das nicht der Fall. Ich war als Kind immer sehr selbstständig, und jetzt als Erwachsener ist mir wirklich bewusst geworden, dass ich mich meiner Familie nicht so verbunden fühle, wie die meisten anderen Menschen es tun.

Dennoch gibt es eine Sache, die ich im Ruhrgebiet tatsächlich vermisst habe: die unberührte Natur, die es in Norwegen in Hülle und Fülle gibt. Mir hat es gefehlt, in einem Wald spazieren gehen zu können, der nicht gleich nach einem Kilometer aufhört, wie das in Dortmund häufig war. Wo man nichts hört, außer den Geräuschen des Waldes. Oder baden zu gehen, ohne Eintritt bezahlen zu müssen, zum Beispiel in einer schönen Bucht am Meer oder nackt in einem einsamen See. Dabei geht es mir eigentlich nicht ums Geld, sondern ums Eintrittbezahlen an sich. Wenn ich an einem Schalter vorbeigehe und eine Eintrittskarte kaufe, habe ich nicht mehr das Gefühl, in der freien Natur zu sein, egal wie schön der Strand ist. Es fühlt sich für mich dann nach Erlebnispark an. Ich sehne mich nach echter Wildnis, unberührter Natur und Weite. Nach der unendlichen Weite und Stille, die es hier in Norwegen gibt und die meiner Seele gerade unglaublich guttun.

Wir halten uns insgesamt vier Wochen mitten im Nirgendwo auf, etwas mehr als eine Autostunde südlich von Oslo. Das Tipi, in dem wir wohnen, besteht aus zwanzig Baumstämmen, die etwa neun Meter lang und so aufgestellt sind, dass sie einen

Kegel bilden, der mit einer riesigen, wasserabweisenden Stoffplane bedeckt ist. In der Mitte gibt es eine Feuerstelle mit schwenkbarem Grillrost, und oben in der Spitze befindet sich ein Loch, damit der Rauch abziehen kann. Hier können wir unser Essen zubereiten. Ansonsten gibt es auch einen überdachten Holzgrill auf dem Grundstück und eine kleine Holzhütte mit Backofen, die etwa hundert Meter vom Tipi entfernt ist. Direkt neben dem Tipi befindet sich eine Spüle mit Brunnenwasser, wo wir den Abwasch erledigen.

Der Bauernhof, bei dem das Tipi steht, liegt inmitten eines endlosen Waldes. Die Ruhe ist überwältigend. Es gibt kilometerweit keine Nachbarn, nur ein paar zahme Waldkatzen, die, wenn sie nicht gerade auf Mäusejagd sind, immer mal wieder bei uns vorbeischauen, um gestreichelt zu werden. Und einen wunderschönen See, den man findet, wenn man der unbefestigten Straße ein bisschen tiefer in den Wald hinein folgt. Dort gehen wir oft gemeinsam hin, mal um zu angeln oder Kanu zu fahren, aber meistens, um uns abzukühlen. Es ist so wunderbar still dort.

An einem Abend sitzen wir dort auf dem Felsen am Ufer, während die Sonne untergeht, und sind überwältigt von der Schönheit der Natur.

»Jetzt, in diesem Moment, fühle ich mich einfach nur glücklich«, flüstert Maria, während unsere Kinder im goldenen Licht barfuß über die Felsen rennen.

»Ja, manchmal gibt es diese Momente im Leben, wenn alles gut ist«, erwidere ich. Bei mir sind das jedoch in dieser Zeit wirklich bloß Momente. Denn viel häufiger spüre ich in diesen Tagen noch immer eine innere Unruhe in mir. Es braucht Zeit, um richtig runterzukommen. Der Hausverkauf, der Umzug und die Haushaltsauflösung haben uns ziemlich zu schaffen gemacht, und es gibt immer noch viele Sachen, die wir noch regeln müssen, da wir sie vor der Reise nicht mehr geschafft haben. Meine To-do-Liste hat über zwanzig Punkte, die noch nicht abgehakt sind. Verträge, die gekündigt werden müssen, E-Mails, die an Behörden geschickt werden müssen, und Unmengen an Papierkram. Ich hasse solche Arbeiten, vor allem dann, wenn ich sie vor mir herschiebe und sie ständig mahnend über mir schweben. Doch nach und nach arbeite ich die wichtigsten Punkte ab. Jeden Tag ein paar. Und einige überspringe ich einfach. Was soll schon Schlimmes passieren?

Und so langsam wirkt er auf uns ein, dieser Wald mit seiner tiefen Ruhe. Als unsere Zeit fast zu Ende ist, merke ich, dass ich endlich ein wenig entschleunige. Etwas spät, könnte man meinen, aber ich habe ja fast noch ein ganzes Jahr Zeit. Sich Stress zu machen, weil man nicht schnell genug zur Ruhe kommt, wäre wohl eher kontraproduktiv.

Für die Kinder kann ich mir kaum etwas Besseres vorstellen als das, was sie hier haben: unendlich viel Platz zum Spielen und Klettern und um auf Entdeckungsreisen zu gehen. Gemeinsam beobachten Maria und ich, wie sie dabei immer wieder komplett mit der Natur verschmelzen und stundenlang völlig in ihr abtauchen. Es macht mich glücklich, sie so zu sehen. Es fühlt sich richtig an.

Im Alltag kommen die meisten Kinder viel zu selten so zur Ruhe, weil es ständig Ablenkung und Programm gibt. Wir haben immer daran geglaubt, dass Langeweile für Kinder sehr wichtig ist. Die Langeweile auszuhalten, bis die Fantasie zu arbeiten beginnt. Das fördert die Kreativität mehr als alles andere. Unsere Kinder haben aus diesem Grund immer extrem wenig Fernsehen geschaut und Computerspiele gespielt, weil wir gemerkt haben, dass diese Dinge sie so stark stimulieren, dass alles andere dagegen nur verlieren kann. Plötzlich sind sie nicht mehr in der Lage, beispielsweise aus dem Wohnzimmer ein Piratenschiff zu machen.

Wenn man als Kind lernt, dass man aus jeder noch so öden Situation etwas Cooles und Kreatives herauskitzeln kann, dann nimmt man diese Einsicht mit in das Erwachsenenleben, so Marias und meine Theorie. Man wird zum Schöpfer des eigenen Lebens statt zum passiven Konsumenten. Wenn man mal den Job verliert oder eine andere Krise erlebt, ist das kein Weltuntergang, denn als Kind hat man gelernt, dass man immer wieder selbst auf gute Ideen kommen kann, in jeder Situation. Dass man kein Opfer der Umstände ist und darauf angewiesen, dass die Antwort auf alle Probleme von außen kommt.

Im Alltag ist es allerdings nicht immer so leicht, die Kinder vor all den Ablenkungen und Versuchungen zu schützen. Häufig sind wir Eltern regelrecht dazu gezwungen, Kompromisse einzugehen. Wenn wir wie jetzt in der Natur sind und es gar keine iPads oder Ähnliches gibt, ist es um vieles einfacher.

Während Maria und ich in Gedanken versunken dasitzen und die Kinder beim Spielen beobachten, höre ich plötzlich Aarons quengelige Stimme. Ausgerechnet jetzt, wo ich darüber nachdenke, wie idyllisch und perfekt alles gerade ist, findet er irgendetwas doof.

»Es gibt nichts zu tun hier. Mir ist langweilig!«, meckert er.

Typisch Aaron. Er kann den größten Spaß seines Lebens haben, doch wenn er in einer Sekunde nicht mehr weiß, was er tun möchte, kann alles plötzlich blöd sein.

Ich bin kurz davor, ihm eine genervte Antwort zu geben, als Maria, die geduldigere von uns beiden, mir zuvorkommt. Sie geht in die Hocke, um mit ihm auf Augenhöhe zu sein, und redet ruhig auf ihn ein.

»Schließ die Augen, und stell dir vor, wir wären jetzt in der Stadt«, sagt sie ruhig. Danach bittet sie ihn, sich vorzustellen, was wir ihm dort alles zurufen könnten, und gibt ihm gleich ein paar Beispiele: »Nein, Aaron, stopp, nicht auf die Straße rennen«, »Fass das bloß nicht an«, »Bleib hier«. Schon jetzt erkennt man ein kleines Lächeln auf seinem Gesicht, das immer größer wird, während sie redet. Als sie ihm am Ende sagt, dass er hier fast alles machen darf, was er möchte, strahlt sein Gesicht vor Freude. Er hat sie verstanden. Kurz danach verschwindet er mit den anderen im Wald.

Dort üben alle vier Kinder heimlich ein Theaterstück ein und kommen erst etwa eine Stunde später zurück, um uns zu holen.

»Wir haben eine Überraschung für euch«, sagt Amy, während alle vier uns voller Vorfreude in den Wald zerren. »Ein Theaterstück, und ihr dürft Zuschauer bei der Premiere sein.«

Erst zeigen sie uns, wo wir stehen dürfen, und dann geht es los. Die erste Szene fängt mit einer Schlägerei an, bei der Ketchup als Theaterblut zum Einsatz kommt, und endet mit einer Verfolgungsjagd, bei der Hindernisse mit coolen Sprüngen überwunden werden müssen. Als die erste Szene vorüber ist, zeigt Lydia auf einen Platz hinter uns und ruft laut: »Schnell dorthin, es geht da direkt weiter.«

Ich genieße es, die Kinder so zu sehen. Wie sorglos und befreit sie sind, wenn sie sich draußen in der Natur aufhalten und stundenlang irgendein selbst erfundenes Spiel spielen.

Sie leben im Jetzt, denke ich mir. *Vermutlich kann ich eine ganze Menge von ihnen lernen.* Etwas weniger nachzudenken, zum Beispiel. Ich halte mich zu viel in der Vergangenheit und in der Zukunft auf. Es würde mir sicherlich guttun, wenn ich noch öfter den Moment erleben würde.

Nur das Hier und Jetzt.

Ein paar Tage später sitzen wir im Flieger, der uns nach Bangkok bringen soll. Die Kinder schalten begeistert die Unterhaltungsgeräte ein, die an jedem Sitz befestigt sind, und ich lehne mich zurück.

Jetzt geht es tatsächlich so richtig los, denke ich.

Wir haben nur dieses eine Flugticket nach Bangkok, wo wir ein Hostel für zwei Nächte gebucht haben. Was danach kommt, ist völlig offen. Ein ganzes Jahr liegt vor uns wie ein unbemaltes Blatt Papier. Wir dürfen es gestalten, wir dürfen uns treiben lassen. Wir werden das Jahr füllen, mit Leben, mit Abenteuer. Ich kann es kaum erwarten.

3

Die Sekte und das Mädchen – Rückblick

Eines Menschen Vergangenheit ist das, was er ist.
Sie ist der einzige Maßstab, an dem er gemessen werden kann.
OSCAR WILDE

Norwegen, Mai 1998
»Komm mit, Thor, es wird dir guttun, andere Jugendliche zu treffen, die auch an Jesus glauben.«

»Ich will aber zu Hause bleiben und lesen. Ich will heute nicht mehr raus. Außerdem hab ich keinen Bock auf diese Leute, egal an wen sie glauben.«

»Nur dieses eine Mal. Ich bin mir sicher, es wird dir gefallen, und wenn nicht, dann werde ich dich nie wieder drängen, zu so einem Treffen mitzukommen, versprochen.«

Die Hartnäckigkeit meiner Mutter und die Hoffnung, dass ich diesen Kampf für immer vermeiden könnte, wenn ich nur dieses eine Mal mitkam, bewirkten, dass ich aufgab. Ich fuhr also tatsächlich mit, auch wenn ich kein bisschen Lust dazu hatte.

Ich war fünfzehn Jahre alt, sehr schüchtern und gerne für mich alleine. In der Schule wurde ich ein bisschen gehänselt. Nicht ständig, doch es war ganz klar, dass ich nicht zu den Coolen gehörte. Und dann kam das mit Jesus dazu. Ich glaubte zwar an ihn, weil mich meine Eltern so erzogen hatten, konnte aber nicht wirklich dazu stehen, weil alle anderen sich über Gott und die, die an ihn glaubten, lustig machten. Das verunsicherte mich – und das spürten natürlich meine Mitschüler. Wenn ich einfach zu meinem Glauben gestanden hätte, hätten sie mich vielleicht in Ruhe gelassen, aber dafür war ich damals nicht stark genug. In diesem Alter will man nicht anders sein – und ich war anders. Nicht nur durch meinen Glauben, sondern auch dadurch, dass ich sehr nachdenklich, sensibel und in mich gekehrt war. Erst viel später im Leben sollte ich erfahren, dass diese Seite von mir auch viel Positives hat. Damals spürte ich jedoch in erster Linie, dass ich damit nicht so gut bei meinen Mitschülern ankam.

Diese Schüchternheit war natürlich auch einer der Gründe, warum ich nicht zu dem Jugendtreffen wollte, zu dem meine Mutter mich jetzt drängte. Eine gute Freundin hatte ihr die Gruppe empfohlen, nachdem sie ihr ihre Sorge über ihren eigenbrötlerischen Sohn geklagt hatte. Dass es sich dabei um eine Sekte handelte, wusste meine Mutter nicht. Sie sah in dieser Gruppe nur eine Gelegenheit, ihren schüchternen Sohn unter Leute zu bringen.

Nun saß ich mit ihr im Auto, und es gab keinen Weg zurück. Ich versuchte, mich mit dem Gedanken anzufreunden, dass ich bald mit vielen Leuten zusammen wäre, die sich alle kannten, und dass ich dort mal wieder der doofe Außenseiter sein würde. Der Schüchterne, der allein in der Ecke steht und so tut, als ob ihm das nicht unangenehm wäre.

Doch es kam ganz anders. In dieser Jugendgruppe, so nannten sich die Jugendtreffen in dieser Kirchengemeinde, hatten sie ein gutes Gespür dafür, wie sie mit schüchternen Jungs umgehen mussten, damit sie sich gut fühlen. Die Leute interessierten sich für mich, und es schien so, als geschähe das nicht aus Mitleid, sondern aus echtem Interesse. Alle wollten mit mir reden, und ich fühlte mich auf Anhieb wohl in dieser Gruppe.

Plötzlich stand ein Mädchen mit langen blonden Haaren, einem hübschen Gesicht und einem strahlenden Lächeln vor mir.

»Hi, ich bin Maria, wer bist du?«, sagte sie, während sie mich anlächelte und die Hand in meine Richtung ausstreckte.

»Ich, ähm, ich bin Thor. Ich komme aus Slemmestad«, antwortete ich, während ich ihre Hand ergriff und – wie mir in dem Moment bewusst wurde – etwas zu lange schüttelte.

»Schön, dich kennenzulernen«, sagte sie, und schon war sie wieder weg.

Ich fühlte mich den ganzen Abend fantastisch. Wir sangen zusammen, und es gab eine Predigt vom Jugendleiter, doch daran erinnere ich mich nicht mehr wirklich. Das, was sich so schön anfühlte, war, dass ich hier kein Außenseiter war. Ich gehörte sofort dazu, auch wenn ich zum ersten Mal da war. Dass ich normalerweise einer war, der am Rand steht, schien hier niemanden zu interessieren.

Nach der Predigt wurden noch ein paar Lieder gesungen, dann kamen Eis und Chips auf den Tisch. Es wurde gelacht und geredet, und ich gehörte nicht nur dazu, ich bildete teilweise sogar den Mittelpunkt des Geschehens. Alle wollten mit mir reden. Schließlich war ich neu. Und da man in dieser Kirchengemeinde nur jemanden aus derselben Gemeinde heiratet, wie ich später erfahren sollte, wurde ich für all die Mädchen in meinem Alter auch zum potenziellen Heiratskandidaten. Plötzlich ein neuer Junge, den sie alle nicht kannten und der vielleicht bald zur Gemeinschaft gehören würde. Da wollten sie natürlich alle die Fühler ausstrecken und möglichst viel über mich herausfinden.

Ich fühlte mich wie im Himmel.

Meine Mutter musste mich nie wieder drängen. Ich ließ mich ab sofort jeden Freitag freiwillig zur Jugendgruppe fahren und verliebte mich Hals über Kopf in Maria, das Mädchen, das mich beim ersten Jugendtreffen so freundlich begrüßt hatte.

Vier Wochen nach dieser ersten Begegnung fingen die Sommerferien an, womit auch die offiziellen Treffen der Jugendgruppe aufhörten. Doch wir sahen uns trotzdem, jetzt sogar noch öfter.

Eines Tages rief mich Benjamin an, einer der Jungs aus der Jugendgruppe.

»Hi, Thor! Wir treffen uns gleich alle zum Volleyballspielen am Holmenskjæret. Kommst du mit?«

»Gerne, ich muss aber den Bus nehmen, da mein Vater mit dem Auto unterwegs ist.« Ich schaute kurz auf die Uhr. Halb zwölf. Ich konnte den Bus erreichen, der in knapp zwanzig Minuten fuhr, wenn ich schnell war. »Ich wäre also erst so in einer Dreiviertelstunde da.«

»Das reicht locker. Viel früher werden wir auch nicht dort sein«, lautete seine Antwort.

»Cool, dann bis gleich.«

Ich legte auf, packte ein Handtuch, meine Badehose und einen Apfel in meinen Rucksack, aß ein paar Brote, rief meiner Mutter zu, dass ich mich mit Freunden treffen würde, und knallte die Haustür hinter mir zu.

Draußen schien die Sonne, es gab keine Wolke am Himmel, und es roch nach Sommer. Der Nachbar hatte heute wohl den

Rasen gemäht und den Grill angeschmissen. Die Mischung aus diesen beiden Gerüchen und die angenehme Wärme der Sonne machten mir klar, dass der Sommer endgültig da war.

Ich schloss die Augen und atmete tief ein. Wie ich den Sommer hier am Oslofjord liebte. Es gab vielleicht oft schlechtes Wetter hier, aber wenn die Sonne schien und es schön warm war, war es perfekt.

Doch genug geträumt, schließlich musste ich mich beeilen, um den Bus zu erreichen.

Ich rannte die kleine Schotterpiste bergab, die von unserem Haus zum Dorfzentrum führte. Die Riemen meines Rucksacks hielt ich dabei mit den Händen fest, damit der Rucksack enger an meinem Rücken lag und nicht so sehr hin und her hüpfte. Diese Strecke rannte ich jeden Morgen, um den Schulbus zu erreichen. Immer war ich spät dran. Das schien bei mir wie eine chronische Krankheit zu sein. Auch heute kam ich wieder genau in der Sekunde an der Bushaltestelle an, als der Bus um die Ecke kam.

Im Bus starrte ich aus dem Fenster und hörte Musik auf meinem Minidisc-Player. Eine alte Schallplatte meines Vaters, die ich mir überspielt hatte. Vor zwei Tagen erst hatten die Sommerferien angefangen. Und schon heute traf ich mich mit meinen neuen Freunden. Das war ein gutes Zeichen. Das konnte ein richtig toller Sommer werden. Dabei verbrachte ich meine Zeit eigentlich sehr gerne allein. Zum Teil, weil ich von Natur aus so bin, aber vermutlich auch, weil ich so schüchtern war und ich mich in Gesellschaft anderer selten wohlfühlte. Diese Leute zeigten mir jedoch, dass ich auch eine andere Seite in mir hatte. Bei ihnen taute ich auf und wurde langsam, aber sicher ein wenig offener und selbstbewusster.

Der Bus hielt direkt am Holmenskjæret, einem Strand, an

dem ich in den nächsten Jahren sehr viel Zeit verbringen sollte. Als ich ausstieg, sah ich sie sofort. Maria stand mit Benjamin und Erik zusammen und lachte, wahrscheinlich über etwas Albernes, was Benjamin gesagt hatte. Immer, wenn ich sie sah, fühlte ich mich irgendwie wohl. Sie behandelte jeden, als wäre er etwas Besonderes. Und sie schien voller Lebensfreude zu sein. Sie hatte etwas Leichtes und Fröhliches, und wenn ich in ihrer Nähe war, fühlte ich mich ebenso leicht und fröhlich. Und geborgen. So als hätte ich meine Bestimmung gefunden und als spielte alles andere keine große Rolle mehr.

Sobald sie mich sah, kam sie auf mich zu.

»Na, konntest du deinem kleinen Bauerndorf mal kurz entkommen?«, fragte sie, während sie mich anstrahlte, als wäre sie die Sonne selbst. Sie selbst und auch die meisten anderen in der Jugendgruppe kamen aus einer Gegend, wo eher wohlhabende Leute wohnten. Und dort schaute man ein bisschen auf die Leute aus meinem Dorf herab.

»Ja«, sagte ich verunsichert, auch wenn mir klar war, dass sie mich nur aufziehen wollte. Warum musste ich so verdammt schüchtern sein? Warum konnte ich nicht irgendwas Lustiges erwidern? Ich versuchte, mir etwas Schlaues einfallen zu lassen, doch dann war es zu spät. Die Stille dauerte zu lange, wie immer.

»Schön, dich zu sehen, Bauer«, sagte sie, gab mir einen Klaps auf die Schulter, drehte sich auf einer Ferse um hundertachtzig Grad und ging weiter zu ein paar Mädchen, die auch gerade angekommen waren.

Es ärgerte mich, dass ich nichts Schlagfertiges gesagt hatte, doch gleichzeitig war das Gefühl, das diese dreißig Sekunden mit ihr bei mir ausgelöst hatten, so überwältigend, dass ich trotzdem bestens gelaunt war.

»Lasst uns anfangen, Leute«, rief jemand laut, und kurze Zeit später standen wir alle kampfbereit auf dem Beachvolleyballfeld, aufgeteilt in zwei Mannschaften mit jeweils zwei Jungs und zwei Mädchen.

Maria war zwar nicht in meinem Team, doch so konnte ich sie besser beobachten. Mir wurde schnell klar, dass sie richtig gut und voller Ehrgeiz war. Die anderen Mädchen spielten eher vorsichtig, doch Maria war von der härteren Sorte. Sie landete immer wieder flach auf dem Rücken oder auf dem Bauch, um den Ball zu einem ihrer Mitspieler weiterzuschlagen, bevor er den Boden berührte. Sie jubelte bei jedem Punktgewinn, ärgerte sich, wenn meine Mannschaft einen Punkt machte, und feuerte ihre Mitspieler an.

All das gefiel mir unheimlich gut.

Es war heiß, und wir Jungs hatten uns längst die T-Shirts ausgezogen. Die Mädchen dagegen waren brav, wie es sich in unserer Kirchengemeinde gehörte, und spielten in T-Shirts und kurzen Hosen. Durch Marias engagierte Spielweise wurde ihr allerdings immer wärmer. Ihre Wangen glühten, und sie wischte sich immer wieder ein paar kleine Schweißperlen von der Stirn.

»Wenn ihr Jungs das machen könnt, dann wir doch auch«, sagte sie plötzlich, streifte sich das T-Shirt ab und zog ihre Shorts aus. Ich stand vorne am Netz und sie mir direkt gegenüber auf der anderen Seite – jetzt nur noch mit einem dunkelblauen Bikini bekleidet.

Ich musste schlucken. Wie konnte man so schön sein? Ich war nun schon seit mehreren Wochen in sie verliebt. Doch das, was ich heute spürte, war stärker als alles, was ich jemals für ein Mädchen empfunden hatte.

»Ich werde dich vernichten, Bauer«, sagte sie, während sie mir herausfordernd in die Augen schaute.

»Vergiss es«, erwiderte ich kampfbereit. Überrascht, dass ich ausnahmsweise sofort eine Antwort parat hatte.

Inzwischen stand es vierzehn zu dreizehn für uns, und wir hatten Matchball. Jetzt war ich an der Reihe. Ich hatte Angst, dass meine Angabe es nicht übers Netz schaffen würde, und schickte ein kurzes Gebet zu Gott. Als ich den Ball schlug, flog er in einem großen Bogen über das Netz und war damit keine große Herausforderung für Marias Mannschaft.

Maria, die jetzt auch hinten stand, spielte den Ball zu Erik, der ihn locker mit den Fingerspitzen kurz vor dem Netz nach oben beförderte. Maria kam von hinten angerannt, sprang in die Luft und schmetterte den Ball trotz ihrer kleinen Körpergröße über das Netz. Er flog in meine Richtung.

Ich werde dich vernichten.

Ich stand etwas zu weit links und auf dem falschen Bein. Ich sah keine andere Möglichkeit, als mit dem Bein voran nach rechts zu springen und den Ball mit dem Fuß nach vorne zu schießen. Zum Glück flog der Ball in die richtige Richtung, aber wäre Benjamin nicht da gewesen, hätte der Ball astrein das Netz getroffen. Mein Mitspieler berührte ihn jedoch leicht mit den Fingerspitzen, und dieser kleine Impuls sorgte dafür, dass er über das Netz flog und genau dort landete, wo Maria gestanden hatte, bevor sie ans Netz gerannt war.

Während Benjamin, ich und die beiden Mädchen in unserer Mannschaft uns über den Sieg freuten, ließ sich Maria auf die Knie fallen, bevor sie frustriert mit der Faust in den Sand schlug. Zwei Sekunden später schaute sie allerdings hoch und lächelte mich frech an.

»Nicht schlecht, Thor! Ich wusste gar nicht, dass Bauern Volleyball spielen können.«

Die Monate vergingen, und meine Gefühle für Maria wurden immer stärker. Ich fand sie in jeder Hinsicht wunderschön und konnte kaum an etwas anderes denken als an sie. Sie war so voller Leben. Und sie war das komplette Gegenteil von mir. Sie redete, ohne sich groß Gedanken zu machen. Sie strahlte rund um die Uhr und lächelte jeden an, so als wäre es ihre Aufgabe, die Menschen um sie herum glücklich zu machen.

Ich war verliebt.

Und blind vor Liebe.

Nicht nur zu Maria, sondern vor Liebe zu meinen neuen Freunden, die mir das herrliche Gefühl gaben, endlich dazuzugehören. Also sah ich die Warnzeichen nicht. Vielleicht wollte ich sie auch nicht sehen? Ich merkte nicht, dass es sich bei dieser Kirchengemeinde um eine Sekte handelte, in der die Mitglieder stark manipuliert wurden und gefangen waren unter der Herrschaft eines fast schon psychopathischen Priesters, dem beinahe jedes Mittel recht war, um seine Macht zu erhalten und auszubauen.

Die Menschen waren für diesen Priester dabei in meinen Augen nur Mittel zum Zweck. Sein Name war übrigens Karl – was für ein profaner Name für so einen größenwahnsinnigen Menschen! Karl hatte die Sekte vor vielen Jahren gegründet, und es schien, als wäre sein Ziel schlichtweg, möglichst viele Menschen zu beherrschen und ihnen seinen Willen aufzuzwingen.

Dabei ging es in keiner Weise um sexuelle Gewalt und nur ganz am Rande um Geld. Karl hatte nicht vor, sich möglichst schnell die Taschen voll Gold zu stopfen – wobei er mit den »Spenden«, die die Sektenmitglieder großzügig an ihn abgaben, ein alles andere als demütiges Leben in Armut führte. Doch das Geld war nicht sein Hauptzweck. Karl war, wenn ich es rückblickend betrachte, einfach größenwahnsinnig. Er wollte eine zentrale Rolle in Gottes Reich spielen – und deshalb hatten die anderen ihm zu Willen zu sein. Nach allem, was ich gesehen habe, wollte er ihr Denken, ihr Fühlen, ihr Handeln – ja, ihr komplettes Leben – vollkommen beherrschen. Dabei glaubte er vermutlich selbst, das Richtige zu tun und in Gottes Sinne zu arbeiten. Da bin ich mir ziemlich sicher.

Wer als treuer Diener einen Großteil seines Lebens für den Priester geopfert hatte und dadurch ausgebrannt war, psychologische Hilfe benötigte oder plötzlich in einer Sache anderer Meinung war als er, wurde oft einfach links liegen gelassen. Insbesondere dann, wenn diese Person lästig oder unangenehm für den Priester wurde.

Ich erinnere mich zum Beispiel an Stefan. Er war fünfundvierzig Jahre alt und hatte sein ganzes Leben und viel Geld in die Gemeinde investiert. Als er eine Midlife-Crisis durchlebte, war er plötzlich in der Lage, all das zu hinterfragen. »Soll das wirklich mein Leben sein?«, fragte er sich. Depressionen begannen ihn zu quälen.

Als er Karl auf seine Probleme ansprach, erfuhr er von seinem »Seelsorger« keine Hilfe. Stattdessen klagte der ihn wegen seiner Schwäche an. Er demütigte ihn mit Worten. Karls Ziel war, ihn durch Druck wieder »auf Spur« zu bringen – doch stattdessen wuchs in Stefan Wut. Eine Wut, die so groß wurde und bei der keine von Karls psychologischen Tricksereien mehr funktionierte, sodass Stefan schließlich keine andere Lösung mehr sah, als die Kirchengemeinde zu verlassen. Den anderen Mitgliedern erzählte Karl, dass Stefan verrückt geworden sei.

Wir haben ihm geglaubt.

Erst viele Jahre später sollten wir mit Stefan auf derselben Seite stehen, im Kampf gegen die Ungerechtigkeit in dieser Gemeinde.

»Wir werden zehntausend Menschen erreichen!«

Karl lief auf der Bühne hin und her, fuchtelte wild mit den Armen und schrie seine Vision, trotz Mikrofon und Lautsprecheranlage, so laut er konnte in die Masse der Gläubigen. Es war Sonntagmorgen, und der Gottesdienst fand wie immer im riesigen, würfelförmigen Ziegelsteingebäude unserer Sekte statt. Gebaut von den Mitgliedern selbst, die ein Jahr lang fast ihre gesamte freie Zeit und einen Großteil ihrer persönlichen Ersparnisse für den Bau zur Verfügung gestellt hatten. So war das immer bei der Sekte.

Du bist nichts.

Die Sekte ist alles.

Deshalb hatte Karl auch so viel Geld in ein schickes und viel zu großes Gebäude gesteckt, anstatt es an bedürftige Menschen in armen Ländern zu geben, für die nur ein kleiner Rest übrig geblieben war. Karl wollte Gottes Musterschüler sein. Und das sollte man auch am schönsten und größten Gotteshaus weit und breit erkennen. Er war ein verletztes Kind mit einem kranken Gottesbild. Und er war süchtig nach Macht und Anerkennung. Das sollte ich alles allerdings erst viele Jahre später verstehen.

Ich saß in der vierten Reihe.

Maria direkt vor mir. Sogar von hinten sah sie wunderschön, einfach perfekt aus. *Wie es sich wohl anfühlt, sie zu berühren? Ihr in die Augen zu schauen, ohne nach einer Sekunde aus Verlegenheit wegschauen zu müssen. Nackt mit ihr unter einer Bettdecke zu liegen, Haut an Haut?*

Mist, das ging jetzt eindeutig zu weit. Und das auch noch im Gottesdienst.

»Verzeihung, Gott«, flüsterte ich leise, bevor ich meinen Blick wieder auf das Geschehen auf der Bühne richtete.

Unser Priester war vollkommen in seinem Element und redete immer noch inbrünstig über die zehntausend Seelen, von denen er träumte.

»Wenn wir dieses Ziel erreichen wollen, müssen wir alle an einem Strang ziehen. Es gibt hier jedoch Menschen, die halbherzig sind. Menschen, die für unseren Herrn nicht alles geben. Für Jesus, der doch selbst alles, ja sogar sein Leben für uns gegeben hat. Ist euch eigentlich klar, was für eine Beleidigung das für ihn ist?«

Im Hintergrund spielte die Band, die für die moderne Livemusik in unserer Kirche zuständig war. Sie sorgte für die passende Stimmung, die den Worten Karls zusätzlich Kraft verlieh.

»Gott hasst diese Halbherzigkeit von ganzem Herzen. Es steht sogar in der Bibel, dass es ihm lieber wäre, wenn ihr euch von ihm abwendet, als wenn ihr ihm nur mit halbem Herzen dient. Die gute Nachricht lautet aber, dass unser Gott gnädig ist. Jesus ist für unsere Sünden gestorben, und wir können jederzeit von vorne anfangen.«

Er hielt kurz inne, während sein Blick über die Gottesdienstbesucher schweifte. Viele hatten die Augen geschlossen, einige streckten ihre Hände Richtung Himmel.

»Wer von euch möchte Buße tun?«, fragte er dann plötzlich, nun in einem viel milderen Tonfall. »Wer möchte sich von der Halbherzigkeit ein für alle Mal abwenden und sein Leben erneut Jesus geben?«

Überall schossen Hände in die Luft.

»Rennt nach vorne. Rennt so schnell ihr könnt«, rief der Priester, »zeigt Gott, dass ihr es ernst meint.«

Er gab der Band ein fast unsichtbares Handzeichen, worauf sie anfing, ein neues Lied zu spielen. Danach schaute er zufrieden auf die vielen Menschen, die seinem Aufruf folgten. Menschen, die er mehr oder weniger unter seiner Kontrolle hatte.

Solche Aufrufe waren bei Karl nicht unüblich. Dabei ging es nicht darum, sich öffentlich bloßzustellen oder in irgendeiner Form »Abbitte« zu leisten, sondern sich innerlich neu zu orientieren – weil man das Gefühl hatte, gesündigt zu haben, weil man ein schlechtes Gewissen hatte. Meistens ging etwa ein Drittel der anwesenden Gläubigen nach vorne. Auch Maria und ich haben während der Zeit in der Sekte immer wieder vorne bei Karl gestanden. Zum Beispiel, wenn wir uns in einem schwachen Moment selbst befriedigt hatten und vom schlechten Gewissen geplagt wurden. Es ist schon krank, etwas so Normales wie Sex und all die Sehnsüchte, die damit verbunden sind, in diesem Alter zu verbieten. Alleine an Sex zu denken, war schon eine Sünde, und wenn man es schafft, Jugendliche dazu zu bringen, das zu glauben, dann hat man sie natürlich in der Falle. Schließlich geht es bei Fragen des Glaubens um so viel. Nicht nur um gut oder schlecht, sondern gleich um Hölle oder Himmel. Für alle Ewigkeit. Als Gläubiger möchte man Gott gefallen, und dieser Wunsch und das damit verbundene schlechte Gewissen, das man häufig hat, kann von einem charismatischen Leiter leider sehr leicht missbraucht werden.

Es war also schwer, sitzen zu bleiben, wenn man etwas auf dem Herzen hatte. Von Karl ging ein regelrechter Sog aus. Und die ganze Atmosphäre in unserer Kirche tat ihr Übriges.

In dem Moment, als die Hauptsängerin der Band anfing zu singen, begann Karl für alle, die Buße tun wollten, zu beten. Das Lied gefiel mir unheimlich gut, also schloss ich die Augen und sang mit. Die Menschen um mich herum taten es mir gleich. In Verbindung mit der Musik entstand so eine mächtige Atmosphäre. Meine Knie wurden schwach, sodass ich mich hinsetzen musste. Durch meinen Körper strömte ein warmes, angenehmes Gefühl, das mich völlig überwältigte. Die »Nähe Gottes« nannten wir dieses Gefühl, und es machte mich einfach nur glücklich.

»Danke Gott für das Leben«, formten meine Lippen leise, während die anderen weitersangen. »Danke für alles, ich liebe dich von ganzem Herzen und gebe dir mein Leben. Ich will dir dienen, und ich tue alles, was du von mir willst. Und danke für Maria, Herr. Danke, dass ich sie kennen darf. Ich bitte dich von ganzem Herzen, dass ich mein Leben mit ihr teilen darf. Es gibt nichts, was ich mir stärker wünsche als das. Doch dein Wille geschehe, Gott. Ich weiß, dass dein Plan für mich perfekt ist und dass ich mir niemals Sorgen um die Zukunft machen muss.«

»Ohhh…«, stöhnte in diesem Augenblick eine etwas ältere Frau, für die der Priester gerade betete, und riss mich damit unsanft aus meinem Glücksrausch.

Ich richtete meine Augen genau in dem Moment auf sie, als sie erneut aufstöhnte. Ihr ganzer Körper zuckte unkontrolliert, sodass sie halb in die Hocke ging. Trotz der Musik und des Gesangs konnte man ihr Ächzen deutlich über die Menschenmenge hinweg hören.

Dieses Verhalten der Frau war nichts Neues, trotzdem war es mir jedes Mal unangenehm. Es wirkte so übertrieben. So durchgeknallt. So … verrückt. Es passierte immer, wenn Karl für sie betete. Manchmal auch mitten in der Predigt, wenn er etwas sagte, das sie berührte.

Manchmal gab es auch Fälle, in denen Leute plötzlich umfielen oder auf dem Boden herumzappelten, als wären sie von Dämonen besessen. Und auch wenn mir diese Dinge nicht gefielen, hielt ich trotzdem alle diese euphorischen Gefühle für Gottes Gegenwart. Sozusagen als Beweis dafür, dass er zu uns kam und seine Liebe schenkte, wenn wir ihn anbeteten.

Heute sehe ich solche Phänomene und auch die Glücksgefühle, die ich empfand, etwas anders. Vermutlich handelte es sich hierbei vielmehr um eine Wechselwirkung zwischen dem, was auf der Bühne passierte, und dem, was die restlichen Gottesdienstbesucher taten. Wir waren alle vereint im selben Glauben, sangen wie mit einer Stimme und wurden berührt von der schönen und kraftvollen Musik, die mal leise und sanft, mal laut und energisch war. All das erzeugte eine kraftvolle Atmosphäre, die sich wahnsinnig gut anfühlte. Wir erschufen diese Atmosphäre sozusagen selbst, indem wir alle gemeinsam Großes erwarteten. Wir glaubten, dass Gott anwesend wäre und dass er uns das fühlen lassen würde. Wir wurden teilweise ein wenig verrückt davon, manche waren fast wie betrunken, und taten dementsprechend seltsame Dinge.

Damals wusste ich noch nicht, dass solche Techniken oft eingesetzt werden, um Menschen erst in Euphorie zu versetzen und dann zu manipulieren.

Später im Leben sollte ich noch erfahren, dass genau die gleichen Techniken auch in ganz anderen Zusammenhängen benutzt werden, wie zum Beispiel bei unseriösen Coaching-Seminaren, wo die Menschen in Euphorie versetzt werden, damit sie überteuerte Coaching-Pakete kaufen. Stimmungsvolle Musik, ein Redner, der motivierende Sprüche von der

Bühne schreit, Menschenmassen, die jubeln und unisono zurückrufen, wenn sie dazu aufgefordert werden. Auch bei Konzerten erlebt man diese Euphorie manchmal, auch wenn sie dort eher nicht für unredliche Zwecke ausgenutzt wird.

Ganz anders bei uns. Alleine an diesem Aufruf von Karl konnte man sehen, wie viel Macht er über die Menschen hatte und wie er diese Macht nutzte, um dafür zu sorgen, dass die Menschen von ihm abhängig blieben. Erst redete er ihnen ein schlechtes Gewissen ein, danach bot er ihnen Gottes Vergebung und Gnade an. Guter Bulle, böser Bulle sozusagen, in einer Person vereint.

Als Gitarrist und Sänger war auch ich Teil einer der beiden Bands, die für die Musik in den Gottesdiensten zuständig waren. Wenn ich dort mit dem Scheinwerferlicht im Gesicht auf der Bühne stand und für die bewegende Musik sorgte, spürte ich diese Energie sogar noch stärker. Ich legte meine ganze Kraft und all meine Gefühle in die Musik, sprang auf der Bühne herum mit der Gitarre um den Hals, sang mal drängend, mal beruhigend, gab der Band das Handzeichen, mal leiser zu spielen, um danach langsam immer lauter und kräftiger zu werden. Das war eine der Techniken, die fast immer funktionierten. Am Ende hüpften die Leute herum, sangen so laut sie konnten und verloren sich völlig in der Musik und in der Anbetung Gottes.

Die Einsicht, dass ich das teilweise selbst steuern konnte, beunruhigte mich jedoch damals schon etwas. Wie kann es sein, dass ich die Gefühle der Menschen mit meiner Gitarre und Stimme derart beeinflussen kann, wenn doch alles angeblich nur Folge von Gottes Gegenwart und Liebe ist?

Ich suchte nach Erklärungen, ja, ein wenig nach Ausreden.

Ich versuchte, mir das Wirken der Musik mithilfe des Göttlichen zu erklären. Vielleicht verkörpern die Musik und die Kunst allgemein einfach etwas Göttliches, was uns Menschen auf unterschiedliche Weise berührt? Vielleicht sind wir Menschen, wenn wir in Kontakt mit unserer Kreativität kommen, und die Inspiration – wo auch immer sie herkommen mag – durch uns hindurchfließt, in Kontakt mit einer Art übernatürlichen Kraft?

Das klingt jetzt vielleicht etwas zu spirituell. Vermutlich ist es das auch. Aber letztendlich ist dies meine einzige Erklärung für das, was ich damals so stark gefühlt habe und auch später in meinem Leben immer wieder gefühlt habe, wenn ich Musik hörte oder selbst spielte.

An sich sind diese Gefühle schön und harmlos, doch in dieser Sekte wurde die Euphorie, die durch die Musik und die Anbetung erzeugt wurde, offensichtlich absichtlich dazu benutzt, um Menschen zu kontrollieren und zu manipulieren. Schließlich ging es für den größenwahnsinnigen Priester darum, seine Ziele durchzusetzen. Er wollte, dass wir möglichst viele Menschen erreichen, und benutzte teilweise sogar militärische Begriffe in seinen Predigten, um uns zu motivieren. Er nannte uns »Soldaten in Gottes Armee«, die gemeinsam einen Kampf gegen die dunklen Mächte führten. Er forderte uns dazu auf, Missionare im Alltag zu sein, an unseren Arbeitsplätzen und in den Schulen. Überall sollten wir Menschen von Jesus erzählen und versuchen, sie mit in die Gemeinde zu nehmen. Die Sekte nahm unser ganzes Leben ein, beeinflusste alles bis ins kleinste Detail.

Karl ging auf ganz unterschiedliche Art und Weise mit den verschiedenen Sektenmitgliedern um. Wer selbstbewusst, fröhlich war und mit seiner Persönlichkeit einen offensichtlich wichtigen Beitrag für die Gemeinschaft leistete, wurde größtenteils in Ruhe gelassen. Diese Leute bekamen die schlimmsten Sachen, die der Priester und seine Untertanen taten, nie wirklich mit. Sie merkten nicht, dass einige der Mitglieder psychisch gebrochen und gepeinigt wurden, innerlich völlig kaputt und komplett von ihm und der Gemeinde abhängig waren.

Karl hatte diese qualvollen Techniken in seiner Vergangenheit als Therapeut für Drogenabhängige gelernt. In den Achtzigerjahren hatte er eine erfolgreiche Entzugsklinik gegründet. Teil seiner Therapie war es dabei, die Süchtigen zu brechen. Aus dieser Entzugsklinik entstand die Kirchengemeinde oder die Sekte, wie ich sie heute lieber nenne. Die Mittel, derer Karl sich bediente, blieben jedoch die gleichen: Er wollte, so schien es, die schwachen Menschen brechen, um neue und bessere aus ihnen zu formen.

Wenn einem der »stabileren« Sektenmitglieder doch etwas davon zu Ohren kam, wurde immer eine logische Erklärung dafür gegeben. Über diejenigen, die unsere Kirchengemeinde verließen und ihre Erlebnisse weitererzählten oder sogar öffentlich machten, wurden Geschichten verbreitet, die ihre Glaubwürdigkeit schädigten. Man erklärte sie für verrückt oder zumindest für vom Glauben abgefallen, damit ihre Erzählungen keinen Einfluss auf die anderen Mitglieder hatten.

Seine Opfer suchte Karl sich sorgfältig aus. Er hatte ein Gespür dafür. Wer schwach und hilflos war, den rief er zu sich. Meistens saß er dann mit einigen seiner Untertanen als Unterstützung in einem geschlossenen Zimmer und holte die Opfer – in vielen Fällen auch kleine Kinder – zu sich. Er beschimpfte sie und erzählte ihnen, was für schlimme Menschen sie wären. Wenn er richtig in Fahrt war, behauptete er, sie wären besessen von Dämonen oder sogar Werkzeuge des Teufels. In der Regel verstand der Beschuldigte gar nicht, was er falsch gemacht hatte. Ein paar Tage später lobte Karl dann die gleiche Person für etwas, oft auch vor anderen, wodurch die Person sich wieder gut fühlte. Bis zum nächsten Mal, wenn Karl wieder eine seiner Wuttiraden losließ. Mit der Zeit wurden die Menschen, die so behandelt wurden, immer abhängiger von der Anerkennung des Priesters und somit zu seinen Werkzeugen. Sie waren seine Diener und taten alles, was er von ihnen verlangte. Irgendwann fingen Karls Opfer wiederum an, andere so zu behandeln, wie er es tat. Ein echter Teufelskreis.

Auf diese Art und Weise entstand eine Gruppe von komplett hörigen Leuten, mit deren Hilfe er die ganze Gemeinschaft kontrollieren konnte, die etwa aus einhundertfünfzig Leuten bestand.

Karls Opfer und deren eigene Opfer fungierten als Spitzel. Wenn man etwas falsch gemacht hatte, bekam das immer der Priester oder einer seiner Untertanen mit. Wer es wem erzählt hatte, wusste man nie genau. Wir waren aber alle sowohl Täter als auch Opfer und glaubten, für das Gute zu kämpfen. Wenn wir jemanden über sein Fehlverhalten informierten, glaubten wir, ihm einen Gefallen zu tun.

An eine Situation, von der Maria mir später erzählt hat, kann ich mich noch gut erinnern: Sie hatte entdeckt, dass eine ihrer besten Freundinnen sich regelmäßig mit einem »rebellischen« Jungen traf, der die Gemeinde verlassen hatte und nicht mehr christlich lebte. Zudem hatte sie eine Zigarettenschachtel in ihrem Rucksack gefunden. Maria machte sich deshalb große Sorgen um ihre Freundin und erzählte dem Jugendleiter von ihren Entdeckungen. Dieser gab es wiederum an Karl weiter, der Marias Freundin daraufhin zu einem seiner gefürchteten Verhöre einlud.

So komisch sich das jetzt auch anhören mag, für uns war das damals völlig normal. Wir waren eben eine große Familie, und es war uns nicht egal, wenn es einem Familienmitglied schlecht ging oder dieses auf Abwege geriet. So wurde uns das zumindest eingetrichtert. Wir kümmerten uns umeinander und trauten uns, Bescheid zu sagen, wenn bei einem anderen etwas nicht in Ordnung war. Eine Handlung aus Liebe eben. So haben wir das gesehen. Und nur wenn wir den Priester über das Fehlverhalten eines anderen informierten, hatte der auch die Chance, sich zu bessern.

Zu diesem Fehlverhalten gehörte unter anderem: Musik zu hören, die nicht christlich war, unmoralische Filme zu schauen, Freunde zu haben, die keine Christen waren – es sei denn, man tat es ausschließlich, um sie zu missionieren und möglichst schnell in die Sekte zu bringen –, enge Freundschaften mit Angehörigen des anderen Geschlechts zu pflegen, zu flirten und Kleidung zu tragen, die viel Haut zeigte oder die Figur zu stark betonte. Mitgliedschaften in irgendwelchen Vereinen waren übrigens auch nicht gern gesehen, weil man dann zu wenig Zeit für die Kirchengemeinde hatte – und sich mit der Zeit möglicherweise von ganz neuen Interessen leiten ließ.

Außerdem versuchte Karl zu kontrollieren, mit wem die Mitglieder romantische Beziehungen eingingen. Kam der Partner aus einer anderen Kirchengemeinde – Nichtgläubige waren sowieso nicht erlaubt –, zwang er sein Schäfchen in der Regel, die Beziehung zu beenden. Denn Leute aus anderen Gemeinden merkten oft schnell, dass es in unserer Kirchengemeinde eine ungesunde, stark von Kontrolle geprägte Kultur gab. Allerdings drückte Karl auch mal ein Auge zu, wenn er spürte, dass sie keine Probleme machen und sich ihm unterwerfen würden. Das Letzte, was er wollte, war, einen seiner treuen Diener an die Kirchengemeinde des neuen Partners zu verlieren.

Unter dieser Kontrolle lebten wir viele Jahre, aber durch die Gehirnwäsche fiel uns nicht auf, dass sie schlecht für uns war. Für Außenstehende ist das vielleicht schwer zu verstehen, aber wenn man zu lange in einer solchen geschlossenen Gesellschaft lebt, in der alle gleich denken, fällt es sehr schwer, die gängige Meinung kritisch zu hinterfragen. Man sieht die Welt nur aus dieser einen Perspektive.

Dazu kam, dass in dieser Gemeinschaft ein extremes Schwarz-Weiß-Denken herrschte. Es gab nur richtig oder falsch, keine Grauzonen, keinen Interpretationsraum. Eine christlich-konservative Weltsicht ist gut, alle anderen Weltanschauungen sind falsch und werden nicht geduldet. Seinen eigenen individuellen Weg zu gehen, ist schlecht, sich der Gemeinschaft vollkommen hinzugeben, ist das einzig Richtige. Alle Religionen sind vom Teufel erschaffen worden, um die Menschen in die Irre zu führen. Unser Glaube dagegen ist keine Religion, sondern die einzige Wahrheit.

Wenn man länger so lebt, verlernt man mit der Zeit das kritische Denken. Es gibt für alles eine Erklärung, und da man diese Sichtweisen nicht wirklich mit etwas anderem vergleichen kann, weil man so lange in dieser Blase gelebt hat, findet man sie plausibel, weil sie ins Gesamtbild passen.

Ein eher harmloses, aber abstruses Beispiel aus jener Zeit ist für mich rückblickend die Haltung zu Piercings – und Ohrringen. Hier wurde mit der Bibel argumentiert. Dort heißt es nämlich, der Körper sei ein Tempel Gottes. Daher leitete Karl ab, dass der Körper heilig ist und entsprechend nicht mit Piercings – oder auch Tattoos – verunstaltet werden dürfe. Weil aber Ohrringe schon seit Ewigkeiten gesellschaftlich anerkannt sind, auch unter Christen, waren die wiederum erlaubt. Ganz schön konfus.

Eigentlich hatte Karl nur Angst vor der Rebellion, für die die Piercings und die Tattoos standen. Er fand jedoch immer Wege, die Bibel, also »Gottes Wort«, wie wir sie nannten, als Begründung für das zu benutzen, was er für richtig und falsch hielt. Für alles Mögliche gab es also solche biblischen Erklärungen, und nicht selten waren sie weit hergeholt. Doch wir akzeptierten sie. Stellte sich ein unangenehmes Gefühl ein, verdrängten wir dieses so schnell wir konnten. Kritische Gedanken zuzulassen, war zu riskant. Es endete meistens damit, dass diejenigen, die damit anfingen, die Gemeinschaft verließen und ihren Glauben und somit auch ihren sicheren Platz im Himmel verloren.

Wir *wollten* das Ganze gar nicht infrage stellen. Die Sekte war unser Leben – außerhalb der Sekte war eine Welt, die wir nicht verstanden. Wer es schaffte, die Sekte zu verlassen, brauchte nicht selten psychologische Hilfe, um in der realen Welt klarzukommen.

Dennoch hat Karl sein großes Ziel – eine Gemeinschaft von Zehntausend – nie erreicht. Wir wuchsen nicht mal. Es kamen zwar immer wieder neue Menschen dazu, aber genauso viele verschwanden durch die Hintertür. Entweder hatten sie über die Jahre zu viel Schlimmes erlebt und mit der Zeit genug Kraft und Mut gefunden, um austreten zu können, oder sie waren neu und erkannten früh, dass hier doch nicht alles so schön und idyllisch war, wie es am Anfang den Anschein gehabt hatte.

So erging es zum Beispiel meinen Eltern, die mich – und

auch meine Geschwister – erst dazu gebracht hatten, die Gottesdienste und Jugendtreffen dieser Kirchengemeinde zu besuchen. Sie selbst waren nie Teil der Sekte, merkten aber nach zwei oder drei Jahren, dass irgendwas faul war, und versuchten immer wieder, mich zu warnen. Doch ich wollte nicht auf sie hören.

»Merkst du nicht, was die da mit dir machen?«, schrie mir mein Vater entgegen, als wir wieder einmal über die Sekte in Streit geraten waren. »Du bleibst jetzt schön zu Hause, kein Jugendtreffen heute!«

»Na gut, dann ziehe ich eben aus«, antwortete ich etwas übereifrig in meiner Wut, »ich habe keinen Bock mehr darauf, dass du dich in mein Leben einmischst.«

Ich war mittlerweile achtzehn geworden, hatte vor Kurzem den Führerschein gemacht und konnte somit trotz seines Verbots an diesem Abend mit meinem eigenen Auto hinfahren. Als ich wieder nach Hause kam, befand sich der Großteil meiner Sachen in der Garage. Also lebte ich ab diesem Tag bei meiner Oma, die ihr Haus direkt neben uns hatte.

Maria war im Gegensatz zu mir in diese Sekte hineingeboren worden. Für sie war sie deshalb von Anfang an ihre ganze Welt, an der sie keinen Augenblick zweifelte. Karl war für sie ein Gesandter Gottes, der als Einziger Gottes Willen für sie kannte. Wenn sie nicht tat, was er ihr befahl, fürchtete sie, am Ende ihres Lebens in der Hölle zu landen.

Und doch blieb sie größtenteils von den kranken Methoden des Priesters verschont. Als fröhliches, immer gut gelauntes Kind hatte sie in der Gemeinschaft stets für gute Stimmung gesorgt und so ihre »Funktion« in der Sekte zu Karls vollster Zufriedenheit erfüllt.

Vielleicht war sie auch etwas zu selbstsicher gewesen?
Oder hatte sie nur Glück gehabt?
Tatsache war, dass er sie meistens in Ruhe ließ.
Bis sie ihren ersten Freund hatte.

4

Thailand – Eine Achterbahnfahrt der Gefühle

> Die höchste Form des Glücks ist ein Leben
> mit einem gewissen Grad an Verrücktheit.
> ERASMUS VON ROTTERDAM

Bangkok, August 2015
»Hello, welcome to Thailand.« Ein kleiner, älterer Herr mit schiefen Zähnen und einem freundlichen Gesicht grinst uns an. »You need Taxi?« Er steht vor einer langen Schlange mit Taxis und ist dafür zuständig, die Kunden auf diese zu verteilen.

»Wir sind zu sechst und haben einiges an Gepäck«, antworte ich ihm auf Englisch.

»Hm«, er kratzt sich kurz nachdenklich am Kopf und bedeutet uns, ihm zu folgen. Kurz danach bleibt er vor einem Wagen stehen, der kaum größer ist als ein normaler Fünfsitzer.

»Nehmt dieses«, sagt er in gebrochenem Englisch. »Es hat nur sechs Sitze, aber was Größeres haben wir im Moment nicht.«

Ich frage mich, wie wir uns alle inklusive Gepäck da reinquetschen sollen, aber der Taxifahrer, der kaum ein Wort Englisch spricht, kriegt es irgendwie hin. So etwas können die Thailänder gut, das sollte in den kommenden Wochen oft genug unter Beweis gestellt werden. Eine fünfköpfige Familie auf einem Roller? Eine ganze Fußballmannschaft auf der Ladefläche eines Pick-ups? In Thailand alles kein Problem!

Am Ende haben wir unser Gepäck auf dem Schoß, unter den Füßen und zwischen den Beinen. Und ein Kind muss auf Marias Schoß sitzen, was mir überhaupt nicht gefällt. Maria sieht das allerdings viel entspannter als ich.

»Wird schon nichts passieren«, sagt sie.

Und da mir im Moment keine andere Lösung einfällt, muss ich es wohl akzeptieren.

Ich versuche, den Taxifahrer nach dem Taxameter zu fragen, das ich nirgendwo entdecken kann, aber er schüttelt nur den Kopf und zuckt mit den Schultern. Ich werde nervös. Wie sollen wir bloß den Fahrpreis im Auge behalten?

Plötzlich gibt der Fahrer einfach Gas, und mir wird klar, dass ich ihm nicht mal gesagt habe, wo wir hinmüssen. Verdammt, das ist der erste Tag in Asien, und schon haben wir alle Fehler gemacht, die man als Tourist beim Taxifahren so machen kann. Ich spüre, wie mein Stresspegel rasant ansteigt, und mache mir plötzlich sogar Sorgen, er könnte eine Waffe irgendwo im Taxi versteckt haben. Doch dann spüre ich eine vertraute Hand auf meiner Schulter und drehe mich um. Maria, die hinten mit den Kindern sitzt, hat die Situation erkannt und versucht, mich zu beruhigen.

»Kein Stress, Thor, erklär ihm, wo wir hinwollen, und danach könnt ihr über den Preis reden.«

»Aber wie denn? Er spricht doch kein Englisch!«

»Entspann dich, Baby, versuch's einfach. Du kriegst das schon hin.«

Trotz all der Anspannung spüre ich, wie Marias Ruhe sich auf mich überträgt. Sie ist definitiv die Gelassenere von uns beiden, was nicht heißt, dass sie sich nicht auch aufregen und richtig wütend werden kann. Unsere Beziehung ist äußerst leidenschaftlich. Wir lieben uns sehr und ergänzen uns gut, weil wir so extrem unterschiedlich sind. Aus demselben Grund kommt es aber auch schnell dazu, dass wir den anderen reizen oder sogar ungewollt verletzen. Das kann dann hässlich werden, allerdings dauern diese Streits zum Glück nie lange.

Ich atme tief durch, hole mein Smartphone aus der Tasche und zeige ihm die Adresse, die ich zuvor darin gespeichert habe.

»Ahhh …«, ruft er mit einem großen Fragezeichen im Gesicht. Danach telefoniert er kurz, guckt mich an und sagt »okay«. Vielleicht soll das heißen, dass er jetzt weiß, wo er hinmuss. Wirklich überzeugt davon sieht er allerdings nicht aus.

Das Ziel wäre damit schon mal geklärt – hoffentlich. Nun die Frage nach dem Preis. Mir fällt nichts Besseres ein, als »Baht« zu sagen. Das ist der Name der thailändischen Währung. Das reicht schon aus, denn der Taxifahrer zeichnet daraufhin die Zahl 600 in die Luft.

»600 Baht, Maria, wie viel ist das noch mal? Etwa fünfzehn Euro, oder?«

»Ja, ein bisschen mehr, glaube ich«, antwortet sie, und ich atme erleichtert aus.

»Das geht ja noch. Für fünfundzwanzig Kilometer ist das völlig in Ordnung.«

Während der dreißigminütigen Fahrt schauen wir alle neugierig aus dem Fenster, wie schon kurz zuvor beim Landeanflug. Die Größe der Stadt und die unzähligen Menschen und Autos, die diese Metropole bis zum Bersten füllen, sind überwältigend. Es ist eigentlich genau das Gegenteil von dem, wonach wir uns bei dieser Reise auf die Suche gemacht haben. Deshalb bin ich froh, dass wir hier nur einige Tage verbringen, bis wir uns entschieden haben, wohin es weitergehen soll.

Und dennoch: Diese brodelnde Stadt lässt unser Vorhaben endlich Realität werden. Lange war es nur ein Traum, jetzt sind wir mittendrin. Genauer gesagt in einem Taxi irgendwo in Bangkok. Und wenn der Taxifahrer mich richtig verstanden hat und ein ehrlicher Mensch ist, haben wir sogar sehr bald ein Zimmer, in dem wir uns ausruhen und ein wenig Schlaf nachholen können.

Kurze Zeit später sind wir tatsächlich da. Wir werden nicht in eine finstere Gasse gekarrt, um ausgeraubt zu werden, sondern erreichen gesund und inzwischen wieder ziemlich munter unser Hostel, das in einer kleinen Nebenstraße etwa sechs Kilometer von der Stadtmitte entfernt liegt. Der dazugehörige Garten mit dem kleinen Swimmingpool wirkt wie eine kleine, geschützte und wohltuende Oase mitten im Chaos dieser riesigen Stadt. Hier werden wir zwei Tage bleiben, bevor wir in die ruhigeren Gefilde Thailands aufbrechen.

Nachdem wir uns ausgeruht haben, gehen wir zum ersten Mal auf einen thailändischen Markt. Es ist laut und chaotisch. Hühner und Wildkatzen laufen frei herum, und die Speisen sehen teilweise sehr gewöhnungsbedürftig aus. Frittierte Kakerlaken und Hühnerfußsuppe dampfen mit gekochten Schnecken inklusive Schneckenhäuschen um die Wette. Besonders die Kinder fühlen sich wie hineingeworfen in einen Strudel aus Menschen, Lärm und Hunderten von fremden Gerüchen.

»Hier stinkt's«, sagt Filippa plötzlich und fängt leise an zu weinen. »Ich will zurück nach Hause.«

Für einen Augenblick durchfährt mich ein Stich. War es ein Fehler, unsere Kinder diesem Abenteuer auszusetzen? Wäre die vertraute Umgebung in Dortmund doch besser für sie gewesen? Haben wir uns geirrt? Ich sehe Maria mit einem leicht verzweifelten Blick an. Auch sie hat Filippas Klage gehört, doch ihr Blick ist ruhig. Und sie hat recht. Mit »nach Hause« meint Filippa unsere derzeitige Unterkunft. Und da es den anderen Kindern angesichts der vielen Sinneseindrücke nicht wirklich besser geht, geben wir auf und kehren schon nach wenigen Minuten zu unserem Hostel zurück.

So viel zu unserem ersten Thailand-Abenteuer.

Im Hostel entdecken die Kinder einen Kickertisch. Maria und ich setzen uns auf eine Couch und schauen ihnen beim Spielen zu. Uns schräg gegenüber sitzt ein freundlich aussehendes Backpacker-Paar. Die beiden essen irgendetwas aus einer transparenten Plastiktüte und von einem Einwegteller, die wir vom Markt wiedererkennen. Da sie uns anlächeln, als wir zu ihnen hinüberschauen, spricht Maria sie einfach an.

»Was esst ihr denn da Spannendes?« Maria hatte ein paar deutsche Wörter von ihnen aufgeschnappt, also spricht sie die beiden direkt in ihrer Muttersprache an.

»Nudelsuppe. Direkt vom Markt nebenan«, sagt der Mann, den ich auf Ende zwanzig schätze. Er hat lange, leicht ungepflegte Haare, was ihm einen sympathischen Surfer-Look verpasst.

»Und frittierte Schweineschwarte«, fügt seine Freundin augenbrauenhebend hinzu, die die Tüte mit diesem knusprigen Inhalt in den Händen hält. Auch sie trägt den üblichen Aussteigerlook. Die beiden strahlen eine Ruhe aus, die verrät, dass sie nicht zum ersten Mal in Asien unterwegs sind.

»Ich bin übrigens Hannes, und das hier ist meine Freundin Lisa.« Die beiden haben sich beim Reisen kennengelernt, vor drei Jahren in Kambodscha, erzählt er weiter, und seitdem machen sie jedes Jahr eine längere Reise zusammen.

Wir unterhalten uns eine Weile und erzählen den beiden schließlich von unserer schlechten Erfahrung auf dem Markt. Doch die beiden ermutigen uns.

»Es stinkt zwar, aber das Essen dort schmeckt super«, versichert uns Hannes. »Am Anfang unserer ersten Reise waren wir auch skeptisch, haben das Streetfood kaum angerührt, nur Getränke in geschlossenen Flaschen gekauft, auf Eiswürfel verzichtet und so. Alles, was empfohlen wird, damit man sich den Magen nicht verdirbt. Aber mit der Zeit sind wir immer lockerer geworden, und mittlerweile essen und trinken wir fast alles, was auch die Einheimischen zu sich nehmen.«

»Das ist ja auch ein großer Teil des Reiseerlebnisses«, fügt Lisa hinzu, »es gibt viele, die hier nur dieselben Sachen wie zu Hause essen. Aber wofür reist man dann nach Asien? Das gehört für mich dazu. Auf die Märkte zu gehen und das zu essen, was auch die Leute hier essen, ist für mich eins der schönsten Dinge, die ich beim Reisen erlebe. Die Atmosphäre dort, die Gerüche, die ganzen leckeren Sachen. Es ist eine komplett andere Welt!«

Hannes erklärt uns noch, dass sie zwar ein paar Mal leichte Magenbeschwerden gehabt hätten, zum Glück aber nie etwas Ernstes. »Ein bisschen Risiko muss man schon eingehen im Leben«, sagt er. »Man lebt ja nur einmal!«

Seine Einstellung gefällt mir.

Nach diesem Gespräch beschließen wir, dem Markt eine zweite Chance zu geben. Maria geht ein paar Stunden später noch mal alleine los und bringt uns eine leckere Mahlzeit mit: gegrillte Hähnchenspieße mit Sticky Reis und Unmengen frisches Obst zum Nachtisch. Wir verschlingen das Essen mit großem Appetit am Schwimmbecken und bedanken uns bei

Hannes und Lisa dafür, dass sie uns unsere Vorbehalte vor dem fremd riechenden Essen genommen haben.

Was das Essen angeht, gibt es für mich dennoch einige Dinge, mit denen ich mich schwertue. Die Durian-Frucht zum Beispiel, die wie vergammelter Käse stinkt und angeblich trotzdem gut schmeckt. Die anderen finden den Geruch auch abstoßend, doch nach einer Weile probieren Maria und Amy trotzdem und finden sie dann tatsächlich lecker. Der Rest von uns lehnt dankend ab.

Während ich ein bisschen Abstand von den übelriechenden Früchten nehme und denen, die sie verzehren, muss ich darüber schmunzeln, dass wir – die von vielen für mutig gehalten werden, weil wir alles hinter uns gelassen und uns ins Abenteuer gestürzt haben – eigentlich genauso mit Ängsten und Vorbehalten zu kämpfen haben wie alle anderen auch. Vor diesem Abenteuer habe ich mir für unsere Kinder gewünscht, dass die Reise sie weltoffener und neugieriger macht und dass sie ihnen hilft, die Angst vor dem Fremden zu überwinden. Es ist ziemlich arrogant von mir zu denken, dass ich das nicht genauso nötig habe, wird mir in diesem Augenblick bewusst.

Lisa und Hannes sehen wir danach nicht mehr. Ihre dreiwöchige Reise ist zu Ende, und sie haben nur einen kurzen Stopp in Bangkok gemacht, bevor sie von hier aus zurück nach Hause fliegen. Und dennoch: Wir freuen uns über diese kurze und inspirierende Begegnung und dass wir schon an unserem ersten Tag in Asien auf offene Reisende getroffen sind, die uns etwas Starthilfe gegeben haben.

Das macht uns Hoffnung für die vielen Monate, die noch vor uns liegen.

Wir haben uns allerdings immer noch nicht entschieden, wo in Thailand wir die beiden Monate verbringen wollen, für die wir vorerst ein Visum beantragt haben. Also setzen Maria und ich uns an unserem zweiten und letzten Tag in Bangkok mit unserem Laptop an einen Tisch, um uns darüber Gedanken zu machen.

Das ist ziemlich typisch für uns. Wir können uns nie festlegen, verschieben Entscheidungen immer auf später. Wir wollen uns nicht von irgendwelchen Plänen einschränken lassen. Hat das vielleicht mit unserer unfreien Vergangenheit zu tun?

Egal, was der Grund dafür ist, nun müssen wir uns entscheiden und sitzen in unserem kleinen Hotelzimmer und lesen noch mal über fünf unterschiedliche Inseln, die es bereits vor ein paar Wochen in die engere Auswahl geschafft haben. Nach einigen Diskussionen stehen nur noch zwei Inseln auf unserer Liste: Koh Samui im Süden von Thailand und Koh Chang im Osten. Für Koh Chang spricht, dass die Insel mehr oder weniger auf dem Weg nach Kambodscha, Vietnam und Laos liegt. Diese Länder haben Maria und ich schon länger auf unserer Liste mit interessanten Reisezielen. Koh Chang eignet sich also besser für eine Weiterreise Richtung Osten, während Koh Samui die perfekte Wahl ist, wenn wir von Thailand weiter Richtung Süden wollen, wie zum Beispiel nach Malaysia oder Indonesien.

Am Ende ist es nur eine Kleinigkeit, die dafür ausschlaggebend ist, dass wir uns für Koh Samui entscheiden. Die Wetteraussichten sind dort für die nächsten Wochen etwas besser. Und wir haben das Gefühl, dass es vielleicht doch weiter Richtung Süden gehen wird, ohne dass wir genau sagen können, warum.

Und schon ist die Sache beschlossen.

Endlich.

Es gibt zwei Möglichkeiten, um nach Koh Samui zu reisen. Entweder mit dem Flugzeug oder per Zug, Bus und Fähre. Da Letzteres viel günstiger ist, fällt uns die Entscheidung nicht schwer. Außerdem beschließt Maria, dass nun endlich der aufregende Teil der Reise beginnt.

»Wir fahren mit dem Nachtzug«, entscheidet sie resolut, »das ist nicht nur günstiger, sondern auch viel abenteuerlicher. Fliegen kann jeder!«

»Okay, dann mache ich mich gleich auf den Weg, um die Tickets zu besorgen«, erwidere ich. Die Chefin hat gesprochen, und ich habe keine Einwände.

Sogar das Kaufen der Tickets wird zu einem kleinen Abenteuer. Man kann sie nämlich nicht online bestellen, also fahre ich mit dem Skytrain zum Hauptbahnhof. In der Bahnhofshalle werde ich von einer Frau im Anzug und mit einem Namensschild auf der Brust empfangen, die mir erklärt, dass man die Zugtickets in einem Büro direkt neben dem Bahnhof kaufen kann. Ich stutze kurz, folge ihr aber trotzdem.

Erst als ich die Daten aller Reisenden dort angegeben habe und mir der Preis genannt wird, wird mir klar, dass etwas nicht stimmt. Die Preise hier sind fast doppelt so hoch wie die offiziellen. Langsam wird mir klar, dass ich mich in einem Reisebüro befinde. Zum Glück hatte ich mich vorher über die Ticketpreise informiert. Ich lehne also dankend ab und gehe wieder in die Bahnhofshalle, wo ich den richtigen Schalter finde.

Da ich wie üblich zu spät dran bin und es nicht genügend freie Plätze gibt, bekomme ich erst für die nächste Nacht Zugtickets. Na gut, dann müssen wir den Aufenthalt in unserer kleinen Oase in Bangkok eben um eine Nacht verlängern.

Es gibt Schlimmeres.

Am nächsten Abend um dreiundzwanzig Uhr sitzen wir alle im Nachtzug nach Surat Thani, einer Stadt im Süden Thailands. Vor uns eine thailändische Familie mit zwei Kleinkindern, die auf ihren Eltern rumklettern und immer wieder neugierige Blicke auf die blonde Familie hinter ihnen werfen, neben uns zwei amerikanische Jungs, die uns von ihrer gemeinsamen Reise erzählen. Sie sind auf dem Weg nach Krabi, um Party zu machen.

»Was liest du da?«, frage ich den einen von ihnen, der ein offenes Buch in den Händen hält.

»*Sterben,* von deinem Landsmann Karl Ove Knausgård«, antwortet er mit echter Begeisterung in seiner Stimme. »Ein grandioses Buch. Es ist so banal und alltäglich und gleichzeitig so ehrlich und verletzlich geschrieben. Er erzählt eigentlich von belanglosen Dingen, aber auf eine Art und Weise, die das Ganze superspannend macht! Man kann sich in so vielem wiedererkennen.«

Das Urteil des Amerikaners bringt mich zum Nachdenken. Ich habe schon viel von diesem Buch gehört, bin aber nie dazu gekommen, es zu lesen.

»Klingt toll! Das Buch muss ich mir mal besorgen.«

»Ja, unbedingt«, gibt er zurück, »es lohnt sich!«

Ein paar Tage später werde ich mir das Buch auf mein Lesegerät laden, und es wird sich tatsächlich als eines der besten und inspirierendsten Bücher herausstellen, die ich je gelesen habe. Mich fasziniert, wie Knausgård sein Leben komplett offenlegt, ohne zu versuchen, sich in einem guten Licht darzustellen. Vor allem in Hinblick auf meinen Blog kann ich aus der Lektüre sehr viel mitnehmen. Ich empfinde Knausgårds Zeilen als so erfrischend, dass ich mir vornehme, mich auch immer mal wieder so zu öffnen. Wir haben alle Probleme. Warum sollen wir immer so tun, also ob wir das Leben im Griff hätten? Vielleicht fiele es uns leichter, mit unseren Herausforderungen umzugehen, wenn wir von den Problemen unserer Mitmenschen erfahren würden? Ein bisschen ist Knausgårds Buch mit seiner Echtheit und Authentizität auch einer der Gründe dafür, weshalb ich jetzt diese Zeilen hier niederschreibe.

Aber zurück in den Zug. Hier schlafen Maria und die Kinder irgendwann ein. Die zwei Jüngsten haben es sich im Fußraum der Sitze gemütlich gemacht, während die zwei Ältesten jeweils einen Fensterplatz zum Schlafen haben. Maria und ich sitzen quasi als Wachposten auf den beiden äußeren Sitzen. Ich kann kaum schlafen, weil ich das Gefühl habe, auf alle aufpassen zu müssen. Ich stelle mir vor, wie eins unserer Kinder mitten in der Nacht an einer Haltestelle entführt wird, ohne dass wir es merken. Also döse ich zwar immer wieder kurz ein, werde aber bei jedem kleinen Geräusch wieder wach. Die anderen schlafen tief und fest, bis sie vom Sonnenaufgang geweckt werden.

Die Fahrt fühlt sich an wie in einem Traum. Der alte, klapprige Zug gibt uns das Gefühl, eine Reise in eine andere, längst vergangene Zeit zu unternehmen, und die fremde Landschaft, die wir durch die zerkratzten Fenster sehen, ist der Beweis dafür, dass wir tatsächlich auf dem Weg in eine komplett andere Welt sind. Eine Kombination, die sich an diesem frühen Morgen verdammt gut anfühlt.

Nach vielen Stunden im Zug, einer Busfahrt von Surat Thani zur Küste und einer Bootsfahrt, die etwa zwei Stunden dauert und bei der Lydia nicht nur einmal den Kopf über die Reling hängen muss, kommen wir am frühen Nachmittag am Pier von Koh Samui an.

Als wir von Bord gehen, fällt uns sofort auf, wie zielgerichtet die anderen Reisenden wirken. »Einfach weiterlaufen«, antworte ich, als Maria mich verunsichert anschaut und die Worte »Was machen wir jetzt?« mit den Lippen formt.

Alle um uns herum scheinen genau zu wissen, was sie tun. Einige unserer Mitreisenden werden von Vertretern einer Reisegesellschaft empfangen, andere gehen entschlossen auf irgendetwas oder irgendjemanden zu. Wodurch wir uns noch plan- und orientierungsloser fühlen, als wir es ohnehin schon sind. Es ist vierzehn Uhr, und wir haben noch keine Unterkunft für die Nacht.

Der Pier, an dem das Boot angelegt hat, ist zu meiner Überraschung mitten im Nirgendwo. Nichts als Strand und tropischer Wald so weit das Auge reicht. Nur eine einsame Landstraße, die sich hinter dem Strand an der Küste entlangschlängelt. Ich stelle mir vor, wie wir hier ganz alleine und verloren zurückbleiben, wenn die anderen Leute gleich weg sind. Unsere Spontaneität sorgt eben manchmal für ein wenig Spannung – sowohl im positiven als auch im negativen Sinne. Aber genau so wollten wir es, also dürfen wir uns jetzt nicht beschweren.

»Einfach weiterlaufen«, sage ich also noch mal. »Lass uns so tun, als ob wir alles im Griff hätten.« Wir wollen nicht, dass die Kinder mitbekommen, dass wir gerade ein bisschen planlos sind.

Ein paar Minuten später winkt uns ein Taxifahrer zu sich, der mit seinem Taxi an der staubigen Landstraße geparkt hat und uns mit seiner freundlichen Art und einem ansteckenden Lächeln sofort beruhigen kann. Wahrscheinlich hat er von Weitem gesehen, dass unsere Zielstrebigkeit nur gespielt ist. Er fragt uns, wohin die Reise gehen soll, und ich habe keine Ahnung, was ich ihm antworten soll. Ob er hier auf der Insel eine schöne, familienfreundliche Ecke empfehlen könne, frage ich also. Maria wird ein bisschen spezifischer und erkundigt sich, wie es im Norden der Insel am Mae Nam Beach sei, einem

Strand, den wir zwei Tage vorher von einer anderen reisenden Familie über Facebook empfohlen bekommen haben.

»Nice and calm, good for families«, meint der Taxifahrer. Ob er dort eine gute und günstige Bungalowanlage kenne?

»Yes, my friend«, versichert er uns, und schon fahren wir los. Trotz des starken Akzents ist sein Englisch verhältnismäßig gut. In seinem Siebensitzer ist es schön kühl, und die unangenehmen Minuten am Pier sind vergessen, jetzt, da wir entspannt im geräumigen Taxi sitzen und uns die vorüberziehenden Landschaften und Gebäude anschauen. Nach einer zwanzigminütigen Fahrt erreichen wir das vom Taxifahrer angesteuerte Ziel.

Wir verlieben uns sofort in den Strand mit den vielen schattenspendenden Palmen und bleiben ganze vier Wochen an diesem Ort. Wir genießen die Sonne, das Meer, die entspannte Atmosphäre und jede Menge leckeres thailändisches Essen.

Wegen der Hitze geht hier alles ein bisschen langsamer. Das merke ich sogar an meinem Gang, wenn ich nach dem Baden im Meer mit halber Geschwindigkeit zum Bungalow zurücklatsche. Das Tempo wird gedrosselt, so als würde man bei der Ankunft auf dieser Insel direkt auf Sparmodus umprogrammiert werden. Sogar meine Gedanken gehen langsamer, was mir guttut. Es gibt an den ersten Tagen auf der Insel kein Gestern und kein Morgen, nur den Augenblick. Die Tage bestehen aus Baden, Entspannen, Lesen, mit den Kindern im Sand spielen und gutem, günstigem Essen. Es gibt nichts, worüber ich mir Sorgen machen könnte, und das tut richtig gut.

An einem Tag bringt Maria frittierte Kakerlaken vom Markt mit. Alle probieren, außer mir. Sie sehen genauso aus wie sonst, nur dass sie sich nicht mehr bewegen. Ich bringe es einfach nicht über mich.

»Lecker, schmeckt nach Chips«, sagt Aaron. Aber auch er kann mich nicht überzeugen.

Nach fast einem Monat verabschieden wir uns von Koh Samui und nehmen eine Fähre Richtung Norden. Drei Stunden später erreichen wir eine kleine Insel, die aussieht wie ein grüner, verwachsener Hügel, der aus dem Meer ragt. Ihr klangvoller Name lautet Ko Tao, und sie soll unser Zuhause für die nächsten Wochen sein.

Einige Tage später befinden meine älteste Tochter Lydia und ich uns schon wieder auf einem Boot. Der Captain des Schiffes hat an der nördlichen Spitze der Insel den Anker geworfen, und wir machen uns bereit, ins Meer zu springen.

Lydia macht einen großen Schritt nach vorne, verlässt damit das Boot der Tauchschule und landet mit ihrer schweren Tauchausrüstung im Meer. Sie verschwindet kurz unter der Meeresoberfläche, taucht dann aber schnell wieder auf, da sie vorher ein wenig Luft in ihre Tarierweste gelassen hat. Ich folge ihrem Beispiel, und dann schwimmen wir mit unserem Tauchlehrer erst mal ans Ufer.

Es ist Lydias zweiter Tauchgang, und wir wollen es dieses Mal ganz langsam angehen. Beim ersten Mal hat sie Angst beim Abtauchen bekommen, da ihre Maske nicht ganz dicht war und sich mit Wasser gefüllt hat. Deshalb haben wir beschlossen, ihr mehr Zeit zu geben. Immerhin ist sie erst zehn und gerade alt genug, um den Junior-Tauchschein zu machen. Panik kann beim Tauchen lebensgefährlich werden.

Nun bekommt Lydia ihre zweite Chance, nachdem sie einige Tage nur geschnorchelt hat.

Ich wünsche mir von ganzem Herzen, dass es dieses Mal klappt, als wir Richtung Ufer schwimmen. Ich bin mir absolut sicher, dass sie es lieben wird, wenn sie diese erste Hürde überwunden hat.

Sobald wir dort angekommen sind, fangen wir direkt an zu tauchen. Hier wirkt das Meer viel kleiner und übersichtlicher als beim ersten Tauchgang, bei dem wir es vom Boot aus versucht haben. Es ist hier nur zwei Meter tief und das Tauchen fühlt sich anfangs fast wie Schnorcheln an. Wir schwimmen am Boden entlang Richtung Boot, und bevor Lydia sich dessen richtig bewusst wird, befinden wir uns zwölf Meter unter der Meeresoberfläche.

Es ist ein unbeschreibliches Gefühl, durch die Unterwasserwelt von Ko Tao zu gleiten. Es fühlt sich an, als würden wir in Zeitlupe schweben, umgeben von Korallen und Fischen in allen möglichen Farben und Größen. *Eine völlig andere Welt hier unten*, denke ich, während ich etwa einen Meter über dem Meeresboden treibe und alles aufsauge, was ich um mich herum sehen kann. Oben geht alles weiter wie gewohnt, doch hier unten ist es ganz anders – so friedlich, so harmonisch, so still. Fast so, als würde die Zeit stillstehen. Ich fühle mich unglaublich glücklich und dankbar und genieße jeden Moment, den ich hier unten erleben darf.

Ich schaue mir die Fische an, die so schön sind und sich so langsam und scheinbar unbekümmert bewegen. Sooft sich die Gelegenheit bietet, schwimme ich ganz nah an sie heran, um sie aus unmittelbarer Nähe beobachten zu können. Lydia taucht neben mir her und zeigt aufgeregt in alle möglichen Richtungen. Es gibt unendlich viel zu sehen, und alles möchte sie mit mir teilen. Die Angst, die sie anfangs vor dem großen weiten Meer empfunden hat, hat sie überwunden, und es freut mich sehr zu sehen, wie viel Spaß sie jetzt hat.

Nach insgesamt vier Tauchgängen, verteilt auf mehrere

Tage, ist es dann so weit. Vor allen Anwesenden auf dem Tauchboot verkündet unser Tauchlehrer laut und feierlich, dass wir beide unsere Tauchprüfungen bestanden haben.

Lydia strahlt vor Freude, und ich bin wahnsinnig stolz auf sie.

Die nächsten Tage habe ich viel zu arbeiten. Die Reise muss ja irgendwie finanziert werden. Im Gegensatz zu dem, was viele denken, wenn sie von unserer Reise hören, haben wir nicht viel Geld. Ganz im Gegenteil. Nachdem wir das Haus, unser Auto und den Großteil unseres Besitzes verkauft hatten, befanden sich nur zweiundzwanzigtausend Euro auf unserem Konto. Das hört sich nur im ersten Moment viel an. Wenn man aber am Anfang einer einjährigen Weltreise steht und ein ganzes Jahr lang von dem Geld leben und reisen muss, dann wird aus zweiundzwanzigtausend Euro plötzlich ganz wenig Geld. Wir sind sechs Personen und brauchen Geld für Flugtickets, Lebensmittel, Unterkünfte, Kleidung und alles, was sonst noch anfällt.

Deshalb steht nun der nächste Übersetzungsauftrag auf meiner To-do-Liste. Eigentlich wollte ich einen Blogbeitrag schreiben, aber das muss ich auf später verschieben. Bis jetzt habe ich noch gar kein Geld während der Reise verdient, also muss ich diesen Übersetzungsauftrag spontan annehmen, der gerade per Mail reingekommen ist. Nachdem ich einen Blick auf unseren Kontostand geworfen habe, ist mir nämlich erst richtig bewusst geworden, dass wir irgendwann die Reise aus finanziellen Gründen vorzeitig abbrechen müssen, wenn ich nicht so langsam für frisches Geld in unserer Reisekasse sorge.

Also suche ich mir ein kleines und gemütliches Café, wo ich die nötige Ruhe zum konzentrierten Arbeiten habe. Dort trinke ich unzählige Eiskaffees, während ich tagein, tagaus die norwegische Übersetzung einer Bedienungsanleitung für eine in Deutschland produzierte Maschine in die Tasten meines Laptops haue. Vielleicht nicht die spannendste Tätigkeit, die man sich vorstellen kann, aber immerhin eine Arbeit, mit der ich für meine Familie sorgen kann. Eine Tätigkeit, die ich überall auf der Welt ausführen kann, und zwar nach meinem eigenen Zeitplan. Diese Freiheit ist für mich unglaublich wertvoll. Ich liebe meine Arbeit dafür, dass sie es mir ermöglicht, unser Leben frei zu gestalten und zum Beispiel diese Reise unternehmen zu können.

Ich habe übrigens weder eine Ausbildung gemacht noch studiert. Das Gleiche gilt für Maria. Direkt nach dem Abitur haben wir beide damals eine einjährige Bibelschule in der Sekte besucht, doch ob die irgendwo als Ausbildung anerkannt werden würde?

In meinem bisherigen Leben hat aber trotzdem irgendwie immer eins zum anderen geführt. Und auch wenn ich alles nicht genau so geplant habe, wie es gekommen ist, erkenne ich ganz klar einen roten Faden, wenn ich zurückblicke. Schon zu Beginn dieses Buches habe ich erzählt, dass ich bereits als Jugendlicher die Vorstellung toll fand, als freiberuflicher Journalist zu arbeiten. Die damit verbundene Unabhängigkeit und Freiheit passten perfekt zu meiner Persönlichkeit, durch die ich – das habe ich allerdings erst Jahre später verstanden – nicht sehr gut dazu geeignet bin, mich als Angestellter in einem Betrieb unterzuordnen und an der Erfüllung der Träume eines anderen zu arbeiten. Jedenfalls nicht, ohne dass ich dabei ziemlich unglücklich wäre. Dennoch: Ein solches Denken und eine solche Tätigkeit wurden in meinem damaligen Umfeld nicht gutgeheißen, weniger von meinen Eltern als von der Sekte. Dort zählte nur das Kollektiv und nicht der Einzelne.

Das spiegelte sich auch in den Berufen der Mitglieder wider. Fast alle hatten Jobs, die der Gesellschaft dienten, wie Lehrer oder Krankenpfleger. Berufliche Tätigkeiten, bei denen man seinen eigenen Weg geht und als Einzelgänger Erfolge einfährt, wurden als schlecht angesehen. Das Wort »Selbstverwirklichung« war fast ein Schimpfwort in der Gemeinde. Wer an so etwas dachte, hatte ein Problem mit Stolz. Die Devise lautete: »Denk nicht, dass du etwas bist. Du kannst und darfst nur etwas in einer Gemeinschaft erreichen.« Daher kam ich nie auf die Idee, einen Beruf dieser Art anzustreben. Und doch hat mich das Leben über viele Umwege in jene Richtung getrieben, von der ich schon als Jugendlicher geträumt habe.

Deshalb macht es mich in diesem Augenblick auch so froh, an dieser Übersetzung zu arbeiten, während ich in einem kleinen und gemütlichen Café am Strand vor meinem betagten Laptop sitze und im Hintergrund das Meer rauscht.

Dabei ist dieses Leben in Thailand nicht nur eitel Sonnenschein. Unser Zusammenleben wird durch die neue Situation täglich vor Herausforderungen gestellt. Gerade während meiner Tage im Café wird uns klar, dass wir immer noch Zeit brauchen, um uns ans Reisen zu gewöhnen.

Vor allem die Kinder.

Auf sie prasseln in Thailand viele neue Eindrücke ein, die auch innerlich verarbeitet werden müssen. Dazu ist es extrem heiß und schwül. Folglich gibt es ebenfalls stressige Tage, an denen alles »doof« ist.

Nach zwei Wochen auf Ko Tao bricht plötzlich die Hölle los. Die Kinder sind überfordert, regen sich dadurch über jede Kleinigkeit auf und gehen sich ständig auf die Nerven. Alles wird zu einem Streitthema – wie jemand isst, wer zuerst aufs

Klo gehen darf und wer neben Mama am Esstisch sitzt. Es ist ihnen zu warm, und sie haben erst recht keine Lust mehr auf das Homeschooling.

Seit wir in Thailand sind, machen wir dies über eine Online-Fernschule in den USA. Es war eine der Bedingungen dafür, dass unsere zwei Ältesten für ein Jahr von der Schule beurlaubt werden konnten. Es gibt dort zwar keine Prüfungen, aber wir haben eine deutsche Lehrerin als Kontaktperson, die monatlich Fotos von den Arbeiten unserer Kinder per E-Mail erhält und somit den Lernfortschritt unserer Kinder überprüft und begleitet.

Unter den ständigen Streitereien leiden wir Eltern natürlich genauso sehr wie die Kinder, wodurch auch wir sehr schnell gereizt sind. Vor allem weil ich in dieser Zeit noch immer viel arbeiten muss. Und meine Abwesenheit macht das Ganze natürlich noch schlimmer. Maria, die in dieser Zeit meistens alleine mit den Kindern ist, geht die ganze Situation trotz all ihrer Ausgeglichenheit langsam an die Substanz.

Eines Tages, als ich von meinem Arbeitsplatz im Café nach Hause zu unserem Bungalow komme, stürmt Maria mir in Tränen aufgelöst entgegen. Sie ist grundsätzlich nah am Wasser gebaut – aber jetzt geht es ihr offenbar wirklich nicht gut.

»Thor, ich kann nicht mehr. Sie machen mich völlig fertig.« Durch die Tür höre ich zwei streitende Kinder.

»Dann mach doch was. Du kannst nicht zulassen, dass sie sich gegenseitig so fertigmachen!«, antworte ich genervt und in einem scharfen Ton. Ich bin gereizt und müde von einem langen Arbeitstag und mache alles falsch, was man in so einer Situation falsch machen kann.

»Was bildest du dir eigentlich ein?«, faucht sie mich an, ihre grünen Augen zu Schlitzen verengt, »du sitzt fast den ganzen

Tag auf deinem Hintern in irgendeinem gemütlichen Café, während ich mir hier für die Kinder den Arsch aufreiße. Glaubst du nicht, dass ich alles versucht habe? Es geht schon den ganzen Tag so, verdammt! Die letzten sieben Tage. Ich kann nicht mehr, und ich will nicht mehr. Ich gehe jetzt und komme nie wieder zurück.«

Und damit läuft sie einfach davon. Es ist acht Uhr abends und stockdunkel. Maria hat nicht mal ihre Flipflops an. Sie läuft barfuß davon, während ich alleine vor dem Haus zurückbleibe.

»Aber, warte ... Ich ... Ich hab das nicht so gemeint.«

Ich versuche sie aufzuhalten, doch sie ist bereits in der Dunkelheit verschwunden. Ich drehe mich um und gehe in den Bungalow zu den Kindern, die nichts von unserem Streit mitbekommen haben. Ich beschließe, mich ruhig und stark zu geben, auch wenn ich mich innerlich richtig schlecht fühle. Da die Kinder bereits gegessen haben, putze ich ihnen die Zähne und erzähle eine lange Gute-Nacht-Geschichte, während sie alle in ihren Betten liegen. Zwei von ihnen sind so müde, dass sie während der Geschichte bereits einschlafen. Den anderen beiden sage ich Gute Nacht und setze mich draußen auf die Treppe vor der Haustür.

Mir ist natürlich klar, dass Maria das mit dem »Nie-wieder-kommen« nicht ernst gemeint hat und dass sie nur aus der Wut heraus gesprochen hat. Trotzdem lassen mich diese Worte nicht ganz los. Wie schrecklich muss die Situation sein, dass Maria, die doch sonst der Sonnenschein und der ruhende Pol in unserer Familie ist, so den Halt verliert? Am liebsten würde ich ihr hinterherlaufen, aber ich will die Kinder nicht allein im Haus lassen.

Irgendwann lege ich mich aufs Bett, lese eine halbe Stunde

und spüre immer mehr, wie müde ich mittlerweile bin. In dem Moment, als mir die Augen zufallen, höre ich, wie die Tür leise geöffnet wird.

»Hey Thor, ich bin's.« Maria macht die Tür hinter sich zu und legt sich zu mir ins Bett. »Sorry, ich bin ausgeflippt. Ich war unten am Strand im Café und hab mir einen Eiskaffee gegönnt. Jetzt geht's mir wieder besser.«

»Ich bin derjenige, der sich entschuldigen muss«, erwidere ich, »ich hab nur Mist geredet, als du mich gebraucht hast!«

»Schon gut, Thor. Ich glaube, wir sind alle etwas überfordert gerade. Wir sollten irgendwas ändern, denn so kann es nicht weitergehen. Ich glaube, wir sind zu viel unter uns. Wir brauchen andere Menschen. Impulse von außen.«

An diesem Abend liege ich noch lange wach, während Maria neben mir schläft, einen Arm und ein Bein um mich geschlungen. Und ich fange an zu zweifeln: So haben wir uns das nicht vorgestellt. So kann es nicht weitergehen. Es sollte die Reise unseres Lebens werden. Doch die letzten Tage sind ein einziger großer Albtraum gewesen.

Während ich so in die Dunkelheit starre, fühlt es sich an, als würde sich plötzlich eine Kamera, die sich in meinem Kopf befindet und alles aus meiner Perspektive sieht, von mir lösen und über mir schweben, damit ich die ganze Situation aus dieser neuen Perspektive sehen kann. Ich mache es nicht bewusst, es passiert einfach. Ich sehe Leichtes und Schweres, Schönes und Unschönes, Gutes und Schlechtes. Und irgendwie ergibt das Ganze ein stimmiges, harmonisches Gesamtbild.

Das Leben soll nicht immer leicht sein, geht mir durch den Kopf. *Das, was wertvoll ist, kostet auch etwas.* Manchmal sogar viel. Ich spüre tief in mir drin, dass ich bereit bin, diesen Preis zu zahlen. In der Gewissheit, dass alles gut wird. Denn auch das Unschöne trägt auf eine seltsame Weise zur Schönheit des Lebens bei. Der Kampf ums »Überleben« und das alltägliche Ringen mit unseren Problemen haben auf völlig verquere Art und Weise auch etwas Schönes an sich.

Das Leben besteht aus Höhen und Tiefen. Das muss man nicht mögen, akzeptieren sollte man es allerdings schon, denn ändern kann man es letztendlich nicht.

Und wenn man Kinder hat, wird diese Achterbahnfahrt namens Leben noch viel extremer – oder man nimmt das Ganze bloß intensiver wahr. Auf jeden Fall empfinde ich das so. Das Glück wächst, aber ebenso die Verzweiflung. Ich freue mich, als hätte ich den Lotto-Jackpot geknackt, wenn ich fünf ruhige Minuten auf einer Bank genießen darf, während die Kinder spielend und glücklich im Gras sitzen. Und ein paar Stunden später raufe ich mir die Haare und möchte am liebsten losbrüllen – es bleibt auch nicht immer bei dem Wunsch –, weil die Kinder sich seit dreißig Minuten gegenseitig ärgern und vielleicht sogar wehtun und ich das Gefühl habe, sie nicht mehr unter Kontrolle bekommen zu können. Kinder können einen zum glücklichsten Menschen der Welt machen, doch gleichzeitig bringen sie einen an seine Grenzen, und man lernt so einige unschöne Seiten von sich kennen, von denen man nicht mal wusste, dass es sie überhaupt gibt.

Und das alles ändert sich nicht wirklich, wenn man auf Reisen ist. Wir erleben zwar großartige Dinge, haben aber auch beschissene Momente und Tage. Die Höhen und Tiefen des Alltags gibt es auch, wenn man sich auf einer traumhaften thailändischen Insel befindet. Sie gehören zum Leben dazu, und zwar bei jedem von uns. Wie bei einer verdammt guten Achterbahnfahrt eben. Doch auch wenn wir jetzt ein paar

Probleme haben, ist es nicht so, dass die Situation völlig ausweglos wäre. Wir werden sicherlich einen Weg finden.

Während meine Gedanken kreisen und unsere Probleme immer kleiner werden, muss ich an Geschichten von Menschen denken, die in einfachen Verhältnissen leben – Menschen, die ihre Kämpfe und Probleme haben, aber auch einen Hauch Hoffnung. Solche Geschichten berühren mich und machen mich glücklich, denn sie bringen mich dazu, über all das nachzudenken, was ich habe – meine Frau, meine Kinder, meine Freunde, mein Leben. Aber vor allem gefallen sie mir, weil ich mich darin zum Teil wiedererkenne. Diese Menschen haben genauso ihre Schwierigkeiten, aber sie kommen damit zurecht, sie halten sich über Wasser, sie bewältigen die Herausforderungen mit der Zeit irgendwie und kommen trotz allem Stück für Stück voran.

Es ist das erste Mal, dass ich unser Leben auf diese Art und Weise von außen betrachte, und es fühlt sich richtig gut an. Ich sehe zwar immer noch den Stress und die Herausforderungen, aber die Tatsache, dass wir nicht untergehen und die dunklen und hellen Farben ein harmonisches Gesamtbild ergeben, erfüllt mich mit einer tiefen Freude, und ich spüre, dass das Leben im Grunde und trotz allem verdammt gut ist. Dieses Gefühl ist mir völlig neu.

Also nicht das Glücklichsein.

Glücklich bin ich oft.

Aber mitten in einer beschissenen Situation? Das war ich bisher noch nie.

Am nächsten Tag erzähle ich Maria von meinem nächtlichen Erlebnis, und wir beschließen, dass wir direkt anfangen wollen, nach einer Lösung zu suchen. Als Erstes nehmen wir mit der Fernschule Kontakt auf. Wir erzählen von dem Stress, den der tägliche Unterricht erzeugt, und fragen, ob es nicht reicht, wenn die Kinder eine Stunde am Tag deutsche Kinderromane lesen, was sie sowieso sehr gerne tun, und außerdem Tagebuch schreiben.

Überraschenderweise ist die Antwort der Lehrerin, die für uns zuständig ist, sehr positiv: »Weil es nur für ein Jahr ist, können wir eine Ausnahme machen. Sie werden von der Reise an sich so viel für ihr Leben lernen. Auch Dinge, die sie in einer Schule nie lernen würden.«

Nachdem wir diese E-Mail gelesen haben, fühlen wir uns sehr erleichtert und sind richtig motiviert, die restlichen Probleme anzupacken und aus unserer Isolation auszubrechen, um nicht noch einmal derart heftige Anfälle von Lagerkoller zu erleben. Allerdings muss ich zugeben, dass wir dafür nicht wirklich etwas tun müssen. Außer vielleicht unsere Einstellung zu ändern. So ist das eben manchmal mit den vermeintlich unlösbaren Problemen.

Am nächsten Tag beginnen nämlich ein paar der Mitarbeiter in unserem Lieblingsrestaurant, mit Aaron und Filippa zu spielen. Kurz danach steigen auch Lydia und Amy in das Spiel mit ein. Unsere Kinder lieben es, diese Zuwendung zu bekommen, und wollen deshalb immer wieder dorthin, wodurch wir noch öfter in dem Restaurant essen oder einfach abhängen, Spiele spielen und malen.

Mit der Zeit lernen auch Maria und ich die Belegschaft kennen. Die Einheimischen nehmen uns auf Ausflüge mit und zeigen uns die schönsten Buchten und Sandstrände. Unsere zwei Ältesten dürfen sogar ein »Praktikum« bei ihnen im Restaurant machen, helfen zwei Tage lang in der Küche aus und nehmen die Bestellungen der Gäste auf. Vor allem die deutschen Backpacker staunen nicht schlecht, wenn eins der blonden Mädchen mit einem Notizblock in der Hand zu ihrem Tisch geht und sie auf Deutsch fragt, ob sie etwas bestellen möchten.

Die Mitarbeiter dort sind wie eine große und lustige Familie, und die Tatsache, dass wir während unserer letzten Wochen auf dieser Insel ein Teil davon sein dürfen, ändert alles. Sogar lange nachdem unsere Reise zu Ende ist, sollen unsere Kinder sich immer wieder mal nach den liebevollen Menschen in diesem Restaurant zurücksehnen.

Nach zwei schönen Wochen mit unseren neuen Freunden kommt irgendwann der Tag unserer Abreise. Im Restaurant werden wir mit einer großen Abschiedsfeier überrascht: ein ganzer Tisch voll mit dem besten Essen auf der Speisekarte. Wir essen, trinken und lachen ein letztes Mal zusammen.

Filippa sitzt auf dem Schoß ihres Lieblingsmitarbeiters, des achtzehnjährigen Jay, der über und über tätowiert ist und fast so aussieht, als könnte er einer kriminellen Bande angehören – wäre da nicht dieses strahlende Lächeln, das immer wieder sein Gesicht zum Leuchten bringt.

Dann ist es irgendwann an der Zeit aufzubrechen. Unsere Freunde begleiten uns zum Nachtboot, wo wir uns umarmen und einige Tränen verdrücken.

»Kommt wieder«, ruft einer von ihnen, während sich das Boot langsam vom Steg entfernt. Wir winken zum Abschied. Einen Kloß im Hals. Versprechen können wir nichts.

»Vielleicht«, ruft Maria zurück, »vielleicht!«

Und wieder ist ein Abschnitt unseres Abenteuers abgeschlossen, und unsere Reise geht weiter. Wir sind alle todmüde und schlafen in unseren Betten auf dem Boot sofort ein, während dieses uns langsam Richtung Festland und damit auch zu unserem nächsten Ziel befördert – dem Dschungel von Khao Sok, einem Naturschutzgebiet im Süden Thailands.

Drei Tage verbringen wir dort.

Die Wände unseres Bungalows enden dreißig Zentimeter unter dem Dach, sodass es rundherum eine große Öffnung gibt, die ständig für frische Luft sorgt. Nachts, wenn die nachtaktiven Tiere erwachen, klingt es, als würden wir draußen schlafen. Mitten im Dschungel. Doch die Kinder stört das nicht. Sie sind mittlerweile einiges gewohnt und schlafen innerhalb von wenigen Minuten tief und fest.

Unser Bungalow liegt direkt am Ufer eines Flusses, und am nächsten Morgen entdecken wir eine Affenfamilie, die in einem Baum genau gegenüber wohnt.

Die Kinder und ich gehen etwa zweihundert Meter flussaufwärts und lassen uns dann zurück zu unserem Bungalow treiben.

»Noch mal«, ruft Filippa voller Begeisterung, als wir aus dem Fluss steigen.

»Na gut«, antworte ich zur großen Freude der vier.

5

Eine Liebe zerbricht – Rückblick

Der Kummer, der nicht spricht, nagt leise an dem Herzen, bis es bricht.
WILLIAM SHAKESPEARE

Norwegen, Juli 2000
»Mach die Musik lauter!«

Mein zwei Jahre jüngerer Bruder Jan, der mittlerweile auch zur Jugendgruppe gehörte, hatte den Fußboden im Haus von Marias Eltern zur Tanzfläche gemacht und vollführte irgendwelche lustigen Moves, die alle zum Lachen brachten. Ich lachte mit, allerdings nur, weil ich nicht zeigen wollte, wie sehr ich es hasste, dass er die ganze Aufmerksamkeit auf sich zog.

Über zwei Jahre waren vergangen seit meiner ersten Begegnung mit dieser Truppe. Ich war mittlerweile siebzehn Jahre alt und ein fester Bestandteil von ihr und fühlte mich darin pudelwohl. Einen festen Freundeskreis mit Gleichgesinnten zu haben, hatte mich selbstsicherer gemacht. Trotzdem war ich weit entfernt von der Offenheit, die mein Bruder ausstrahlte, der immer laut und lustig war und von allen geliebt wurde. Sogar Maria schien ihn sehr zu mögen. Ich war wahnsinnig eifersüchtig auf ihn.

Ich schaute ihm zu, wie er zu der christlichen Hip-Hop-Musik, die aus den Boxen dröhnte, so tat, als ob er breakdancen könnte. Dafür tänzelte er zunächst lässig auf eine Art durch den Raum, die einigermaßen nach Breakdance aussah, danach folgte immer irgendwas Albernes. Eine ganz normale Vorwärtsrolle zum Beispiel.

Voll der Clown, sagte ich mir innerlich, *er blamiert sich doch bloß*. Doch die Wahrheit war – und das wusste ich auch –, dass das Gegenteil der Fall war. Ich fühlte mich ihm unterlegen. Er war viel freier und lockerer als ich, und das verunsicherte mich. Vor allem deswegen, weil ich damals nicht verstand, warum ich so war, wie ich war. Ich hatte keine Ahnung von unterschiedlichen Persönlichkeitstypen und deren Stärken und Schwächen. Ich kam mir falsch und langweilig in der Gegenwart meines Bruders vor. Er kam mit seiner lockeren Art bei den Leuten viel besser an als ich.

Es war Samstagabend, und wir feierten Marias Geburtstag. Sie war vor wenigen Tagen ebenfalls siebzehn geworden, und die ganzen Gefühle, die ich für sie hatte, brachten mich fast zum Platzen. Trotzdem sagte ich nichts. Ich flirtete nicht mal mit ihr. Ich war immer noch zu schüchtern dafür. Und ich dachte, dass Gott sowieso einen perfekten Plan für mein Leben hatte. Deshalb war ich davon überzeugt, dass ich mit Maria auf jeden Fall irgendwann zusammenkommen würde, wenn sie die Richtige war.

Kurz vor dreiundzwanzig Uhr, als die Party vorbei war, verabschiedeten mein Bruder und ich uns im Flur von Maria. Mir kam es vor, als schaute sie meinem Bruder dabei ungewöhnlich lange in die Augen, während sie strahlte, wie nur sie es kann. Ich spürte ein kurzes Stechen in meinem Herz, doch tat diese kleine Episode schnell als Zufall ab. Ich war gut darin, den negativen Zeichen nicht so viel Bedeutung zuzumessen, während ich mich an alles klammerte, was für mich sprach. Ein strahlendes Lächeln, wenn sie mich sah? Volltreffer! Wenn sie mich an einem anderen Tag kaum beachtete, tat das zwar in dem Moment weh, aber ich hakte es immer schnell ab und vergaß es. Im Verdrängen unangenehmer Gefühle war ich schon als Kind sehr gut gewesen. Außerdem war ich einfach wahnsinnig verliebt und felsenfest davon überzeugt, dass sie die Richtige für mich war. Also hatte ich irgendwie Vertrauen, dass es gut ausgehen würde, auch wenn meine Gefühle Achterbahn fuhren.

Nach der Party machten mein Bruder und ich uns auf den Weg zur Bushaltestelle. Sobald wir das Grundstück verlassen hatten, fing ich an, mich mit Jan zu streiten.

»Warum musst du dich immer so zum Affen machen? Du alberst die ganze Zeit herum und musst immer im Mittelpunkt stehen.«

»Hey, entspann dich mal, Thor! Ich hab doch nur Spaß. Das kannst du doch auch, wenn du möchtest. Es hat dir niemand befohlen, die ganze Zeit wie der letzte Trottel in der Ecke herumzustehen!«

Seine Worte taten mir weh. Sie erinnerten mich an die Zeit, bevor ich meinen neuen Freundeskreis hatte. Jene Zeit, in der ich immer bloß der Außenseiter gewesen war – und von der ich geglaubt hatte, sie wäre nun endlich vorbei. Ich wusste erst mal nicht, was ich erwidern konnte. Doch nach einer Minute redete ich weiter auf ihn ein.

»Ich finde das voll egoistisch von dir. Ich sage ja nicht, dass du nicht Spaß haben und herumalbern darfst, aber du musst doch verdammt noch mal nicht von Anfang bis Ende der Party die ganze Aufmerksamkeit auf dich ziehen. Lass doch auch mal ein paar andere Leute ran.«

Jetzt war er derjenige, der nichts erwiderte. Wir stiegen in den Bus und schwiegen gekränkt die ganze Fahrt nach Hause.

Dort angekommen, putzte ich mir die Zähne und ging direkt ins Bett. Es war bereits kurz nach Mitternacht, und ich war ausnahmsweise zu müde zum Lesen.

Während ich dort lag, dachte ich an Maria, wie fast jeden Abend, wenn ich ins Bett ging. Eigentlich dachte ich beinahe ständig an sie. Was sie an diesem Tag wieder gesagt und getan hatte. Wie sie dabei ausgesehen hatte. Mit ihren strahlend grünen Augen. Ihrem goldenen Haar. Wie sich ihre Wange an meiner angefühlt hatte, als wir uns verabschiedeten. Und während ich dort lag, spürte ich, wie meine Gedanken sich langsam von mir entfernten, bis sie sich irgendwann auflösten. Das Letzte, was ich während des Einschlafens noch wahrnehmen konnte, waren die Geräusche der Computertastatur meines Bruders. Sein Zimmer lag direkt neben meinem, und die beiden Räume waren nur durch eine dünne Rigipswand getrennt.

Klack-klack-klack.
Klack-klack.
Klack.

Eine Stunde später wurde ich ruckartig wach und hörte im gleichen Moment, wie mein Bruder immer noch am Computer tippte.

Ich schaute auf die Uhr. Ein Uhr fünfzehn. Was ist da los, mit wem schrieb er so spät noch?

»Kannst du bitte aufhören zu schreiben, Jan? Ich kann nicht schlafen.«

»Sorry, bin bald fertig. Ich versuche leiser zu tippen.«

»Okay, aber mit wem schreibst du denn da?«

»Ach, nur mit einem Freund.«

Ein Wort, das im Norwegischen übrigens geschlechtsneutral ist.

Ich drehte mich um, versuchte wieder einzuschlafen, doch es gelang mir nicht. Das Tippen hörte nicht auf, und langsam überkam mich eine schlimme Vorahnung. Nach etwa fünfzehn Minuten hielt ich es nicht mehr aus. Ich stürmte in Jans Zimmer.

»Du wolltest doch gleich aufhören«, sagte ich frustriert.

Mein Blick scannte seinen Bildschirm. Er hatte ein Chatprogramm offen und tippte gerade eine Nachricht ein. Da sah ich es.

maria-m_83

Er schrieb mit Maria.

Mir wurde schwindelig. Es fühlte sich an, als hätte mir jemand den Boden unter den Füßen weggerissen und mir gleichzeitig in den Magen geschlagen. Ich sagte nichts mehr, ging sofort wieder zurück in mein Zimmer, legte mich hin und vergrub mein Gesicht im Kopfkissen. Jan schrieb nur noch kurz. Vielleicht fünf Minuten. Doch jeder Tastenanschlag quälte mich wie ein weiterer Messerstich, der in mein Herz fuhr. Es war der bis dahin schlimmste Schmerz meines Lebens, doch trotzdem weinte ich nicht. Das hatte ich das letzte Mal als kleines Kind getan und irgendwie verlernt.

.

Es kam, wie es kommen musste. Ein anderer schnappte sie sich direkt vor meinen Augen. Doch es war nicht mein Bruder.

Wieder war ein Jahr vergangen, und es war mittlerweile unser vierter gemeinsamer Sommer. Langsam fühlte ich mich stark genug, um ihr endlich von meinen Gefühlen zu erzählen. Ich fühlte mich selbstsicherer und wohler in meiner Haut als je zuvor in meinem Leben, und ich liebte Maria von ganzem Herzen. Mir war klar geworden, dass ich nicht nur verliebt war. Ich liebte sie mit jeder Faser meines Körpers, und es war an der Zeit, ihr das zu erzählen.

Als ich endlich dazu bereit war, den ersten Schritt zu tun, war es ironischerweise für mich und Maria schon zu spät. Wir waren auf einer Freizeit zusammen mit einer Jugendgruppe aus einer anderen Kirchengemeinde. Dort lernte sie Erik kennen. Er war sechs Jahre älter als sie, hatte schwarze lange Haare und spielte E-Gitarre in einer christlichen Death-Metal-Band – ja, so etwas gibt es tatsächlich –, mit der er sogar schon in den USA auf Tour gewesen war.

Maria fand ihn vom ersten Augenblick an unfassbar cool. Er war erfrischend liberal, anders, lustig, und dazu kam noch sein leichter Badboy-Charme, den sie spannend fand. Ich merkte, dass die beiden sich extrem gut verstanden, und das tat natürlich wieder richtig weh. Aber ich redete mir ein, dass das Ganze nur freundschaftlich war, damit ich den Schmerz nicht mehr spüren musste, und hakte das ganze Thema innerlich für mich ab.

Doch Erik war viel mutiger als ich. Das, was ich in drei Jahren nicht geschafft hatte, tat er innerhalb von wenigen Wochen. Er sagte ihr, dass er sie mochte. Fragte, ob sie sich vorstellen könnte, mit ihm zusammen zu sein. Einfach so. Da war es um Maria geschehen.

Bevor sie sich traute, mit ihm zusammenzukommen, suchte sie allerdings das Gespräch mit mehreren Personen in der Sekte. So eine Beziehung war für uns alle damals eine sehr große Entscheidung. Denn das hieß in der Regel, dass man diese Person auch heiraten würde. Also wollte sie nicht vorschnell handeln. Sie sprach mit ihrem Vater, mit ihrer Schwester und mit dem Jugendleiter. Alle waren sehr skeptisch, rieten ihr, eine so große Entscheidung gut zu überdenken, da sie erhebliche Konsequenzen für den Rest ihres Lebens haben könnte. Erik war ihnen zu liberal und frei. Das machte ihnen

Angst. Bei Maria aber, die sich Hals über Kopf verliebt hatte, blieb nur hängen, dass keiner von ihnen explizit Nein gesagt hatte. Also kam sie ein paar Wochen später mit ihm zusammen.

Ich erfuhr es direkt am folgenden Tag. Es war sechs Uhr morgens an einem Freitag, und ich sollte bei einem Gebetstreffen in unserer Kirchengemeinde Gitarre spielen und singen. In meinem Auto auf dem Weg dorthin dachte ich darüber nach, dass ich gleich Maria sehen würde, denn ich wusste, dass auch sie dort sein würde. Als ich an einer Kreuzung hielt und von der aufgehenden Sonne geblendet wurde, fiel mir auf, wie zerkratzt meine Windschutzscheibe war. *Die wird bestimmt nicht den bevorstehenden TÜV überleben*, dachte ich. Das war aber eigentlich egal, denn es gab vermutlich nichts an diesem Wrack, was das tun würde.

Ich fuhr meinen alten roten Golf die steile Straße hoch zur Kirche, und als ich den kleinen Hügel am Ende der Straße erreichte, fiel meine Welt in sich zusammen. Dort sah ich noch einen alten Golf, aber nicht rot wie meiner, sondern weiß. Es war das Auto von Erik. Und ich wusste, was das bedeutete. Er hatte keinen Grund, hier zu sein, außer Maria. In den letzten Wochen hatte ich einige Gerüchte über die beiden gehört, doch ich hatte sie nicht glauben wollen, hatte sie verdrängt.

Ich parkte das Auto, holte meine Gitarre aus dem Kofferraum und betrat das Gebäude. Es waren noch kaum Leute da, nur der Priester, eine ältere Frau und eben Maria und Erik. Sie saßen oben auf der Empore und redeten miteinander. Ich nickte ihnen kurz als Begrüßung zu und ging direkt Richtung Bühne, während ich mit mir kämpfte, um nichts von dem zu zeigen, was tief in mir vorging. Schnell hatte ich meine Sachen aufgebaut. In der Zwischenzeit hatten noch einige Gläubige den Weg in die Kirche gefunden. Da wir dennoch so wenige waren, stellte ich mich unten vor die Bühne, und die wenigen Anwesenden versammelten sich direkt vor mir.

»Willkommen zum Gebetstreffen«, sagte ich, »lasst uns einfach damit anfangen, Gott ein paar Lieder zu singen. Danach wird Karl uns einige Gebetsanliegen nennen, für die wir dann gemeinsam beten können.«

Ich schloss die Augen und fing an, eins der Lieder zu spielen, die ich für das Treffen ausgewählt hatte. Die Musik gab mir normalerweise immer Trost, wenn es mir schlecht ging, doch dieses Mal half sie überhaupt nicht. Der Schmerz war unerträglich. Ich fühlte mich innerlich tot, als wäre meine Zukunft ausgelöscht worden. Mein ganzes Leben, meine ganzen Pläne waren auf Maria ausgerichtet gewesen. Jetzt zerbrach das alles in tausend Stücke, und es blieb nur ein großes, leeres Nichts zurück. Ich hatte doch so sehr auf Gottes Plan für uns beide vertraut! Hatte ich mich geirrt?

»Gott, ich dachte, dass wir beide füreinander bestimmt sind«, flüsterte ich leise, während die anderen zu den Klängen meiner Gitarre weitersangen, »wie soll ich jetzt noch weiterleben können? Bitte hilf mir!«

Nach dem Treffen redete ich mit niemandem, packte meine Gitarre in den Gitarrenkoffer, ging zum Auto und fuhr nach Hause. Ein gebrochener Junge, der keine Träume, keine Zukunft mehr hatte.

Dieses Gefühl hielt einige Wochen an. Dann verschwand es nach und nach. Ich fand mich damit ab, dass ich mich wohl geirrt hatte und dass Gott einen anderen Plan für mich haben musste. Der Glaube an Gott und daran, dass er es besser wusste, saß so tief, dass ich relativ schnell wieder auf die Beine kam. Und vermutlich half es auch, dass ich seit meiner Kindheit richtig gut darin war, Dinge zu verdrängen. Wenn etwas zu wehtat, stopfte ich es einfach in eine Schublade meines Gehirns. Ein Schutzmechanismus, der einerseits seine guten Seiten hatte, denn ich konnte unangenehmen Gefühlen immer problemlos entfliehen. Die Kehrseite der Medaille war, dass ich dadurch nicht wirklich lernte, in Kontakt mit meinen Gefühlen zu kommen, und es sollte noch sehr viele Jahre dauern, bis sich daran etwas änderte.

Ebenfalls hilfreich war, dass ich mich seit einiger Zeit für eine Missionsorganisation für Jugendliche namens »Jesus Revolution« interessierte. Ihre Mitglieder organisierten supercoole Gottesdienste mit Rockmusik und warben um Jugendliche – zum großen Ärger von Karl –, um sie vier Monate zu schulen und dann in Gruppen von vier Personen als Missionare in die Welt hinauszuschicken. Mein Bruder hatte gerade die Schule abgebrochen, um dieser Organisation beizutreten.

Der einzige Grund, warum ich es nie ernsthaft in Erwägung gezogen hatte, mich ihnen anzuschließen, war Maria gewesen. Jetzt, da ich sie nicht mehr kriegen konnte, wandte ich mich nun völlig dieser Organisation zu, die ich schon länger so aufregend fand. Sie war eine willkommene Ablenkung und damit vielleicht auch Teil meiner unterbewussten Verdrängungsstrategie.

Ich fing an, Spanisch zu lernen, und träumte davon, als Missionar nach Barcelona zu gehen. Ich hatte schon immer eine starke Abenteuerlust in mir, und in meinem damaligen Leben war dies die einzige Möglichkeit, Abenteuer zu erleben. Maria sah ich in jener Zeit weniger als sonst. Wir waren beide viel mit Dingen außerhalb unserer Kirchengemeinde beschäftigt, was übrigens nicht gerne gesehen wurde. Wenn ich Maria doch einmal sah, blieb ich ruhig. Meine Gefühle für sie und den Schmerz hatte ich komplett verdrängt und meine Aufmerksamkeit in eine andere Richtung gelenkt. In Anbetracht der Tatsache, dass ich sie so dermaßen angehimmelt hatte, mag es komisch klingen, aber so war es.

Für Maria waren die kommenden Monate unbeschreiblich schön, doch gleichzeitig voller Schmerz. Erik öffnete ihr eine andere Welt. Eine Welt, in der sie frei war und in der man eine eigene Meinung haben durfte. Es war für sie wahnsinnig schön, Zeit mit ihm zu verbringen. In seiner Kirchengemeinde war alles lockerer, es gab weniger Regeln, und sie hatte das Gefühl, so akzeptiert zu werden, wie sie war. Doch jedes Mal, wenn sie zusammen in unserer Kirchengemeinde waren, spürte sie die Blicke und die Missgunst der Leute. Es hatte ihr zwar niemand ausdrücklich verboten, mit Erik zusammen zu sein – doch im Grunde lehnte die komplette Gemeinde ihn mittlerweile ab, nun da sie ihn alle besser kennengelernt hatten. Er hatte lange schwarze Haare, ein Piercing, und er machte Musik, die sie eher mit dem Teufel in Verbindung brachten als mit Gott.

Irgendwann rief Karl Maria zu sich in sein Büro. Sie wusste, dass das nichts Gutes bedeutete. Dennoch klopfte sie nach dem Gottesdienst an seine Tür. Karl war allein, sein Gesicht streng, als er Maria bat einzutreten. Maria gehorchte ihm. Widerwillig. War das schon der Widerspruchsgeist, den Erik in ihr entzündet hatte?

»So kann das nicht weitergehen.« Ohne Umschweife begann Karl, auf Maria einzureden. Wenn sie weiterhin mit diesem Erik zusammen sein wolle, müsse dieser sich verändern. Nicht nur äußerlich, sondern auch seine innere Haltung.

»Er muss sich unterordnen und seine rebellische Art loswerden«, verlangte Karl von ihr.

Maria hielt den Kopf gesenkt. Sie versuchte, nicht zuzuhören.

Es war nicht das einzige Gespräch, das Karl so mit Maria führte. Noch wollte Karl ihr nicht ausdrücklich verbieten, mit Erik zusammen zu sein – vielleicht hatte er Angst, Maria auf diese Weise vollständig zu verlieren. Gleichzeitig aber fürchtete er den Einfluss, den dieser rebellische Freigeist auf Maria hatte. Immer wieder wurde Maria deshalb von Karl beauftragt, mit Erik zu reden, damit er sich veränderte. Wenn der Priester ihr die Worte einpflanzte, die sie Erik sagen sollte, machten sie für sie Sinn, doch sobald Maria mit Erik zusammen war, fühlte sich ihre ganze alte Welt mit dem Priester und der Kirchengemeinde fern an. Wie ein Märchen. Eines von denen, die nicht so gut ausgehen. Und sie konnte nichts von dem wiedergeben, was der Priester ihr erzählt hatte, weil sich das alles dort draußen, in der freien Welt, nicht mehr stimmig anfühlte.

Dass ihre Gedanken und Meinungen in diesen zwei Welten so unterschiedlich waren, verwirrte Maria sehr, also schlug sie schließlich vor, sich zu dritt zu treffen – Karl, Erik und sie. Sie wollte unbedingt, dass Erik akzeptiert wurde. Ihren gegenwärtigen Zustand, diese Zerrissenheit hielt sie kaum noch aus. Doch bei dem Treffen wurde alles nur noch schlimmer. Karl versuchte, Erik zu überreden, sich und seine Ansichten zu verändern, und als er merkte, dass ihm dies nicht gelang, redete er immer spöttischer mit ihm. Er ließ ihn nicht ausreden und lachte jedes Mal höhnisch, wenn Erik nicht nachgab, sondern seine Gegenargumente lieferte.

»Hör auf, so von oben herab mit mir zu reden!«, schnaubte Erik frustriert, »ich sage dir doch nur, was ich denke. Darf man das bei euch nicht? Ich habe langsam den Eindruck, dass man hier keine eigene Meinung haben darf. Das hier ist doch keine normale Kirchengemeinde, das ist eine Sekte!«

Vor diesem Treffen hatte Erik gedacht, dass Karl alles verstehen würde, jetzt wo sie die Möglichkeit hatten, offen miteinander zu reden. Aber zu spüren, wie Karl mit Menschen umging, die er als eine Bedrohung empfand, schockierte ihn zutiefst.

Karl wollte, dass Erik sich komplett anpasste, nicht mehr seine Lieblingsmusik hörte und seine Band aufgab. Erik wollte nichts von dem und hatte kein Problem damit, das klar und deutlich zu sagen.

Nach dem Treffen war er wütend und verzweifelt und sagte ungläubig zu Maria: »Der ist doch völlig geisteskrank, ein Psychopath. Wie könnt ihr einen Leiter haben, der so mit euch umgeht, der Leute auf diese Art fertigmacht? Warum macht ihr das mit?«

Maria wusste nicht, was sie erwidern sollte. Sie brach in Tränen aus. Sie war hin und her gerissen zwischen zwei Welten, die beide für sie Sinn machten, die allerdings überhaupt nicht zusammenpassten. Sie verstand Erik und seine Perspektive, aber gleichzeitig war Karl für sie ein Gesandter Gottes. Seit sie ein Kleinkind gewesen war, war ihr eingetrichtert worden, dass er zwischen ihr und Gott stände. Die Gehirnwäsche ging so tief bei ihr, dass sie nicht fähig war, klar zu denken. Also weinte sie nur. Der ganze aufgestaute Schmerz und die Verzweiflung darüber, dass sich die Beziehung zu Erik so wahnsinnig gut anfühlte und ihr gleichzeitig so viele Schmerzen verursachte, waren zu viel für sie. Sie weinte, und Erik hielt sie fest.

Doch alles wurde nur schlimmer. Der Druck auf Maria erhöhte sich täglich. Ihre Schwester und ihr Vater wurden beauftragt, sie zur Vernunft zu bringen.

»Wenn du ihn nicht verlässt, dann landest du vielleicht in der Hölle!«

»Willst du dich wirklich vom rechten Weg abbringen lassen?«

»Ist Erik dir wichtiger als Jesus?«

»Siehst du denn nicht, dass er auf der falschen Seite steht und einen schlechten Einfluss auf dich hat?«

Da das alles aber nichts brachte, beschloss Karl, andere Saiten aufzuziehen. Er hatte genug von dieser Sache. Er wollte nicht tatenlos dabei zusehen, wie er Maria, eine seiner Untertaninnen, verlor. Ihre Rolle in der Gruppe war dafür zu wichtig. Sie hatte eine große Vorbildfunktion, und wenn sie ginge, würde das für erhebliche Unsicherheit sorgen und womöglich auch weitere Gläubige auf die Idee bringen, ihr Heil woanders zu suchen.

An einem dunklen, regnerischen Abend im November, fünf Monate, nachdem Maria und Erik ein Paar geworden waren, klopfte es an der Haustür von Marias Eltern. Maria lag im Bett und hatte Kopfhörer mit Musik auf den Ohren, weshalb sie nicht hörte, wie der Priester und seine Frau von ihrem Vater empfangen wurden. Kurz danach holte ihr Vater Maria ins Wohnzimmer. Der Priester müsse mit ihr reden, so seine Erklärung.

»Ich denke, wir sind nun an einer Weggabelung angelangt, Maria.« Karl fixierte sie mit finsterem Blick. »Du hast jetzt nur noch zwei Optionen: entweder Erik oder Gott. Für uns alle ist es mittlerweile mehr als deutlich geworden, dass sich beides nicht miteinander verbinden lässt, verstehst du das?«

Maria blickte ihn mit leeren Augen an, unfähig auch nur ein Wort zu sagen.

»Sieh sie dir nur an«, wandte sich Karl daraufhin kopfschüttelnd an seine Frau. »Schau, wie verloren sie wirkt. Sie versteht überhaupt nichts. Sie ist wie verhext von der dunklen Macht, die diesen Erik schon längst fest in ihrem Griff hat. Ich dachte immer, sie wäre ein kluges Mädchen. Ich dachte, sie wäre nicht so dumm, die Gnade Gottes so leichtfertig wegzuwerfen.«

So redeten sie abfällig über Maria, als ob sie gar nicht anwesend wäre, als wäre sie es nicht wert, dass sie das Wort direkt an sie richteten. Dann liefen Maria die Tränen übers Gesicht, und sie lachten nur.

»Schau, jetzt weint sie sogar. Das sind aber keineswegs Tränen der Reue. Sie hat bloß Mitleid mit sich selbst, siehst du das?«

Eine ganze Stunde ging das so.

Eine weitere.

Immer weiter prügelten die beiden verbal auf Maria ein, während ihre Eltern stumm danebensaßen. Irgendwann fühlte Marias Gehirn sich wie einen Haufen Matsch an. Sie konnte nicht mehr klar denken. Jeder Widerstand in ihr erlahmte. Gegen diese Übermacht half auch die Liebe zu Erik nichts. Der freiheitliche Geist, der in den letzten Wochen in ihr herangewachsen war, war eine allzu zarte Pflanze, um diesem Sturm standzuhalten. In dem Moment fing sie an, Karl zu glauben. Oder sie entschied sich einfach dazu. Karl spürte wohl diese Veränderung in ihr und änderte seine Taktik.

»Jetzt beginnt sie langsam zu verstehen«, sagte er zu seiner Frau, die neben ihm saß, »siehst du auch, wie die dunklen Kräfte nicht mehr länger Macht über sie haben? Sie lässt los.«

Dann wandte er sich an Maria.

»Du bist jetzt bereit, diesen wichtigen Schritt zu gehen, nicht wahr?«

»Ja, du hast recht. Ich weiß, dass ich Erik verlassen muss.«

»Das ist eine sehr gute Entscheidung. Dir wird es gut gehen, Maria! Gott wird dich reichlich segnen, wenn du ihm gehorchst.«

Nachdem der Priester und seine Frau gegangen waren, rief Maria Erik an. Alles in ihr fühlte sich schwarz und leer an.

»Morgen früh nach dem Gebetstreffen in unserer Kirche muss ich mit dir sprechen, okay?«

»Was ist los, Maria?«, fragte Erik. Er klang sehr verunsichert. »Warum die Geheimnistuerei?«

»Sorry, ich kann es dir jetzt nicht sagen. Erst morgen früh um sieben, nach dem Treffen. Tschüss.«

Sie legte auf, ohne auf eine Antwort zu warten, trank ein Glas Wasser, putzte sich die Zähne und ging ins Bett. Dort lag sie zusammengekrümmt wie ein Baby und weinte leise.

Am nächsten Morgen saßen Maria und Erik sich im Café unserer Kirchengemeinde gegenüber, ein Ort, an dem wir uns nach den unterschiedlichen Veranstaltungen immer trafen. An Marias Seite war ihre Schwester. Karl hatte ihr den Auftrag gegeben sicherzustellen, dass Maria sich wirklich von Erik trennte.

Aber nun, da er ihr gegenübersaß, konnte sie es einfach nicht. Sie brachte die ihr eingeimpften Worte nicht über die Lippen. Erik war doch kein schlimmer Mensch. Irgendwann hatte sie Karl am Vortag geglaubt, als er Erik als verdorben und verloren beschrieben hatte, aber nun sah sie ihn wieder, wie er war. Er war einfach nur Erik. Ihr Erik.

Irgendwann ging Marias Schwester nach draußen, da sie die Situation nicht mehr aushielt, und der Priester kam herein, eine unerschütterliche Entschlossenheit in seinen Augen. Er hatte sich entschieden, die ganze Angelegenheit an diesem Tag zu beenden. Er wollte es jetzt durchziehen, egal wie.

»Maria, du darfst kein Mitleid mit ihm haben. Jesus ist wichtiger als irgendein Mann, der dich vom richtigen Weg abbringt. Trau dich. Sag, was du sagen wolltest!«

Aber auch sein Drängen half wenig. Sie fing ein paar Sätze an, konnte sie aber nicht zu Ende sprechen. Sie war noch nie so verliebt gewesen. Die neuen und erfrischenden Gedanken über das Leben, über den Glauben und dann noch die unglaubliche Freiheit, die sie mit ihm erlebt hatte. Die Gedanken jagten ihr durch den Kopf. Was würde passieren, wenn sie einfach nicht mitmachte, wenn sie nicht tat, was von ihr erwartet wurde? Der Wille in ihr wurde in diesem Moment plötzlich etwas stärker – und doch schien ihr der Preis zu hoch. Das Leben, wie sie es kannte, wäre von einem Tag auf den anderen vorbei. Und was dann? Trotzdem wollten ihr die Worte nicht über die Lippen kommen. Sie blieb still, gelähmt von der schrecklichen Zerrissenheit in ihr. Also sprach Karl die Worte für sie.

»Es ist Schluss, Erik. Sie möchte nicht mehr mit dir zusammen sein.«

»Aber sie ist doch nicht mal imstande, es selbst zu sagen. Du zwingst sie dazu.« Erik war jetzt etwas lauter geworden. Man konnte ihm die Verzweiflung ansehen. »Stimmt das so, Maria? Möchtest du wirklich, dass es vorbei ist?«

»Ja«, flüsterte sie, in Tränen aufgelöst, und wurde von ihrem Vater, der kurz davor dazugekommen war, in ein anderes Zimmer geführt.

Jetzt war es Marias Welt, die unterging. Sie gab unter dem unmenschlichen Druck schließlich nach, sie konnte ihm nicht mehr standhalten. Karl hatte zu viel Macht über sie. Zwar war sie in den darauffolgenden Monaten immer wieder kurz davor, ihm zu trotzen, ihre Kirchengemeinde zu verlassen und mit Erik ein neues und freies Leben zu beginnen – manchmal traf sie sich sogar heimlich mit ihm –, aber sie hatte zu viel Angst vor den Konsequenzen. Sie wollte den Kontakt zu ihrer Familie und ihren Freunden nicht verlieren. Und sie wollte nicht am Ende ihres Lebens in der Hölle landen.

Den Schmerz, der sie in den nächsten Wochen innerlich zu zerfressen drohte, lernte sie mit der Zeit immer besser mit dem Gedanken zu verdrängen, dass es ja Gottes Wille für sie war.

Es war das Richtige, Erik zu verlassen.

Karl hatte es so gewollt, und er hatte immer recht.

Er konnte Gottes Plan für sie erkennen, und sie tat gut daran, ihm zu gehorchen.

6

Bali – Über Freundschaft und Abenteuer

Es sind immer die Abenteurer, die große Dinge vollbringen.
MONTESQUIEU

Bali, Oktober 2015
»Setz dich doch einfach auf den Roller und fahr eine Runde.« Maria schaut mich mit ernsten Augen an. Ihr Blick hat fast etwas Flehendes. »Dann fühlst du dich bestimmt gleich besser.«
»Okay, gut. Das mache ich.«
Ich schnappe mir meinen Rucksack, setze den Helm auf und fahre los.
Sobald ich Gas gebe und den angenehmen, leicht kühlenden Gegenwind spüre, schlägt meine Laune schlagartig um, und ich fühle mich auf einmal richtig glücklich. Genau wie Maria es vorausgesagt hat. Es überrascht mich mal wieder, wie schnell sich meine Gefühle ändern können. Von einem Moment auf den anderen. Gerade eben noch war ich kurz davor gewesen, in ein schwarzes Loch zu fallen. Ich habe alles negativ gesehen und mich schnell reizen lassen. Das passiert mir manchmal, wenn mir mehrere Dinge gleichzeitig unangenehm oder zu anstrengend sind. Dieses Mal sind es die Hitze gewesen, meine Erschöpfung und der Lärm der Kinder. Alles keine großen Probleme, aber wenn mehrere solche Kleinigkeiten zusammenkommen und es etwas zu lange her ist, dass ich Zeit

für mich alleine gehabt habe, dann ist bei mir ganz schnell Schicht im Schacht. Ich sehe dann plötzlich alles negativ, habe das Gefühl, dass wir alles falsch machen, und denke, dass ich der größte Taugenichts der Welt bin, der nie irgendwas im Leben auf die Reihe kriegen wird. In solchen Momenten rege ich mich viel zu schnell auf und gebe oft anderen die Schuld für die Dinge, die nicht so gelaufen sind, wie ich es mir vorgestellt habe. Vor unserer Hochzeit kannte ich diese Seite von mir gar nicht. Sie kam erst zum Vorschein, nachdem wir frisch verheiratet nach Deutschland gezogen waren. Ich träumte damals immer wieder von einer Karriere als Lobpreissänger. Ich hatte große Träume und Visionen, war aber sehr verpeilt und undiszipliniert, was für viel Frustration sorgte. Ich wurde damals schnell deprimiert, wenn ich das Gefühl hatte, nicht gut genug voranzukommen, was für Maria eine Qual war. Wäre uns die Ehe damals nicht so heilig gewesen, hätte Maria mich möglicherweise verlassen. Mit den Jahren habe ich diese Seite von mir allerdings immer besser in den Griff bekommen. Die Episoden sind viel schwächer und seltener geworden, und sie sind mittlerweile meistens von sehr kurzer Dauer. Diese Seite von mir kennen nur meine engsten Vertrauten, meine Familie. Bei Freunden und Bekannten schaffe ich es irgendwie, ruhig zu bleiben.

Maria kann mich allerdings überhaupt nicht leiden, wenn ich so drauf bin. Dann kommt es immer wieder vor, dass bei uns richtig die Fetzen fliegen – wenn wir uns in so einer Situation nicht aus dem Weg gehen. Also schickt sie mich an diesem Nachmittag fort. Erstens, weil sie mich loswerden will, und zweitens, weil sie mich einfach besser kennt als ich selbst. Nach zwölf Jahren Ehe weiß sie ganz genau, wie ich ticke und was ich brauche. Sie ist nicht nur die Frau, die ich liebe. Sie ist meine beste Freundin.

Und genau deswegen sitze ich jetzt auf einem Roller und habe plötzlich das Gefühl, der glücklichste Mensch der Welt zu sein.

Ich fahre an einem Wald voll freilebender Affen vorbei. Einer von ihnen, der den Schutz des Waldes verlassen hat, um in einer Mülltonne nach Essensresten zu suchen, schaut mich kurz desinteressiert an, bevor er sich wieder an die Arbeit macht.

Der Verkehr ist chaotisch, aber auch das mag ich. Wie so oft auf dieser Reise tauche ich in eine völlig andere Welt ein. Es gibt so viele neue Sinneseindrücke. Vor allem wenn ich alleine unterwegs bin, so wie jetzt, wird mir das klar, weil ich dann alles, was an mir vorbeifliegt, ungestört aufsaugen kann.

Auch die Gerüche sind ganz anders als alles, was ich aus Dortmund oder Norwegen kenne. Es riecht schwach nach Zerfall. Nicht auf eine unangenehme Art und Weise, sondern eher wie Kompost. Darunter mischen sich immer wieder Gerüche wie von Benzin oder verbranntem Holz, und nicht selten riecht es nach frisch zubereitetem balinesischen Essen.

Während ich fahre, habe ich ständig ein Lächeln im Gesicht. Beim Rollerfahren in einem exotischen Land ist es für mich unmöglich, nicht glücklich zu sein.

Nach einer zwanzigminütigen Fahrt stoppe ich vor einem kleinen Café, bestelle mir einen Eiskaffee und setze mich auf eine Couch, um zu lesen. Ich entspanne mich dabei so richtig, lege nach einer Weile das Buch zur Seite und beobachte die Menschen um mich herum, während meine Gedanken anfangen zu wandern. Ich denke an Maria. Ich denke an all das, was wir zusammen durchgemacht haben. Daran, wie unsere Krisen uns zusammengeschweißt haben. Mein Blick schweift in die Ferne. Das Café hat keine Wände, also habe ich freie Sicht auf ein Reisfeld, das auf der anderen Straßenseite liegt. Dort entdecke ich eine ältere Frau, die anscheinend völlig mühelos ein riesiges Bündel Reisblätter auf dem Kopf trägt.

Genau wie sie haben Maria und ich in unserem Leben so einiges ertragen müssen. Doch wir sind aus diesen Kämpfen des Lebens gestärkt hervorgegangen. Und vor allem haben wir dabei erkannt, dass wir uns aufeinander verlassen können. Dass wir uns blind vertrauen können. »Ein guter Freund ist das Schönste, was es gibt auf der Welt«, heißt es in einem uralten deutschen Lied. Doch es gibt etwas Schöneres: Diesen guten Freund zur Frau zu haben.

Ich sitze ein paar Stunden im Café, bestelle irgendwann einen weiteren Eiskaffee, hänge meinen Gedanken nach und schreibe einige Ideen für meinen Blog auf, bis ich genug Zeit für mich verbracht habe und die Sehnsucht nach meiner Familie so groß wird, dass ich mich wieder auf den Heimweg mache.

Die ersten zehn Tage hier auf Bali sind sehr entspannt. Nach unserem dreitägigen Aufenthalt im Dschungel von Khao Sok sind wir von Surat Thani im Süden Thailands nach Kuala Lumpur, der Hauptstadt Malaysias, geflogen. Dort haben wir zur Abwechslung einige Tage in einer für unsere Verhältnisse luxuriösen Hotelsuite im 33. Stockwerk gelebt. Es war eine ganze Wohnung, voll ausgestattet mit Möbeln, dickem, flauschigem Teppichboden und einem Swimmingpool auf dem Dach des Wolkenkratzers, von wo aus man beim Schwimmen eine spektakuläre Aussicht auf die Stadt hatte. Als Last-Minute-Angebot kostete die Suite nur neunzig Euro pro Nacht. Erst am Tag vor der Abreise aus Thailand sind wir im Internet darauf gestoßen. Also entschieden wir uns dazu, ein bisschen verrückt zu sein und unsere Kinder und uns diese drei Tage lang ein wenig zu verwöhnen.

Auf die Idee, die Route über Malaysia nach Bali zu nehmen, hat uns übrigens eine schwedisch-britische Familie gebracht, die wir auf Koh Samui in Thailand kennengelernt haben. Sie schwärmten regelrecht von der Stadt Ubud auf Bali und rieten uns auch zu einem Zwischenstopp in Kuala Lumpur. Vor allem, weil diese Route extrem günstig ist, was für uns – mit unserer immer noch sehr knappen Reisekasse – eine große Rolle bei jeder Entscheidung spielt.

Und nun sind wir also auf Bali. Es ist Ende Oktober, und wir befinden uns in Ubud, wo wir in einem Eco Village mit zehn nachhaltig gebauten Häusern wohnen, die sich einen großen, liebevoll gestalteten Garten und einen kleinen Pool teilen. Die Häuser grenzen direkt an ein großes Reisfeld. Die Aussicht ist wundervoll. Wir genießen die Ruhe, lesen gute Bücher, schwimmen im Pool, während wir zusehen, wie die Sonne am Ende des Reisfelds untergeht. Wir liegen zusammen in unserer Familienhängematte, die wir zwischen zwei Bäumen aufgehängt haben, und erkunden barfuß das Reisfeld und das dazugehörige Dorf.

Das Haus, in dem wir wohnen, ist offen. Es gibt keine geschlossenen Wände, die Luft kann also praktisch durchs Gebäude wehen, was sehr angenehm ist und eine Klimaanlage unnötig macht. Die Kinder freuen sich sehr, dass wir endlich unsere eigene Küche haben. Maria oder ich fahren fast täglich mit dem Roller in die Stadt, um unseren größten Rucksack mit Lebensmitteln aller Art zu füllen.

Eines Abends entdecken wir einen Skorpion in der Badewanne. Als er am nächsten Morgen verschwunden ist, wissen wir nicht so recht, ob wir das gut oder schlecht finden sollen.

Im Garten entdecken wir Frösche, riesige, aber ungefährliche Spinnen, Schlangen und Unmengen von Geckos, die uns aus ihren großen dunklen Augen neugierig ansehen.

Es ist sehr angenehm, das Leben mal wieder richtig entspannt zu nehmen. Wir machen keine großen Ausflüge oder Pläne. Wir saugen einfach nur unsere Umgebung in uns auf und haben an diesem Ort alles, was wir momentan brauchen. Es tut außerdem gut, dass es ein paar Grad kühler ist als in Thailand und die Luft nicht ganz so feucht.

Am elften Tag bekommen wir Besuch aus Deutschland. Lisa und Jonny, zwei unserer besten Freunde, die wir aus unserer Kirchengemeinde in Dortmund kennen, fliegen mit ihren beiden Kindern zu uns, um zweieinhalb Wochen mit uns hier zu verbringen. Es wirkt völlig surreal, als sie plötzlich mit riesigen Rucksäcken auf dem Rücken und ihren zwei Jungs an den Händen in unserem Garten auftauchen.

Wir sind schon seit zweieinhalb Monaten in Asien, in einer völlig anderen Welt unterwegs, und unser altes Leben in Dortmund fühlt sich so fern und fremd an. Jetzt plötzlich Menschen aus diesem Leben zu sehen, ist ein schönes und zugleich seltsames Gefühl. Den bodenständigen Jonny, der immer einen Witz parat hat und für alle seine Freunde ständig neue Spitznamen erfindet, und die schlaue Lisa, die alles kann und jeden in ihrer Nähe anstrahlt und ihm das Gefühl vermittelt, gesehen und wertgeschätzt zu werden.

Wir sitzen bis spät in die Nacht in unserem offenen Wohnzimmer und reden über Gott und die Welt, während wir Cola trinken und Chips essen. Ich fühle mich glücklich. So richtig. Maria hat schon immer viele tiefe Freundschaften gehabt. Ich selbst habe ja erst durch das Loslassen kurz vor der Weltreise verstanden, wie wichtig mir einige meiner Freunde über die

Jahre geworden sind, unter anderem diese beiden. Wie schön es ist, Freunde zu haben, die einen über viele Jahre begleiten. Menschen, mit denen man eine gemeinsame Geschichte hat. *Freiheit ist nicht alles,* denke ich bei mir, während ich meine Freunde beobachte. Lisa, die lachend von ihrem Chaos bei der Abreise berichtet. Jonny, der ihre Erzählung mit Einwürfen vervollständigt. Und meine Maria, die den beiden still und strahlend lauscht. *Wir brauchen auch ein wenig Sicherheit und Halt.*

Für einen Moment schweift mein Blick in die Ferne und in den dunklen Nachthimmel hinein. Ich lasse die anderen einfach reden und denke darüber nach, wie wertvoll solche Freundschaften sind. So neu dieses Gefühl für mich ist – ich liebe es. Während die anderen über irgendetwas herzlich lachen, was ich während meiner Träumerei gar nicht mitbekommen habe, beschließe ich, Freundschaften ab sofort eine viel höhere Priorität in meinem Leben einzuräumen.

Lisa und Jonny wohnen in einem Haus direkt neben uns, und wir verbringen vier entspannte Tage zusammen an diesem beruhigenden Ort. Danach packen wir unsere Sachen, nehmen zwei Taxis zur Ostküste Balis und fahren von dort mit einem Boot zu einer kleinen Insel namens Gili Trawangan. Es ist die größte der drei Gili-Inseln, eine exotische Inselgruppe östlich von Bali, wo keine motorisierten Fahrzeuge erlaubt sind. Will man sich auf der Insel fortbewegen, muss man entweder laufen, Fahrrad fahren oder eine Pferdekutsche nehmen, die einzigen »Taxis«, die es hier gibt.

An der Küste von Gili Trawangan angekommen, nehmen wir Platz in zwei Pferdekutschen, die uns und unser Gepäck zu der Unterkunft bringen, die wir wenige Tage zuvor übers

Internet gebucht haben. Sie befindet sich auf einem großen Grundstück in der Mitte der kleinen Insel. Das Haupthaus besteht aus einer riesigen Wohnküche und einem Außenbereich mit einer großen Couch und mehreren Sesseln. In den beiden kleineren Häusern befinden sich je ein Badezimmer und zwei Schlafzimmer. Es gibt auch einen Swimmingpool auf dem Grundstück und genug Fahrräder für alle.

Damit machen wir uns sogleich auf den Weg, um die Insel zu erkunden. Ein Zug von zehn Fahrrädern in allen möglichen Größen und Farben, der sich langsam, aber stetig durch die exotische Landschaft schlängelt. Wir folgen einem Pfad, der uns an einem großen Hügel entlangführt.

Schon bald müssen wir stehen bleiben, weil ein paar frei herumlaufende Kühe uns den Weg versperren. Sie schauen uns kurz desinteressiert an und laufen dann weiter, um sich auf die Suche nach frischem Gras zu machen. Nachdem wir an ihnen vorbeigefahren sind, wende ich mich noch mehrmals um und sehe, wie sie anfangen, den Hügel hinaufzusteigen. *So sollten Tiere gehalten werden*, denke ich, während wir weiter Richtung Osten radeln, und ich spüre, wie sich die Sehnsucht nach einem naturverbundenen Leben wieder meldet. *Es fühlt sich einfach falsch an, wie wir in der modernen Welt leben*, überlege ich, *so abgetrennt vom wahren Leben. So fern von der Realität.*

Irgendwann kommen wir an einem einsamen Strand an, wo es nichts gibt, außer eine kleine Strandbar mit Hängematten und einen Haufen gemütlicher Sofas. Während die Kinder in der Brandung spielen, genießen Maria und ich es, uns wieder mit Erwachsenen zu unterhalten, die wir richtig gut kennen, mit denen wir eine gemeinsame Geschichte haben. Die beiden waren schon in den allerersten Jahren in Dortmund an unserer Seite.

Ich weiß schon in diesem Moment, wie Lisa und Jonny mir fehlen werden, wenn sie wieder abreisen.

Wir machen weitere Ausflüge mit den alten, verrosteten Fahrrädern. Wir besuchen den Nachtmarkt, wo wir an vielen exotischen Ständen unglaublich leckeres Essen probieren. Und wir schwimmen im Meer mit einer großen Wasserschildkröte, der wir beim Schnorcheln begegnen und die sich nicht von uns stören lässt. Unsere dreijährige Filippa lernt im Pool schwimmen. Maria und ich sind sehr stolz auf sie. Ganze drei Meter schafft sie. Von einem Beckenrand bis zum anderen. Das Einzige, was man über der Wasseroberfläche sehen kann, ist allerdings ihr Gesicht. Die kleinste Welle würde ausreichen, um sie zu stoppen.

An einem Abend sitzen wir Erwachsenen ein paar Stunden draußen vor unserer Unterkunft und reden über die Zeit, in der wir uns kennengelernt haben.

Lisa und Jonny erzählen uns, dass sie es sehr inspirierend fanden, dass wir bereits mit zweiundzwanzig Jahren unser erstes Kind bekommen haben – ohne feste Jobs oder irgendeine Art von Sicherheit.

»Das war mit ein Grund, weshalb wir uns entschieden haben, auch so früh Kinder zu bekommen«, verrät Lisa. »Eigentlich freuten wir beide uns schon lange darauf, eine Familie zu gründen, dachten aber, wir müssten warten, bis wir beide mit dem Studium fertig sind und vernünftige Jobs haben. Weil man das halt so macht. Und dann haben wir bei euch gesehen und gemerkt, dass es auch anders geht. Ihr habt Kinder bekommen, ohne dass irgendwas groß vorbereitet war. Es war so natürlich, und ihr wart so optimistisch. Es hat alles trotzdem oder vielleicht gerade deswegen gepasst.«

Maria und ich freuen uns über diese kleine Geschichte. Tatsächlich haben wir in unserem Leben viele Dinge gemacht, ohne lange abzuwägen und uns im Hin und Her zu verlieren. Wir sind von Natur aus eher spontan – wie zum Beispiel vor etwa drei Jahren, als in Dortmund mitten in den Sommerferien eine Woche lang nur Regen angesagt war.

»Komm, lass uns nach Italien fahren, ans Mittelmeer«, schlug ich Maria damals scherzhaft vor.

»Ja! Warum nicht«, gab sie begeistert zurück, und am selben Abend saß die ganze Familie in unserem vollgepackten Auto. Wir gaben die italienische Stadt Grado ins Navi ein. Wir hatten keine Ahnung von der Stadt, hatten uns aber für sie entschieden, weil es die kürzeste Route zum Mittelmeer war. Wir fuhren die ganze Nacht durch, während die Kinder schliefen, und wussten nicht, wo wir übernachten würden. Es fühlte sich wie ein riesiges Abenteuer an, und es machte Lust auf mehr!

Maria und ich erzählen unseren Freunden, dass auch sie eine große Rolle in unserer Entwicklung gespielt haben. Die Art und Weise, wie sie an Gott geglaubt haben, war so viel freier und entspannter als unsere, als wir 2004 nach Deutschland gekommen sind, um einen deutschen Ableger der Sekte aufzubauen. Am Anfang dachten wir, wir müssten sie ändern, damit sie überhaupt in unserer Kirchengemeinde mitarbeiten konnten. Sie waren uns viel zu liberal. Doch gleichzeitig mochten wir sie sehr gerne, und zwar genau so, wie sie waren. Das machte uns damals ziemlich zu schaffen und brachte uns dazu, über unsere strengen Ideale nachzudenken und sie irgendwann auch zu hinterfragen.

Verrückt, was eine Freundschaft alles auslösen kann!

Nach zwei Wochen auf Gili Trawangan nehmen wir die Fähre zurück nach Bali, wo sich unsere Wege trennen.

Wir haben noch fünf Tage, bis unser Visum abläuft, und die wollen wir in aller Ruhe am Rande unseres liebgewonnenen Reisfelds verbringen, wo unsere Zeit auf der Insel so entspannt angefangen hat.

Am Tag vor unserer Abreise bekommen wir Besuch von Sandhya, Benedict und ihrem Sohn Liam: eine junge deutsche Familie aus dem Raum Frankfurt, die ähnlich wie wir alles hinter sich gelassen hat, um zu reisen und herauszufinden, was sie vom Leben will. Sandhya hat davor als Flugbegleiterin, Benni als Investmentbanker gearbeitet, doch beide haben ihre alten Berufe aufgegeben, um etwas aus ihrem Leben zu machen, was sie mehr erfüllt. Was das genau ist, wissen die beiden noch nicht, aber sie wollen die Reise nutzen, um es herauszufinden. Wir sind im Internet aufeinander gestoßen. Wie wir berichten auch sie dort von ihrer Reise, und da wir jetzt gleichzeitig auf Bali sind, nutzen wir die Chance, um uns persönlich kennenzulernen.

Sie kommen am frühen Nachmittag auf einem Roller an. Obwohl wir die drei an diesem Tag zum ersten Mal sehen, ist es, als würden wir uns schon ewig kennen. Wir führen tiefe und persönliche Gespräche über das Leben und unsere Träume und Sehnsüchte. Da wir in einer sehr ähnlichen Situation stecken, können wir uns so gut verstehen. Wir haben ähnliche Prozesse durchgemacht, denselben Ängsten getrotzt, dieselbe Freiheit genossen, uns gleichermaßen verloren gefühlt.

Unsere jeweiligen Reisen haben viele unserer alten Glaubenssätze ausgelöscht und uns dazu gezwungen, nach neuen zu suchen. Viele Fragen sind aufgetaucht, die wir uns vorher nie gestellt haben. Und weil wir plötzlich auf Menschen treffen, die all das verstehen und nachempfinden können, reden wir wie Wasserfälle, kreuz und quer, und es fühlt sich gut und befreiend an. Sandhya und Benedict sind Menschen, die sich wie wir auf das Abenteuer ihres Lebens eingelassen haben, und sie strahlen eine Lebensfreude aus, die ungemein ansteckend ist.

Während ich Filippa in einem ruhigen Augenblick zur Toilette bringe, denke ich darüber nach, dass das Reisen für uns mehr bedeutet, als im Hotelzimmer oder am Pool zu liegen mit Scharen von anderen Touristen. Wenn man einfach mal eine Auszeit und Entspannung braucht, ist das sicherlich keine schlechte Sache. Aber das ist nicht das, was eine Reise für Maria und mich – oder für Sandhya und Benedict – ausmacht.

Darüber und über viele andere Dinge reden wir, während die Kinder zusammen auf dem Wohnzimmerboden spielen und wir Erwachsenen auf der Couch sitzen wie alte Freunde, die genau dort anknüpfen, wo sie beim letzten Treffen mit ihren Gesprächen stehen geblieben sind.

»Früher sind die Leute wirklich gereist«, überlege ich laut. »Als man einen ganzen Monat mit einem Schiff unterwegs sein musste, um nach Amerika zu gelangen und nur aus Erzählungen wusste, was einen dort erwartete. Das erforderte Mut, Abenteuerlust und ganz viel Vertrauen ins Leben. Zu reisen heißt für mich, sich vom Gewohnten zu lösen und sich in etwas Ungewisses zu stürzen. Nicht, sich nur von A nach B zu bewegen, sondern unterwegs zu sein. Von einem Ort zum nächsten. Mal mit dem Bus, mal mit dem Zug, zwischendurch auch mit dem Boot oder zu Fuß. Menschen kennenlernen, in Kulturen eintauchen. Verloren sein, Hilfe bekommen, Hilfe annehmen.«

»Ja, genau«, steigt Sandhya begeistert ein, »und wenn man

so über einen längeren Zeitraum reist, ohne einen festen Plan und ein festes Ziel zu haben, verliert man alle Sicherheit, die man zu haben glaubte. Man muss sich neu orientieren im Leben, sich vielen neuen Fragen stellen. Fragen, auf die man nicht kommt, während man zu Hause die Wäsche aufhängt. Man wächst über sich hinaus und lernt sich selbst richtig kennen. Und man wird selbstbewusster und bekommt mehr Vertrauen ins Leben.«

Es fühlt sich gut an, sich mit Gleichgesinnten zu unterhalten. Wir könnten stundenlang so reden. Doch irgendwann bekommen wir Hunger. Wir holen leckeres Essen aus einem balinesischen Restaurant nebenan und genießen noch die letzten Sonnenstrahlen des Tages, bis es an der Zeit ist, von unseren neuen Freunden Abschied zu nehmen.

Als die kleine Familie auf ihrem Roller hinter ein paar Häusern verschwindet, sind wir traurig, dass wir sie erst an unserem letzten Tag hier auf Bali kennengelernt haben. Gleichzeitig haben wir das Gefühl, dass wir uns nicht zum letzten Mal gesehen haben.

Am nächsten Morgen packen wir unsere Sachen und werden von einem Taxi abgeholt, das uns zum Flughafen bringt. Von dort wollen wir weiter nach Perth, eine Stadt an der Westküste Australiens, auf die wir uns alle sehr freuen. Hier wohnt nämlich meine acht Jahre jüngere Schwester Sarah, die wir überraschend besuchen wollen. Eigentlich haben wir nur vorgehabt, Zeit bei meiner Schwester Tina zu verbringen, die witzigerweise auch in Australien lebt – und zwar mit ihrem Mann und ihren zwei Kindern auf einer einsamen Farm auf der Insel Tasmanien im Süden des Landes. Aber da ist einmal mehr unsere Spontaneität mit uns durchgegangen.

Mit dem Flug scheint es jedoch Probleme zu geben. Uns sind Gerüchte zu Ohren gekommen, dass nach einem Vulkanausbruch auf einer der Nachbarinseln vereinzelte Flüge aufgrund der Asche in der Atmosphäre gecancelt werden könnten. Während wir unterwegs sind, schaue ich noch mal auf der Internetseite der australischen Fluggesellschaft nach und stelle fest, dass unser Flug tatsächlich ausfällt. Maria schlägt vor, dass wir trotzdem weiterfahren und uns einfach ein Hotel in der Nähe des Flughafens suchen, wo wir auf unseren Abflug warten können.

Ein paar Stunden später bezahle ich den Fahrer und steige alleine aus dem Taxi. Maria und die Kinder haben wir kurz zuvor am Hotel rausgelassen, wo wir die kommende Nacht verbringen werden.

Der Flughafen ist voller herumirrender Menschen. Ich schaue auf die Anzeigetafel und stelle fest, dass nicht nur unser Flug ausgefallen ist, sondern alle.

Die Mitarbeiterin am Schalter der Fluggesellschaft reicht mir ein Blatt Papier, auf dem genau das noch einmal geschrieben steht. »Für die Versicherung«, meint sie, was mir eigentlich egal sein könnte, denn ich habe keine, die für so etwas aufkommen würde. Wann der nächste Flug geht, kann sie mir nicht sagen. Ich stecke den Zettel trotzdem in meinen Rucksack, gebe ihr meine Kontaktdaten, für den Fall, dass sie Näheres erfährt, und verlasse den Flughafen zu Fuß.

Zurück im Hotel, buche ich zwei zusammenhängende Zimmer und hole meine Familie im dazugehörigen Restaurant ab. Nun sind wir also hier und müssen versuchen, das Beste daraus zu machen und irgendwie eine schöne Zeit zu verbringen. Doch das ist leichter gesagt als getan. Unser Visum läuft an diesem Tag ab, und wir haben keine Ahnung, wie lange wir hier noch feststecken werden.

Zwei Tage vergehen, doch sämtliche Flüge nach Perth bleiben gestrichen. Von der Fluggesellschaft höre ich nichts. Ich habe die Tickets über eine Online-Reiseagentur gebucht, um hundert Euro zu sparen. Dadurch haben die Mitarbeiter der Airline meine E-Mail-Adresse bei der Buchung nicht automatisch erhalten. Die anderen Reisenden werden per Mail auf dem Laufenden gehalten. Wir dagegen hängen völlig in der Luft. Ich rufe immer wieder die Hotline der Airline an und bekomme immer dieselbe Auskunft:

»Wir wissen noch nicht, wann wir wieder fliegen können, melden uns aber bei Ihnen, sobald wir einen Flug für Sie haben.«

Ich bin verzweifelt und fühle mich machtlos, und je mehr Zeit vergeht, desto angespannter werde ich. Zunächst. Denn nach und nach stellt sich bei mir eine seltsame Gelassenheit ein. Ich beginne, die Situation zu akzeptieren. Die Tatsache, dass ich völlig in der Luft hänge. Dass meine Familie sich, nachdem unser Visum abgelaufen ist, mehr oder weniger illegal in diesem Land aufhält und ich nicht weiß, wie ich in absehbarer Zeit von hier wegkommen soll. Einfach weil ich nichts daran ändern kann. Mein Blutdruck sinkt. Ich bin für meine Verhältnisse plötzlich außergewöhnlich ruhig.

Als ich am dritten Morgen beim Frühstück feststelle, dass auch an diesem Tag sämtliche Flüge nach Perth ausfallen werden, fluche ich zum ersten Mal seit drei Tagen nicht. Maria sieht mich verwundert an, als ich stattdessen in aller Ruhe das Hotel für eine weitere Nacht buche, mit meiner Familie zu Ende frühstücke und mich schließlich aufmache, um einen ruhigen Ort zum Arbeiten zu suchen. Ich feile an einer Übersetzung und schaue nach einer Weile aus Gewohnheit wieder auf der Internetseite der Airline nach. Als ich die aktuelle

Meldung dort lese, erstarre ich. Es gibt schon an diesem Tag einen Sonderflug nach Perth, und zwar bloß einen einzigen.

In zweieinhalb Stunden.

»Dies ist ein kleiner Anfang, um die Reisenden, die auf Bali festsitzen, nach Hause zu bringen, und wir wissen im Moment nicht, wann der nächste Sonderflug stattfinden wird«, heißt es weiter. Seit dem Tag, an dem wir eigentlich hätten fliegen sollen, sind insgesamt neun Flüge der Airline nach Perth gestrichen worden. Es gibt also eine Menge Leute, die so einiges tun würden, um in diesem Flieger sitzen zu dürfen. Ich muss schnell handeln.

Wie an den beiden vorherigen Tagen rufe ich zunächst bei der Hotline an, doch ohne Erfolg. Niemand weiß recht Bescheid – es gibt nur die Information, dass irgendein Team die Leute auswählt, die bei diesem Sonderflug mitfliegen dürfen. Genaueres kann die Dame am Telefon nicht sagen. Ein drittes Mal gebe ich der Fluggesellschaft meine Kontaktdaten, mache mir aber auch dieses Mal keine großen Hoffnungen, dass meine E-Mail-Adresse die richtigen Personen rechtzeitig erreicht.

In meinem Gehirn arbeitet es, ich suche verzweifelt nach einer Lösung.

»Wo befindet sich dieses Team, das für die Sonderflüge verantwortlich ist?«, frage ich spontan, als das Gespräch eigentlich schon zu Ende ist.

»Wie bitte?«

»Sie haben vorhin von ein paar Leuten gesprochen, die entscheiden, wer wann fliegt. Befindet sich dieses Team bei Ihnen in Australien oder hier am Flughafen auf Bali?«

»Keine Ahnung«, antwortet die Frau leicht genervt, denn sie verliert anscheinend langsam die Geduld mit mir, »vermutlich auf Bali.«

Das ist mein Stichwort. Ich bedanke mich, lege auf und mache mich sofort auf den Weg zum Flughafen. Ich nehme kein Taxi, ich bin vermutlich zu gestresst, um vernünftige Entscheidungen zu treffen, also renne ich einfach los. Knapp fünfzehn Minuten später komme ich völlig verschwitzt am Flughafen an. Es ist noch voller als vor drei Tagen, das Chaos noch größer. Ich steuere direkt auf den Schalter der Airline zu, sehe dort aber niemanden bis auf einen lässigen Typen mit Dreitagebart und Cowboyhut, den ich für einen anderen Reisenden halte.

»Kann ich dir irgendwie behilflich sein?«, fragt er mich auf Englisch mit einem unverkennbaren australischen Akzent. Ich fange an, unsere Geschichte zu erzählen, doch er unterbricht mich bereits nach dem ersten Satz.

»Wollt ihr heute fliegen? In zwei Stunden?«

Na klar wollen wir das!

Der Check-in-Schalter für diesen Sonderflug schließt allerdings bereits in achtzig Minuten, und wenn ich jetzt zusage, müssen wir rechtzeitig da sein, um nicht endgültig unsere Tickets zu verlieren. Und das ist das Problem: Ich weiß nicht, wie ich Maria erreichen soll, um ihr die freudige Botschaft mitzuteilen. Sie hat zwar gesagt, dass sie regelmäßig Facebook checkt, das hilft aber im Moment wenig, da mein Handy gerade kein Netz hat.

Während ich dort stehe und vergebens versuche, eine Internetverbindung herzustellen, und gleichzeitig der Australier vor mir auf eine Antwort wartet, treffe ich eine Entscheidung.

Ich gehe das Risiko ein.

Das hier ist der einzige Flug nach Perth, der aktuell geplant ist, und ich habe keine Lust mehr auf die Warterei. Keine Lust mehr auf die Unsicherheit, das Hoffen, die Hotelzimmer, die

Stadt und das Land, in dem wir uns eigentlich gar nicht mehr aufhalten dürfen. Ich sage dem Australier, dass wir den Flug nehmen, und renne los.

Sobald ich das Flughafengelände verlassen habe, hole ich mein Handy aus der Tasche und versuche erneut, Maria anzuschreiben.

»Wir müssen das Hotel in dreißig Minuten verlassen«, schreibe ich, »fang an zu packen!«

Die Nachricht geht dieses Mal zum Glück raus, und ich erhalte sofort eine Antwort. Einen Augenblick bleibe ich erleichtert stehen, doch ich renne sofort weiter.

Die Zeit ist knapp.

Völlig erschöpft komme ich am Hotel an, und keine zehn Minuten später sitzen wir im Taxi und fahren los Richtung Flughafen. Jetzt kann eigentlich nichts mehr schiefgehen, oder?

Als wir ankommen, gehen wir zum Check-in-Schalter, geben unser Gepäck ab und bekommen dafür sechs Boardingpässe zurück.

Mann, ist das ein gutes Gefühl.

Wie erwartet wird bei der Passkontrolle festgestellt, dass wir uns seit ein paar Tagen illegal in Indonesien aufhalten. Ich gebe den beiden Beamten das mittlerweile zerknitterte Schreiben der Airline, das immer noch in meinem Rucksack steckt. Sie reden kurz miteinander, bevor sie uns noch einmal streng begutachten, die Pässe abstempeln und eine gute Reise wünschen. Noch ein Stein, der mir heute von der Seele purzelt.

Wir gehen durch die Sicherheitskontrolle, blicken schnell auf die Anzeigetafel und steuern aufs Gate zu. Als wir dort ankommen, beginnt gerade das Boarding. Da wir aber keine Lust haben, mit vier Kindern anzustehen, setzen wir uns direkt neben der Schlange hin und essen Sandwiches, die wir kurz vorher auf dem Weg durch das Terminal gekauft haben. Die Schlange schrumpft immer weiter, und erst als sie sich aufgelöst hat, stehen wir auf.

»Schau mal, die haben heute ganz andere Uniformen an«, sage ich zu Maria. »Wahrscheinlich helfen sich die Fluggesellschaften gegenseitig aus, um die ganzen Leute wieder nach Hause zu bringen.«

Denkste!

Es ist gar nicht unser Flug. Wir sind falsch. Die Destination stimmte zwar mit unseren Boardingpässen überein, die Uhrzeit auch mehr oder weniger, es gibt aber tatsächlich einen Unterschied von zehn Minuten, stelle ich gerade fest. Doch es ist definitiv die falsche Airline. Und es ist nicht so, dass daraus ein Geheimnis gemacht worden wäre. Es steht auf den Anzeigetafeln, auf dem Monitor am Gate und an den Uniformen der Mitarbeiter.

Wie dumm kann man nur sein, denke ich, während ich schon wieder anfange zu rennen, Maria und die Kinder hinterher. In zehn Minuten soll unser Flieger starten, und ich habe keine Hoffnung, dass wir ihn noch bekommen. Wenn alles planmäßig gelaufen ist, steht er längst auf der Startbahn. Ich sprinte weiter, denn was soll ich sonst tun? Als ich eine Anzeigetafel erblicke, sehe ich das Unglaubliche: Unser Flieger ist neunzig Minuten verspätet!

Ich könnte vor Erleichterung platzen.

Als wir ungefähr zwei Stunden später im Flieger sitzen und dieser abhebt, steht es endgültig fest: Wir haben es geschafft! Wir sind endlich auf dem Weg nach Australien. Es fühlt sich großartig an, im Flugzeug nach Australien zu sitzen. Und nicht bloß, weil es uns wie ein Lottogewinn vorkommt, dass wir es überhaupt an Bord des Airbus geschafft haben. Im Gegensatz zu vielen anderen Orten auf unserer Reise haben wir dieses Ziel nämlich von Anfang an ins Auge gefasst und schon zu Beginn der Reise geplant, dass wir Weihnachten bei meiner Schwester Tina und ihrer Familie verbringen.

Doch nun also erst mal Perth und meine kleine Schwester Sarah. Sie hat sich über unseren ganz spontan angekündigten Besuch sehr gefreut. Ich habe sie seit fünf Jahren nicht mehr gesehen und habe das Gefühl, sie kaum zu kennen, da Sarah acht Jahre jünger ist als ich und da ich, als ich noch zu Hause wohnte, eher mit denjenigen meiner Geschwister zu tun hatte, die mir vom Alter her näher waren. Wir waren nämlich acht Kinder – zwischen Sarah und mir gab es noch drei weitere Geschwister. Als Erwachsene haben wir uns kaum gesehen, da ich in Deutschland gelebt habe und nur selten in Norwegen zu Besuch war und Sarah schon mit zwanzig Jahren nach Australien zu ihrem jetzigen Ehemann ausgewandert ist. Und dennoch: Trotz aller Spontaneität verspricht dieser Besuch ein Stück Vertrautheit. Wir haben zwar die Freiheit bis hierhin sehr genossen, doch vermutlich sind ein kleines bisschen Halt und Sicherheit, die Vertrautheit der Familie, inmitten unserer aufregenden Reise jetzt genau das Richtige für uns. Wir freuen uns außerdem darauf, in einem »westlichen« Land zu sein. Nach drei Monaten in Asien löst diese Vorstellung ein angenehmes Gefühl in uns aus. Ein Land, das wegen seiner westlichen Kultur irgendwie vertraut ist und trotzdem extrem exotisch und anders. Schon im Flugzeug legt sich die kühle klimatisierte Luft wie die Vorahnung eines gemäßigteren Klimas um mich.

Ich lehne mich im Sitz zurück, schließe die Augen und denke an den Frühling, der uns erwartet. Ich denke an das große weite Meer, menschenleere Strände und an frische Morgenluft.

Ich öffne die Augen wieder und sehe, wie unsere zwei Jüngsten in Ruhe mit irgendwelchen kleinen Spielfiguren spielen, während die anderen beiden sich mit zwei Mädchen unterhalten, die neben ihnen sitzen. Ich drehe den Kopf zu Maria, lächle sie an und fühle mich glücklich.

»Ich liebe dich«, sagt sie und lehnt ihren Kopf gegen meine Schulter. Während der Adrenalinschub der letzten Stunden langsam nachlässt, merke ich, wie müde ich bin.

Müde und glücklich.

Wir machen einen Disney-Film für die Kinder und ihre neuen Freundinnen an und gönnen uns ein wenig Ruhe.

Ganz schön aufregend.

So muss das Leben manchmal sein.

7

Zeit des Erwachens – Rückblick

Was aus Liebe getan wird, geschieht immer jenseits von Gut und Böse.
FRIEDRICH NIETZSCHE

Norwegen, März 2002
»Wovon träumst du, Thor?« Wir waren beide mit Langlaufskiern im Wald unterwegs. Maria vorneweg, ich hinterher.
»Wie meinst du das?«
»Na, für die Zukunft und so. Dein Leben, Thor, wie würdest du gerne in ein paar Jahren leben?«
Mit dir an meiner Seite, dachte ich, doch ich traute mich nicht, es auszusprechen. »Ich würde gerne ins Ausland gehen, als Missionar«, sagte ich schließlich. »Eine fremde Sprache und eine neue Kultur kennenlernen. Und ich möchte gerne viel Musik machen. Etwas mit meinen eigenen Händen und Gedanken schaffen, was andere Menschen berührt und inspiriert.«
»Das klingt toll«, erwiderte Maria, »vor allem das Erste, das mit dem Ausland. So abenteuerlich und befreiend irgendwie. Einfach von hier weg.« Es herrschte kurz Stille, und wir hörten nichts bis auf das Geräusch unserer Skier, die durch den tiefen, körnigen Schnee glitten. »Aber können wir das denn? Einfach so?«
Wir, hat sie wirklich wir *gesagt?* Zuerst blieb mein Herz kurz stehen, doch dann wurde mir klar, dass sie natürlich auch meinen

konnte, dass wir beide einzeln, an unterschiedlichen Orten, leben könnten. *Ach, hör auf zu träumen, Thor*, sagte ich mir und merkte plötzlich, dass ich viel zu lange brauchte, um ihr eine Antwort zu geben.

»Natürlich können wir das, Maria. Ich weiß, du denkst, dass Karl Gottes Willen für dich besser kennt als du selbst. Viele in unserer Kirchengemeinde glauben das. Ich sehe das aber anders.«

»Wie siehst du es denn?« Maria hielt an und drehte sich zu mir um. Ihre Augen strahlten wie nie zuvor, ihre Wangen waren vom Skilaufen leicht gerötet. Die Haare, die sich unter ihrer Mütze hervorkringelten, waren voller Schneeflocken. Die Sonne stand tief, schien durch einige Bäume hindurch und schuf dadurch eine magische Atmosphäre. Die großen Schneeflocken, die vom Himmel fielen, machten den Augenblick perfekt. Maria sah mich fragend und herausfordernd an, und ich wunderte mich, wie man so verdammt schön sein konnte.

»Ich … Ich denke einfach, dass jeder für sich am besten erkennen kann, was das Richtige ist. Es steht doch nirgendwo in der Bibel, dass wir für das Gespräch mit Gott einen Vermittler brauchen. Bei kleineren Entscheidungen wenden wir uns auch selbst an Gott und versuchen in unserem Herzen zu spüren, was sein Wille ist, was sich gut und richtig anfühlt.«

»Ich wünschte, es wäre so einfach«, antwortete sie. Ich sah, wie ihre Augen feucht wurden. Doch Maria ließ mir gar keine Zeit, sie zu trösten, sondern drehte sich abrupt um. »Komm, lass uns weiterlaufen.«

Wenige Sekunden später sprach sie weiter, den Blick starr auf den Weg vor sich gerichtet: »Ich mag, wie du denkst, Thor. Also jetzt im Augenblick, aber wenn ich zu Hause oder in der Kirchengemeinde bin, dann halte ich diese Denkweise für gefährlich und rebellisch. Ich bin so hin- und hergerissen. Ich weiß nicht mehr, was ich selbst denke, was *meine* Meinung ist!«

»Ich weiß, was du meinst. Mir geht es genauso. Ich bin selbst auch manchmal unentschlossen und weiß oft nicht, was richtig und falsch ist.«

Wir liefen noch eine Weile schweigend weiter, während große, flauschige Schneeflocken langsam vom Himmel fielen. Es war, als befänden wir uns in einer Schneekugel, unter einer Kuppel aus Glas, die uns die Freiheit gab, über Dinge zu reden, über die wir vorher noch nie gesprochen hatten.

»Wovon träumst *du* denn eigentlich?«, fragte ich Maria unvermittelt, als mir bewusst wurde, dass wir bisher fast nur über mich geredet hatten.

»Ich würde mich gerne um verwaiste Kinder kümmern, in einem Kinderheim auf den Philippinen zum Beispiel oder irgendwo in Afrika.«

»Dann willst du auch weg?«

»Na ja, das ist natürlich nur ein Traum, Thor, ein schöner, ferner Traum!«

Es war mittlerweile drei Monate her, dass Maria sich von Erik getrennt hatte. Manchmal beobachtete ich, wie sie leise weinte, während sie von einer Freundin getröstet wurde. Und in diesen Momenten wünschte ich mir nichts mehr, als derjenige zu sein, der sie in den Arm nahm.

Während sie mit Erik zusammen gewesen war, waren meine Gefühle für sie irgendwann verschwunden, und ich hatte angefangen, neue Pläne für mein Leben zu schmieden. Ich dachte, ich hätte mich geirrt und dass Gott einen anderen Plan für mich haben musste. Ich hatte mich bei »Jesus Revolution« für eine Missionsreise nach Spanien beworben und den Zuschlag bekommen. Auf mich warteten drei Monate vorbereitende Schule in Oslo und danach ein neunmonatiger Missionseinsatz in Barcelona. Ich war davon überzeugt, dass ich viele Jahre in Spanien bleiben würde. Vielleicht auch für immer.

Als Maria und Erik auseinandergingen, war ich zunächst schockiert, und es tat mir leid für die beiden. Ich ahnte, wie die Trennung vonstattengegangen war und konnte ihren Schmerz sehr gut nachvollziehen. Wenige Tage später wurde uns erzählt, was für einen schlechten Einfluss Erik auf Maria gehabt hatte und dass die Trennung von ihm deswegen unumgänglich gewesen war. Wir alle glaubten es mehr oder weniger. Ich mochte Erik zwar, fand jedoch seine Ansichten etwas zu liberal. Irgendwann machte ich mir deshalb nicht mehr so viele Gedanken darüber.

Auch die Tatsache, dass Maria wieder Single war, war erst mal kein Thema für mich. Doch nach und nach veränderten sich meine Gefühle wieder. Ich erkannte, dass ich meine Liebe zu Maria nur beiseitegeschoben hatte, und nun drängte sie langsam wieder hervor. Meine Pläne gerieten ins Wanken.

In den kommenden Wochen redeten wir häufiger und offener miteinander als früher. Doch das Verspielte war verloren gegangen. Maria zog den »Bauern« nicht mehr auf. Wir flirteten jedoch auch nicht. Unsere Gespräche waren eher ernst, verträumt und manchmal etwas melancholisch. Maria ging es nicht gut, und ich fand es einfach sehr schön, ein Teil von ihrem Leben sein zu dürfen.

Der Schnee schmolz und machte Platz für den Frühling. An einem sonnigen Tag im Mai holte ich Maria und ein paar andere Freunde mit meinem Auto ab, und wir fuhren zu einem Skatepark in der Nähe. Wir standen auf unseren Skateboards und übten bis spät in die Nacht Tricks.

Ich beobachtete sie, während sie versuchte, einen Drop-in zu machen, also von oben in die Rampe hineinzufahren. Die ersten beiden Male fiel sie hin, doch sie wollte es unbedingt schaffen, stand wieder auf und kletterte ein drittes Mal hoch. Sie war ein toughes, stures und wahnsinnig ehrgeiziges Mädchen, und ich fand das unglaublich liebenswert.

»Verlagere dein ganzes Gewicht auf den vorderen Fuß, Maria, diesmal schaffst du es!«, rief ich ihr zu.

Und das tat sie. Sie lehnte sich nach vorne, fuhr perfekt in die Rampe rein und auf der anderen Seite hoch und wieder zurück, stieß einen Jubelschrei aus, sprang vom Brett, rannte auf mich zu und umarmte mich.

Und in dem Moment, als sie mich losließ, sah ich es zum ersten Mal seit Langem: Das Funkeln in ihren Augen war zurück.

Sie strahlte wieder so wie früher.

Der Sommer kam, und wir machten zusammen mit Marias jüngerem Bruder einen Ausflug. Maria fuhr, und ich saß im Auto hinter ihr. Als ihr Bruder während der Fahrt einschlief, begann Maria plötzlich zu weinen. Ich legte eine Hand auf ihre Schulter und fragte, was los sei, doch sie antwortete nicht, sondern fuhr schweigend weiter.

Wir waren auf dem Weg zum Mjøsa, dem größten See Norwegens, und die Landschaft auf dem Weg dorthin war atemberaubend. Weil Maria offenbar im Moment nicht sprechen wollte, tat ich so, als schaute ich verträumt aus dem Fenster. Doch innerlich brannte ich vor Neugier, meine Hand ruhte immer noch auf ihrer Schulter.

»Ich hab ihn gestern geküsst«, hörte ich sie dann plötzlich sagen.

»Wen hast du geküsst?«

»Erik. Ich hab mich heimlich mit ihm getroffen. Mehrmals schon. Es tut mir leid, Thor. Es war einfach so schwer, ihn loszulassen. Aber jetzt ist es endgültig vorbei!«

»Hey Maria, alles ist gut. Du brauchst dich nicht bei mir zu entschuldigen«, sagte ich, doch es überraschte mich schon sehr, dass sie ihn am Tag zuvor, ein halbes Jahr nach der Trennung, getroffen und geküsst hatte. Und es tat weh. Doch in erster Linie war ich froh darüber, dass sie es mir gesagt hatte. Daran, dass sie sich bei mir dafür entschuldigte, erkannte ich, dass sie das, was zwischen uns war, mittlerweile für mehr als nur eine Freundschaft hielt.

Erst Jahre später erzählte mir Maria, was an jenem Tag genau geschehen war. Die beiden waren von Marias Eltern beim Knutschen auf einer Wiese erwischt worden. Der Vater hatte Erik angebrüllt, der im Gegenzug auch laut geworden war. Maria war in Tränen ausgebrochen. Es war das letzte Mal, dass sie sich trafen. Erik versprach ihr an diesem Abend, nie wieder Kontakt zu ihr aufzunehmen.

Am Mjøsa angekommen, badeten wir lange und verschafften uns Abkühlung, lagen auf unseren Handtüchern im Gras und genossen die wärmenden Sonnenstrahlen auf unserer nassen Haut. Wir grillten Würstchen auf einem Einweggrill und freuten uns über einen ganz normalen Sommertag in Norwegen.

Als ich am Abend nach Hause kam, lag ich wie immer lange wach und dachte über Maria und meine Gefühle für sie nach, die wieder so stark waren wie eh und je. Doch erst ein paar Wochen später fasste ich mir ein Herz und schrieb ihr folgende SMS:

*Hey Maria, wollte dir nur sagen, wie viel du mir bedeutest.
Hab dich lieb! <3*

Ihre Antwort kam sofort:

*Danke, Thor. Ich dich auch! Wollen wir uns vielleicht treffen
und kurz reden? Jetzt gleich?*

Ich fuhr direkt los, und als ich am Holmenskjæret ankam, dem Strand, wo wir uns oft zum Volleyballspielen trafen, sah ich sie bereits von Weitem auf einer Bank sitzen. Es wehte ein leichter Wind, dunkle Wolken zogen auf, und die Oberfläche des Meeres kräuselte sich unter den Böen. Ich lief langsam auf Maria zu und setzte mich neben sie auf die Bank.

»Hey Thor, danke, dass du gekommen bist! Ich wollte kurz mit dir reden. Du bist ja bald für ein Jahr weg, und ich wollte, dass du vorher weißt, was ich für dich empfinde. Ich weiß, dass du mich schon länger magst, das weiß jeder. Wie du sicherlich gemerkt hast, mag ich dich mittlerweile auch sehr gerne. Also, ich hab dich immer gemocht, aber jetzt eben anders. Ach, du weißt schon, was ich meine. Das hört sich für dich jetzt bestimmt komisch an, nachdem ich dir erst vor Kurzem von der Sache mit Erik erzählt hab. Ich hab mich aber in dich verliebt, und ich kann mir vorstellen, mit dir zusammenzukommen, wenn du das auch möchtest.« Mein Herz stand still, als ich diese Worte hörte, auf die ich seit Jahren gewartet hatte. Marias Tränen bei unserem Ausflug hatten mir bereits gezeigt, dass es in ihr drunter und drüber ging. War sie überhaupt schon bereit für etwas Neues? Und ihre folgenden Worte gaben meinen Befürchtungen recht: »Nur kann ich das jetzt nicht. Es ist so viel passiert, was ich erst verarbeiten muss, und ich bin nicht für eine neue Beziehung bereit. Ich hab mir vorgenommen, ein Jahr zu warten, bis ich mir erlaube, eine neue Beziehung einzugehen. Also möchte ich nicht, dass du deine Pläne wegen mir änderst. Ich will, dass du deinem Herzen folgst und gehst, und ich warte hier auf dich, wenn du wiederkommst, okay?«

Doch das konnte ich nicht.

Ich konnte nicht gehen.

Ich konnte sie nicht ein zweites Mal verlieren. Sie versprach mir noch mal, dass sie auf mich warten würde, sagte, dass wir in Kontakt bleiben könnten. Ich konnte sie jedoch einfach nicht verlassen. Nicht jetzt, wo mein größter Traum in Erfüllung gegangen war. Das konnte und wollte ich nicht aufs Spiel setzen.

Ich hielt ihre Hand, während ich ihr das sagte.

»Ich kann dich jetzt nicht verlassen, Maria. Ich will bei dir sein, alles andere erscheint mir im Moment völlig unwichtig.«

»Ich brauche Zeit, um mich wieder zurechtzufinden«, antwortete sie leicht frustriert. Ihr machte es Angst, dass ich ihretwegen meine Pläne änderte. Ein Teil von ihr freute sich zwar darüber, doch eigentlich wollte sie, dass ich ging.

»Ich weiß«, antwortete ich, »ich warte auf dich, aber ich warte hier, wenn ich darf.«

Danach schwiegen wir eine Weile und schauten hinaus aufs Meer, das so aufgewühlt war wie wir in unserem Inneren. Erst als es anfing zu regnen, eilten wir zu unseren Autos.

Am nächsten Morgen sagte ich meine Teilnahme an dem Missionarstraining und die Reise nach Spanien kurzerhand ab. Im Herbst begann ich, in der Kirchengemeinde als Jugendleiter zu arbeiten. Vollzeit auf ehrenamtlicher Basis. Dafür konnte ich in einem Doppelzimmer in einer WG wohnen, die der Gemeinde gehörte, und bekam dort auch kostenlose Verpflegung. Maria, die nun die einjährige Bibelschule unserer Kirchengemeinde besuchte, die ich schon im vergangenen Jahr absolviert hatte, zog ebenfalls in die Wohnung ein, und wir schafften es, unsere Betten so auszusuchen, dass nur eine Rigipswand uns trennte, wenn wir im Bett lagen.

Wir vereinbarten Klopfsignale, die wir vor dem Einschlafen benutzten. Zum Leidwesen meines Zimmernachbarn, der sich immer demonstrativ wegdrehte, wenn wir damit anfingen. Einmal klopfen hieß »Hey«, zweimal »Gute Nacht« und dreimal »Hab dich lieb«. Ich fand es unfassbar schön, so nah bei ihr zu sein, wenn wir einschliefen. Und wenn ich hörte, wie sie dreimal klopfte, machte mein Herz einen zusätzlichen Schlag, und ich schlief mit einem Lächeln auf dem Gesicht ein.

Ein paar Monate später flog ich zusammen mit einigen anderen Mitgliedern der Gemeinde auf die Philippinen. Wir machten dort einen vierwöchigen Missionseinsatz in Zusammenarbeit mit einer Kirchengemeinde und einem Kinderheim vor Ort. Maria würde mit den anderen Bibelschülern für die letzten zwei Wochen nachkommen. Wir wohnten direkt in dem vierstöckigen Kinderheim mit dem passenden Namen »Happy Home«. Es war ein Haus voller Liebe und Leben, und es war sehr inspirierend, dort zu sein und mitzuarbeiten.

An einem Morgen nahm ich meine analoge Spiegelreflexkamera und ging noch vor Sonnenaufgang zu einem Strand, der die spektakulärsten Sonnenaufgänge bot, die ich je gesehen hatte. Ein philippinischer Fotograf, den ich an einem der ersten Tage kennengelernt hatte, hatte mir von dem Strand erzählt.

Als ich das erste Mal sah, wie dort der große gelb-rote Feuerball aus dem Meer stieg, war ich vollkommen überwältigt von der Schönheit der Natur. Auf dem Meer, irgendwo zwischen der Sonne und mir, saßen einige Fischer in ihren kleinen Holzbooten und bereiteten ihre Netze für einen neuen Arbeitstag vor. Wegen des starken Gegenlichts waren sie nur als Silhouetten zu erkennen, und mit ihren Booten passten sie perfekt ins Bild. Ich fühlte mich in eine andere Welt versetzt und genoss jede Sekunde.

Plötzlich spürte ich, wie sehr ich mich nach Maria sehnte, und nahm mir vor, sie morgens mit zu diesem Ort zu nehmen, wenn sie auch da war.

Zehn Tage später war es so weit, und wir saßen genau an der gleichen Stelle wie ich zuvor. Wir betrachteten den spektakulären Sonnenaufgang und beobachteten die Fischer. Es waren auch ein paar Familien da, um sich zu waschen, und ein paar ältere Herren, die Morgengymnastik machten.

Eigentlich waren für diesen Morgen Hausbesuche und Gebete für Kranke geplant gewesen. Wir waren um sechs Uhr morgens mit den anderen Leuten unserer Gruppe und ein paar Einheimischen aufgestanden. Als wir uns jedoch unten auf der Straße versammelt hatten, hatte uns die Leiterin des Kinderheims mitgeteilt, dass wir die Aktion auf einen späteren Tag verschieben mussten. In der Nacht war in der Nachbarstadt eine Bombe explodiert. Verantwortlich dafür war die örtliche islamistische Guerilla. Eine Gruppe, die sich dadurch finanzierte, dass sie Weiße als Geiseln nahm, um Lösegeld zu fordern. Wir sollten abwarten, ob der Anschlag eine einmalige Aktion war und die Islamisten sich in ihre Verstecke in den Bergen zurückgezogen hatten, oder ob noch mehr passieren würde.

Während alle wieder ins Haus gegangen waren, hatte ich meine Chance gesehen, Maria heimlich zu dem Strand zu entführen.

»Hey Maria, komm mit, ich muss dir was zeigen!«

Maria schaute kurz den anderen nach, sah, wie die Letzten ins Haus gingen und wie die Tür sich hinter ihnen schloss. Dann drehte sie sich mit einem breiten Grinsen im Gesicht wieder zu mir um.

»Keiner hat's gemerkt, Thor, lass uns schnell abhauen!«

Ich winkte ein Fahrradtaxi heran und nannte dem Fahrer den Namen des Strandes.

Nun funkelten Marias Augen vor Freude und Glück über das Schauspiel am Horizont. Doch ich hatte dieses Mal nur Augen für sie. So wie sie dasaß und sich freute, strahlte sie für mich sogar noch mehr als die Sonne. *Wie kann man nur so leuchten?*, fragte ich mich einmal mehr und spürte, wie ich sie von ganzem Herzen liebte. Plötzlich wandte sie den Kopf in meine Richtung und sah mir in die Augen. Ihr liebevoller Blick durchdrang mich, und ich wurde schwach. Ich nahm meinen ganzen Mut zusammen und fragte sie, was ich schon seit zwanzig Minuten fragen wollte.

»Darf ich … ähm … Darf ich vielleicht deine Hand halten?«

Maria wandte sich ab. Ich sah gerade noch, wie ihr Blick ernster wurde.

»Nein, Thor, ich glaube, dafür ist es ein bisschen zu früh. Ich brauche noch Zeit. Du weißt ja, dass ich ein Jahr warten wollte, bevor wir mehr sein können als nur Freunde. Jetzt ist erst ein halbes Jahr vergangen.«

»Kein Problem, ich verstehe das«, sagte ich und versuchte zu verbergen, wie enttäuscht ich war.

Als wir zurückkamen, trafen wir auf zwei der Heimkinder,

die wir mittlerweile gut kannten. Sie schauten uns mit offenen Mündern an, als sie uns zusammen sahen.

»Maria, guapa«, sagte das Mädchen, schaute zu mir rüber und fuhr fort: »Thor, guapo. Aha!« Da die Philippinen mehr als dreihundert Jahre spanische Kolonie waren, verwenden die Philippiner immer noch viele spanische Wörter. Das Mädchen benutzte dabei das Wort für »hübsch« in der weiblichen und männlichen Form und lächelte verschwörerisch. Offenbar sah es uns unsere Verliebtheit an. Wir mussten beide lachen. Zu sehen, wie Maria ihren nach oben gestreckten Zeigefinger vor die Lippen hielt und ihnen zuzwinkerte, sorgte dafür, dass sich meine Laune schlagartig wieder besserte.

Auf dem Rückweg nach Norwegen mussten wir erst mal per Schiff zu der Insel, auf der sich der internationale Flughafen befand. Während die anderen bereits in ihren Kojen lagen, hatten Maria und ich wieder ein Plätzchen für uns alleine gefunden. Wir saßen hinten auf Deck auf einer Bank und schauten in die Richtung, aus der wir kamen. Es war bereits dunkel, aber die vielen Sterne am Himmel spendeten ein wenig Licht. Am Horizont gab es in der Ferne ein mächtiges Gewitter, das wir zwar nicht hören konnten, dafür blitzte es aber fast im Sekundentakt. Ich musste mich fast kneifen, weil es viel zu schön war, um echt zu sein. Während ich in Gedanken versunken in die Ferne schaute, warf mir Maria plötzlich etwas zu. Es traf mich an der Schulter und fiel zu Boden.

»Kannst du haben, wenn du magst«, sagte sie, während sie wegschaute. Ich merkte an ihrer Stimme, dass sie etwas nervös war.

Ich beugte mich nach vorne und hob ihr Geschenk auf. Es war ein Armband aus Leder. Ein paar Tage zuvor hatte ich ihr eine Lederhalskette mit einem Holzkreuz daran geschenkt. Jetzt revanchierte sie sich. Es war sehr deutlich, dass es ihr wichtig war, keine große Sache daraus zu machen.

Doch das Lederarmband war nur der erste Riss in der Mauer, die Maria um sich gezogen hatte. Auf dem Rückflug konnte sie sich nicht mehr zurückhalten. Wir saßen nebeneinander, und irgendwann berührten sich unsere Unterarme ganz leicht. Keiner von uns zog den Arm zurück. Es fühlte sich so an, als würde ein elektrischer Schlag durch meinen Körper gehen. Ein paar Minuten später nahm Maria eine Decke und legte sie so, dass unsere Arme bedeckt waren. Niemand sollte sehen, wie wir uns berührten. Schließlich waren wir nur Freunde. Doch unter der Decke hielten wir Händchen, unsere Finger spielten miteinander, verschränkten sich ineinander – den ganzen Weg bis nach Norwegen. Als wir schließlich landeten, hatten wir beide den Kopf noch immer in den Wolken und Bauchschmerzen vor lauter Schmetterlingen.

Es war Ende November, als wir zurückkamen, und unsere Heimat war voller Schnee. Wir zogen uns viele Schichten Klamotten an und gingen spazieren. Wir schwiegen und lauschten unseren eigenen Schritten im Schnee. Mein Leben lang habe ich Schnee geliebt. Die ganze Welt verändert sich irgendwie. Wird zu einem einzigen großen Spielplatz. Und alles klingt so anders, so gedämpft. Als hätte jemand die ganze Welt in Watte eingehüllt.

Wir gingen durch die menschenleere Innenstadt und blieben unter einer Laterne stehen. Dort umarmten wir uns, eingepackt in dicke Winterjacken, Mützen, Schals und Handschuhe. Fast eine Stunde standen wir einfach nur dort und hielten uns fest, bis uns so kalt wurde, dass wir wieder nach Hause gehen mussten.

Dort angekommen fiel uns auf, dass die anderen bereits alle schlafen gegangen waren. Also mussten wir eigentlich auch direkt schlafen gehen, so waren die Regeln. Es war nicht erlaubt, dass ein Junge und ein Mädchen abends zusammen in den Gemeinschaftsräumen waren, wenn alle anderen bereits im Bett waren.

Doch wir blieben wach. Wir gingen in die Küche und umarmten uns noch mal, diesmal ohne dicke Klamotten. Unsere Wangen berührten sich, und ich bewegte meinen Kopf langsam, sodass meine Wange leicht über ihre glitt, Haut an Haut. Irgendwann trafen sich unsere Nasen, und ich drehte den Kopf nach rechts und spürte ihre Lippen sanft an meiner linken Wange. Maria ließ sie langsam über meine Haut gleiten in Richtung meines Mundes. Als sie jedoch gerade dort ankam, zog sie ihren Kopf leicht zurück, sodass unsere Lippen sich nicht berührten. Zwanzig Minuten ging das so weiter, ohne dass wir uns küssten. Trotzdem war es das Aufregendste, was ich in meinem Leben bis dahin erlebt hatte. Ihren warmen Atem auf meiner Haut zu spüren. Diese Leidenschaft und gegenseitige Sehnsucht. Es ging so langsam voran, und ich genoss es mit jeder Zelle meines Körpers. Ich hatte die Augen fast die ganze Zeit zu, doch in einem kurzen Augenblick, als ich sie zufällig öffnete, sah ich, dass Maria ihre Lippen leckte. Und dann küsste ich sie vorsichtig, und sie erwiderte den Kuss.

Wir hatten so lange auf diesen Moment gewartet und konnten einfach nicht aufhören. Drei Stunden küssten wir uns. Es war, als könnte ich die ganze Liebe für Maria, die ich so lange Zeit in mir herumgetragen hatte, jetzt endlich zu hundert

Prozent zum Ausdruck bringen. Der Kuss erfüllte meinen ganzen Körper, und ich hatte das Gefühl, meine Bestimmung gefunden zu haben. So als wäre ich zum ersten Mal in meinem Leben nach Hause gekommen.

Ein paar Wochen später, am Tag vor Silvester, kamen wir dann zusammen.

»Ich bin jetzt bereit«, sagte Maria plötzlich, während wir einen Spaziergang auf einem zugefrorenen See machten, »lass uns jetzt ein Paar werden, so ganz offiziell!«

»Wirklich?« Ich konnte mein Glück kaum fassen, umarmte und küsste sie. »Also bist du jetzt *meine* Maria!?« Ich konnte nicht aufhören zu lächeln.

»Ja, Thor, das bin ich!«

Die dünne Schneedecke knirschte unter unseren Füßen, während wir quer über den riesigen See liefen.

Kurz bevor wir an einer Badestelle auf der anderen Seite ankamen, legten wir uns hin, nebeneinander auf dem Rücken und schauten hoch zu den Sternen.

»Wie unser Leben wohl in zehn Jahren aussehen wird?«, fragte mich Maria, während sie meine Hand nahm.

»Keine Ahnung«, antwortete ich mit einem Lächeln auf den Lippen, »aber ich kann es kaum erwarten. Ich freue mich auf alles, was wir zusammen erleben werden. Es wird ein Abenteuer!«

In den kommenden Monaten fing ich wieder an, davon zu träumen, als Missionar in ein fremdes Land zu ziehen. Mit Maria an meiner Seite. Auch sie war begeistert von der Idee, machte sich aber Sorgen, was Karl davon halten würde. Zu Recht. Dass wir zusammen waren, hatte er genehmigt, als Maria ihn nach seiner Meinung gefragt hatte. Schließlich war ich ein Mitglied der Gemeinde. Doch sobald Karl Wind von unseren Plänen bekam, fing er an, Druck auf mich auszuüben.

Als ich eines Tages in unserer Kirche war, um einen Jugendgottesdienst vorzubereiten, ließ er mir über einen anderen Mitarbeiter ausrichten, dass er mich in seinem Büro im zweiten Stock erwartete. Als ich dort ankam, fing er an, auf mich einzureden. Er merkte bald, dass ich nicht einlenken würde, und ging deshalb immer rauer mit mir um. Als ich ihm sagte, dass ich glaubte, dass das der richtige Weg für uns war, lachte er nur höhnisch.

»Gottes Plan für euch liegt hier in dieser Gemeinde«, sagte er am Ende des Gesprächs, »und nirgendwo sonst. Wer denkst du eigentlich, wer du bist? Dass du besser als ich weißt, was Gottes Wille für dich ist?« Karl schüttelte den Kopf wie über ein dummes Kind, das nicht begreifen will. Danach sah er mich eine Weile schweigend mit seinen kleinen, stechenden Augen an. Sein Blick war kalt und voller Abscheu.

»So, verschwinde jetzt«, fuhr seine eisige Stimme plötzlich schneidend durch die Stille, »und denk über das nach, was ich dir gesagt habe!«

Karls Verhalten schockierte mich. Wie konnte ein religiöser Leiter so mit Menschen umgehen? Er, der eine Vertrauensperson war, der Menschen eigentlich helfen sollte, missbrauchte stattdessen seine Macht auf diese Art und Weise. Ich hatte ihn schon immer ein wenig kritisch gesehen, aber jetzt hatte ich selbst erlebt, wie er Menschen behandelte, die nicht seiner Meinung waren. Ich redete mit Maria darüber, und wir beide fühlten noch deutlicher, dass unsere Zeit an diesem Ort vorbei war.

Da wir unsere Meinung nicht änderten, versuchte Karl, auch uns beide zu trennen. Er ließ Marias Schwester mit ihr reden, damit diese Maria überredete, mich zu verlassen. Doch dieses Mal war Maria standhafter. Auch wenn sie Karls Einmischung in ihre erste Beziehung noch immer für richtig hielt, wollte sie das kein zweites Mal mit sich machen lassen.

Plötzlich ließ der Druck jedoch nach. Karl hatte seine Taktik geändert. Anstatt uns zu trennen, bot er uns nun an, uns als Missionare ins Ausland zu schicken. Damit hatten wir plötzlich die Möglichkeit, unseren Traum zu verwirklichen, ohne unsere Kirche zu verlassen. Es war zu verlockend, um es abzulehnen, denn die andere Option war mit viel Schmerz und Angst verbunden.

Also wählten wir den leichteren Weg.

Es ging nun langsam auf den Sommer zu, und unsere Beziehung war schon lange nicht mehr so unschuldig wie beim ersten Kuss. Damals hatte der Kuss ausgereicht. Ich war nicht mal auf den Gedanken gekommen, dass wir mehr machen konnten. Jetzt fiel es uns immer schwerer, uns zurückzuhalten. Alles, was mit Sex und Begierde vor der Ehe zu tun hatte, wurde in unserer Kirchengemeinde allerdings als Sünde angesehen. Manchmal überschritten wir unsere Grenzen, zum Beispiel, wenn ich ihr beim Küssen an die Brüste fasste, und hatten danach ein furchtbar schlechtes Gewissen.

Eines Tages gingen wir an demselben See spazieren, an dem wir im Winter zusammengekommen waren. Wir folgten einem Pfad, der am Ufer entlangging, bis wir eine schöne Bucht fanden, die wir ganz für uns hatten. Wir zogen unsere Badesachen an und legten uns hin, um die Sonne zu genießen.

»Wie wäre es, wenn du einfach mal oben ohne in der Sonne liegst«, schlug ich Maria vor und versuchte – wenig erfolgreich –, meinen Unschuldsblick aufzusetzen. »Ich werde nicht gucken, versprochen.«

»Tja, warum nicht«, antwortete sie, »mach schon mal die Augen zu, du Schwerenöter.«

Also lagen wir da, direkt nebeneinander, und fanden es extrem aufregend, dass Maria halb nackt war, auch wenn ich tatsächlich die ganze Zeit brav die Augen zuhielt und sie nicht anfasste.

Nach etwa zwanzig Minuten zog sich Maria ihr Bikinioberteil wieder an, und wir stürzten uns in den See. Das Wasser war herrlich erfrischend, und wir blieben eine Weile drin. Als wir wieder am Ufer waren und Maria ihr Handtuch holen wollte, packte ich sie am Arm, zog sie an mich und küsste sie. Sie stand direkt vor einer Felswand, und ich drückte ihren Körper dagegen. Sie spreizte die Beine leicht, während wir uns immer noch küssten, und zog mich noch fester an sich. Noch nie hatte ich sie so leidenschaftlich erlebt. Sie stöhnte leise, und ihr Atem ging stoßweise, als ich meinen Körper gegen ihren presste. Eine leise Stimme in mir sagte, ich solle aufhören, aber ich konnte mich nicht zügeln. Ich bewegte mich leicht und merkte, wie ihr das gefiel. Also machte ich weiter. Bis sie noch ein wenig lauter stöhnte und schließlich kam.

Noch in derselben Sekunde stieß Maria mich wütend von sich weg. Sie schlüpfte hastig in ihre kurze Hose und ihr T-Shirt und lief kopflos davon.

»Hey, warte!«, rief ich ihr hinterher, woraufhin sie mich verzweifelt anschrie: »Lass mich in Ruhe! Du wolltest bloß, dass mir das auch mal passiert, damit nicht nur du ein schlechtes Gewissen haben musst.«

Tatsächlich hatte ich mich ein paar Mal nicht zurückhalten können und war gekommen, während wir eng umschlungen geknutscht hatten. Obwohl wir Klamotten angehabt hatten. Aber was Maria mir vorwarf, stimmte so nicht. Ich war einfach meinen Gefühlen gefolgt. Gefühle, die völlig natürlich waren, aber die wir für falsch hielten, weil wir noch nicht verheiratet waren.

Ich folgte ihr und entschuldigte mich. Bei meinen Worten beruhigte sie sich schließlich wieder – in den Arm nehmen durfte ich sie dennoch nicht mehr. Wir gingen zurück zu unserem Badeplatz, um unsere Sachen zu holen. Nachdem wir alles in unseren Rucksack gepackt hatten, knieten wir nieder und baten Gott um Vergebung für unsere Sünde, bevor wir uns auf den Weg zum Auto machten.

Am Ende der Sommerferien heirateten wir, nur acht Monate, nachdem wir offiziell zusammengekommen waren. Wir waren beide zwanzig Jahre alt, und in diesem Alter zu heiraten, war in unserer Kirchengemeinde aus naheliegenden Gründen nichts Außergewöhnliches.

Es war ein wunderschöner, aber auch anstrengender Tag. Als er sich langsam dem Ende neigte, wurde mir bewusst, dass es nicht mehr lange dauern würde, bis Maria und ich alleine im Hotelzimmer wären. Und dass es keine Regeln mehr geben würde, nichts, was wir nicht tun durften. Schon beim Gedanken daran klopfte mein Herz schneller. Die Vorfreude war so groß, dass mein ganzer Körper kribbelte.

Doch es sollte alles andere als eine perfekte Hochzeitsnacht werden. In den letzten Monaten hatten wir unzählige Male geknutscht, uns voller Leidenschaft und Zärtlichkeit geküsst und berührt. Einfach spontan und ganz natürlich, und wir hatten in diesen Momenten perfekt miteinander harmoniert. Jetzt allerdings hatten diese Dinge ein wenig von ihrem Zauber verloren. Ich war einzig und allein darauf fokussiert, endlich mit ihr zu schlafen und in sie eindringen zu können. In meiner Vorstellung war es einfach das, was man in der Hochzeitsnacht eben macht.

Maria hatte mich seit Wochen gewarnt, dass das erste Mal schwierig werden könnte, doch ich hatte nichts auf ihre Bedenken gegeben.

»Ach, das wird schon«, versuchte ich sie immer zu beruhigen. Nun zeigte sich allerdings, dass es tatsächlich viel schwieriger werden sollte, als ich gedacht hatte.

»Es geht einfach nicht, Thor«, sagte Maria, nachdem wir es eine Weile versucht hatten. »Ich glaube, wir müssen einfach bis drei zählen, oder? Augen zu und durch, es muss ja irgendwann passieren.«

Und so hat es dann am Ende auch geklappt.

Nun ja.

Auf die Idee, dass wir es ein bisschen ruhiger hätten angehen lassen und viele andere schöne Sachen hätten machen können, kam ich nicht. Maria weinte danach leise vor Schmerz, und ich tröstete sie. Kurz danach schlief ich ein, erschöpft von einem langen Tag. Maria lag noch eine Weile wach und fragte sich, ob es das war, worauf sie sich all die Monate gefreut hatte.

Als Liebhaber hatte ich definitiv noch viel zu lernen.

8

Tasmanien, die erste –
Das Glück der kleinen Dinge

> We've got everything we need right here.
> And everything we need is enough.
> JACK JOHNSON

Tasmanien, Dezember 2015
Es knistert gemütlich im Ofen. Die dünnen Holzscheite, die ich kurz zuvor vor der Hütte gehackt habe, fangen gerade richtig Feuer. Ich lege ein paar dickere obendrauf und mache die Ofentür so weit zu, dass nur noch ein kleiner Spalt offen bleibt. Unsere fünfunddreißig Quadratmeter große Hütte, die wegen der einfachen Bauweise und der nicht vorhandenen Isolierung wohl eher als ein Schuppen bezeichnet werden sollte, wärmt sich langsam auf, und ich genieße es zu spüren, wie die wohlige Wärme sich langsam auch auf meinen Körper überträgt.

Nachdem wir in Perth mit meiner Schwester Sarah vier wundervolle Wochen voller Erinnerungen an unsere gemeinsame Kindheit verbracht haben, sind wir hierher auf die Farm meiner Schwester Tina in Fingal, an der Nordostküste Tasmaniens, weitergereist.

Das Knistern wird bald lauter, und durch den Lüftungsspalt sieht man ein rotgelb glühendes Licht flackern. Ich öffne die

Tür, um noch ein paar größere Holzscheite nachzulegen, und mache sie dann ganz zu.

Während ich vor dem Ofen sitze und mich an der Wärme erfreue, denke ich zurück an meine Kindheit. Wie ich es geliebt habe, an kalten Wintertagen morgens als Erster aufzustehen, um im Kaminofen Feuer zu machen. Wie ich davorsaß und mir die Hände rieb, während ich fasziniert zuschaute, wie die hungrigen Flammen sich über die trockenen Holzscheite hermachten. Die Füße in dicke Wollsocken eingepackt, da die Fliesen auf dem Fußboden noch so kalt waren.

Diese einfache, ursprüngliche Arbeit fühlte sich für mich schon damals als kleiner Junge gut an. Ich hatte durch sie das Gefühl, einen wichtigen Beitrag zu leisten. Und heute, zwanzig Jahre später, wird durch die Wärme und die knisternden Geräusche des Kaminofens genau das, was ich damals gefühlt habe, in meinem Inneren wieder heraufbeschworen.

Marias Hand auf meiner Schulter holt mich zurück in die Gegenwart. Wir zünden ein paar Kerzen an und legen uns auf eine Matratze, die Maria auf den Holzboden vor dem Kamin gelegt hat. Ich auf dem Rücken, sie seitlich mit ihrem Kopf auf meiner Brust.

Wir schweigen, lauschen dem Knistern des Feuers und lassen die Atmosphäre und die ganze Reise, die uns hierhin geführt hat, auf uns wirken.

Langsam kommen die Worte zu uns. Wir beginnen zu reden. Wir sprechen über Gedanken und Gefühle, die wir am Anfang unserer Ehe gar nicht hätten aussprechen können und lieber für uns behalten hätten. Und diese neue Offenheit fühlt sich sehr schön für uns an – als wären wir nicht nur Liebhaber, sondern auch beste Freunde, die über wirklich alles reden können. Früher war das nicht so, weil wir beide manchmal das

Gefühl hatten, Dinge für uns behalten zu müssen, um die Gefühle der anderen Person nicht zu verletzen. Doch über die letzten paar Jahre haben wir uns an diese Offenheit herangetastet. Und jetzt, da wir diese Schwelle überwunden haben, ist eine ganz neue Vertrautheit da.

Wir sprechen über Paare, die wir kennen, und wie manche von ihnen mit sehr vielen Herausforderungen zu kämpfen haben. Bei einigen wirkt es sogar ziemlich ausweglos. Warum haben uns die Krisen, die wir zusammen erlebt haben, einander nähergebracht, während andere von ihren Krisen immer weiter auseinandergerissen werden? Warum beschuldigen sich so viele Paare gegenseitig wegen Sachen, die der andere falsch macht, und bauen eine immer größer werdende innere Schutzwand auf, während es uns leichtfällt zu verzeihen? Haben wir einfach Glück gehabt? Warum ist die Ehe meiner Schwester, bei der wir zu Besuch sind, dabei kaputtzugehen, während unsere Liebe stärker ist denn je?

Solche und ähnliche Fragen beschäftigen uns, während wir dort liegen und reden. Es fühlt sich sehr ungerecht an. So ganz genau werde ich das vermutlich nie verstehen, doch ich bin froh, dass es bei uns gerade so ist, wie es ist.

Ich erzähle Maria von diesen Gedanken, und nach einer kurzen Denkpause antwortet sie mir: »Wir beide versuchen auf jeden Fall immer, den anderen und seine Wünsche höher zu achten als unsere eigenen. Natürlich gelingt uns das oft nicht, aber ich denke, dass es eine gute Voraussetzung ist, wenn bei beiden Partnern grundsätzlich dieser Wille da ist. Dass man dem anderen etwas gönnt sozusagen, auch wenn man selbst dafür mal zurückstecken muss.«

Ich kann nur nicken. Maria hat recht. Nach einem Augenblick fährt sie fort.

»Manchmal beobachte ich Paare, bei denen es komplett andersherum ist. Da kämpfen beide für ihre Rechte und sind kein Team, sondern Gegner. Und das führt mich zu noch etwas Wichtigem. Verzeihen! Wir verzeihen uns gegenseitig immer, Thor. Und meistens auch sehr schnell. Du zumindest, ich brauch manchmal ein wenig länger. Es steht aber eigentlich nie etwas zwischen uns, das nicht geklärt und vergeben ist. Das ist vielleicht auch ein wichtiger Punkt, oder?«

Wir lieben uns dort vor dem Kamin. Zwei Menschen in einem winzigen Schuppen auf einer großen Insel. Auf einem kleinen Planeten in einem riesigen Universum. Zwei Menschen, so verschwindend klein und unbedeutend. Auf der Suche nach Antworten, Abenteuern und einer Art zu leben, die ihnen gefällt.

Kurz nach Mitternacht legen wir uns zu den Kindern in das neun Quadratmeter große Familienschlafzimmer, bestehend aus einem Etagenbett, einem Gitterbett für die Kleinste, einem Doppelbett für Maria und mich und einer kurzen Kindermatratze, die genau auf den letzten freien Streifen Fußboden passt.

Mir gefällt es, mit den Kindern auf so engem Raum zu schlafen. Es ist ein schönes und für mich völlig neues Gefühl, sich in dem Zimmer hinzulegen, in dem sie bereits schlafen. Unser Bett ist schön vorgewärmt, da Aaron, der nun auf die Kindermatratze weitergewandert ist, bis vor Kurzem noch dort gelegen hat. Und in dem Moment, als ich mich in diesem winzigen Kämmerlein zusammenrolle und meinen Blick an die Decke richte, fühle ich mich glücklich. Glücklich über meine Frau und die Kinder, die durch unsere Liebe entstanden sind. Glücklich über mein Leben, das nicht immer einfach, doch im Großen und Ganzen sehr schön ist.

Ich gehöre hierhin, denke ich, *nicht an diesen oder an irgendeinen Ort, sondern zu diesen Menschen.*

Am nächsten Morgen werde ich um acht Uhr davon geweckt, dass Filippa auf mir herumkrabbelt. Bald darauf folgt Aaron, und dann fangen die beiden an, auf unseren Rücken zu balancieren. Während ich diese kurze Massageeinheit genieße, drehe ich meinen Kopf leicht zur Seite und stelle erfreut fest, dass Lydia und Amy schon wach sind und sich in irgendwelche Bücher vertieft haben, die auf ihren Lesegeräten gespeichert sind.

Die Sonne scheint durchs Fenster, das nur aus einer transparenten Kunststoffplane besteht. Das diffuse Licht lässt uns erahnen, dass schönes Wetter ist, also stehen wir auf, essen Spiegeleier und Speck zum Frühstück und gehen nach draußen, dorthin wo sich der Großteil des Lebens abspielt, wenn man mit sechs Leuten auf nur fünfunddreißig Quadratmetern wohnt.

Die Kinder sind den ganzen Tag beschäftigt. Sie spielen mit ihren beiden Cousins, lernen Englisch, gehen auf Entdeckungsreisen, bauen eine Hütte aus altem Holz, helfen James, dem Mann meiner Schwester, auf der Farm, schwimmen in dem Teich, der sich auf dem Grundstück befindet, fahren Kanu und füttern die Enten, die immer wieder bettelnd vor unserer Haustür stehen, mit unserem Biomüll. Sie lernen eine Menge über Gemüseanbau und Tiere und bekommen zum ersten Mal im Leben ein Verständnis dafür, dass die Natur ein Kreislauf ist und dass wir ein Teil davon sind.

Auf dem riesigen, hügeligen Grundstück laufen ein Hund, ein Pony, ein Pferd, zehn Enten, acht Hühner und sieben Küken frei herum. Unsere Kinder leben Seite an Seite mit ihnen, als wäre es das Natürlichste der Welt – was es ja eigentlich auch ist – und als hätten sie schon immer so gelebt – was nicht ganz so ist.

Wenn Filippa nicht mit dem Hund Ruff irgendwo auf dem Boden liegt und kuschelt, sammelt sie die Küken ein, um sie zurück in ihr Gehege zu befördern. Oder sie sitzt auf dem Rücken von Milly, dem Pferd, während es auf der Suche nach Gras langsam umherläuft. »Milly ist so schön kuschelig und warm«, erzählt Filippa uns mit strahlenden Augen. Eines Tages schläft sie sogar auf ihr ein.

Hinter der Hütte steht eine Komposttoilette ohne Tür, aber dafür mit einem schönen Ausblick auf den Teich, der genau zwischen unserem Schuppen und dem Haus von Tina und James liegt. Diese muss wöchentlich entleert werden, und da Maria es kategorisch ablehnt, nur das Geringste mit dieser Aufgabe zu tun zu haben, muss ich mich darum kümmern und unsere Hinterlassenschaften auf einem Acker in der Nähe der Hütte vergraben. Es gibt Dinge, bei denen komme ich noch immer nicht gegen den Willen meiner Frau an. Ach, und wenn ich ganz ehrlich bin, lasse ich mich zwischendurch ganz gerne von ihr ein wenig herumkommandieren. Maria ist einfach viel zu lieb. Sie denkt zu wenig an sich und opfert sich manchmal zu sehr für andere auf, also lasse ich sie auf diese Weise wissen, dass ich alles für sie tun würde, was sie von mir verlangt.

So schräg sich das jetzt anhören mag – ich stelle zu meiner Überraschung fest, dass mir diese Arbeit gefällt. Sie fühlt sich wichtig und befriedigend an. Es ist sowohl ein komisches als auch gutes Gefühl, das zurück in die Erde zu befördern, was wir im Laufe der Woche produziert haben. Diese körperliche Arbeit fühlt sich ganz anders an als das, was ich an meinem Computer mache. Vielleicht deswegen, weil ich – genau wie beim Feuermachen – den Nutzen für meine Familie sofort erkennen kann. Und vielleicht auch deshalb, weil sie mir das Gefühl gibt, eins mit der Natur zu sein?

Die Badewanne befindet sich ebenfalls außerhalb unserer – im wahrsten Sinne des Wortes – bescheidenen Wohnstätte. Wenn man neben unserem Schuppen steht und Richtung Teich guckt, sieht man sie sofort. Eine einsame Konstruktion aus Stahl mit einer Feuerstelle darunter. Eines Tages fülle ich die Wanne mit Wasser, schichte ein Lagerfeuer auf und zünde ein kleines Stück Grillanzünder an, das ich zuvor zwischen die Holzscheite gesteckt habe.

Zwei Stunden später, als das Wasser schön warm geworden ist, dürfen die ungeduldig wartenden Kinder sich hineinsetzen, alle sechs auf einmal. Eine ganze Stunde lang planschen sie im Wasser, lachen, bespritzen sich gegenseitig und erzählen sich Witze auf Englisch, während Maria, meine Schwester, mein Schwager und ich Tee trinken, über belangloses Zeug plaudern und die Abendsonne auf der Holzterrasse vor der kleinen Hütte genießen. Tina ist drei Jahre jünger als ich und hat ihren Mann, der eigentlich Schweizer ist, während eines Urlaubs in seinem Heimatland kennengelernt. Nachdem sie geheiratet haben, sind sie nach Australien gezogen, wo James aufgewachsen ist. Zuerst haben sie an der Westküste gelebt, doch Abenteuerlust und die Sehnsucht nach einem ursprünglichen Leben in der Natur haben die beiden irgendwann nach Tasmanien geführt.

Ich kann ihre Entscheidung so gut nachvollziehen.

Der Kamin in unserem Schuppen, in dem wir nun schon seit drei Wochen wohnen, ist mit zwei Kochplatten ausgestattet und einem kleinen Raum zum Backen. Sogar die Wasserleitung fürs Heißwasser ist an den Kamin angeschlossen. Warmes Wasser zum Duschen haben wir also nur dann, wenn wir Feuer machen.

Unser Leben ist unglaublich einfach hier, und das gefällt uns richtig gut. Wir haben keinen Luxus, dafür sehr viel Zeit. Wir merken, dass wir das Leben noch mehr genießen, wenn wir ursprünglicher leben. Es kann in so einem Schuppen zum Beispiel abends verdammt kalt werden, doch dann macht man eben Feuer und packt sich in Wolldecken ein. Wenn der Körper sich daraufhin langsam aufwärmt, freut man sich viel mehr über die Wärme, als wenn sie immer da wäre.

Wir merken, dass uns ganz andere Dinge glücklich machen als jene, die man gemeinhin erwarten würde. Ein schönes Auto. Ein gemütliches Haus. Neue Schuhe. Das neueste und leistungsstärkste Smartphone. Wir Menschen konsumieren immer mehr und müssen deswegen auch immer mehr Geld verdienen. Wir denken, dass wir dadurch glücklicher werden, haben aber kaum noch Zeit zum Leben.

Es sind vielmehr die völlig kostenlosen Dinge, die uns glücklich machen – wie zum Beispiel Freundschaften, Liebe, Familie, Zärtlichkeit, Sex, ausgedehnte Mahlzeiten mit guten Freunden, Musik, Sport, Spaziergänge in der Natur. Für all diese Dinge hätten wir viel mehr Zeit und Energie, wenn wir uns für ein einfaches Leben ohne Luxus und übertriebenen Konsum entscheiden würden. Eigentlich ist uns das schon lange klar, doch jetzt erfahren wir es so richtig selbst. Diese Einsicht macht uns sehr glücklich, weil sie zeigt, dass wir auf dem für uns richtigen Weg sind. Es ist sehr befreiend zu begreifen, dass wir bei dem ganzen Stress, den sich die meisten Menschen antun, gar nicht mitmachen müssen.

»Wir brauchen nicht länger blind mitzurennen. Wir können vom Zug abspringen«, flüstere ich Maria zu, als wir wieder einmal nach einem langen Gespräch in unserer heimeligen Hütte ins Schlaflager zu unseren Kindern gekrochen sind.

»Das sind wir doch längst, Thor.«

Auch die Verbundenheit mit der Natur, die wir hier stärker denn je erleben, berührt uns sehr. Wir leben mitten in ihr, und dadurch ist sie so präsent, so allgegenwärtig. Wir errichten gemeinsam riesige Komposthaufen aus vielen Schichten Heu, Bioabfällen, Überresten aus dem Gemüsegarten und Schafsmist.

James erklärt uns, dass innerhalb von ein paar Monaten so die beste und nahrungsreichste Erde entsteht, die man bekommen kann. Diese benutzt er als Dünger und um den Gemüsegarten später zu vergrößern.

»Indem wir zum Beispiel mit Kunstdünger arbeiten, der vielleicht auf kurze Sicht zu mehr Profit führt, unterbrechen wir den Kreislauf der Natur und zerstören unsere fruchtbare Erde auf Dauer. Wir können den Kreislauf der Natur stattdessen jedoch unterstützen«, erklärt mir James.

»Und so selbst ein Teil dieses Kreislaufes sein«, vollende ich seinen Gedanken. Dinge, die ich schon tausend Mal gehört habe, bekommen auf Tasmanien eine ganz neue Bedeutung. Ich beginne, sie zu verstehen.

All das bewegt mich so sehr, dass ich mich aus heiterem Himmel auf einen Stein auf dem großen Grundstück setze und einen Text auf die ersten drei Seiten eines verschlissenen, alten Notizblocks kritzle, den ich in unserem Schuppen gefunden habe. Die Worte purzeln förmlich aus mir heraus – allzu lange schon habe ich über dieses Thema nachgedacht.

Wir sind ein Teil der Natur. Doch wir leben nicht mehr in ihr. Nicht mehr mit ihr. Würden wir mit unseren Kindern kompostieren und Gemüse anbauen, würden wir erkennen, dass alles ein Kreislauf ist. Ein Kreislauf, in dem auch wir unseren Platz haben. Nur haben wir uns von all dem weit entfernt. Wir sehen nicht mehr, wo unser Essen herkommt. Und weil wir es nicht sehen, ist es uns völlig egal, wie unser zukünftiges Essen wächst, wie es gezogen wird. Wir leben in einer Blase, die auf Dauer so nicht existieren kann. Würden wir die Tiere, die uns mit Nahrung versorgen, selbst halten, so würden wir sie vermutlich gut behandeln und niemals in kleine Käfige stecken. Vielleicht würden wir sie am Ende auch gar nicht essen?

Doch solange wir die Natur auf Abstand halten und in unserer künstlich geschaffenen Realität leben, fällt es uns leicht, all die Probleme auszublenden, die wir verursachen. Kein Wunder, denn mit den Kindersklaven, die uns mit billigen Kakaobohnen und Kleidung versorgen, haben wir auch nie wirklich ein Problem gehabt. Auch zu ihnen haben wir keinen Bezug, denn sie sind so weit von uns weg. Genau wie die Natur, die wir Maschinen und gewinnorientierten Kapitalisten ausgeliefert haben.

Ich halte inne. Hebe den Blick. Lasse ihn über die Hügel, den Acker, die Tiere wandern, die ganze Farm, die sich vor meinen Augen erstreckt.

Ich weiß nicht, wie ich weiterschreiben soll.

Denn ich habe keine Ahnung, wie wir das alles ändern können. Aber vielleicht wäre es ja ein Anfang, wenn wir einfach mal rausgehen würden?

In die echte Welt.

Reisestart: Auf dem Gelände eines ehemaligen Bauernhofs im Südosten von Norwegen wohnt die Familie mitten im Wald in einem Tipi.

Gebadet wird hier in einem Holzbecken mit integriertem Holzofen.

Maria und Filippa genießen das entspannte Leben auf Koh Samui.

Lydia macht ihren Tauchschein auf der thailändischen Insel Koh Tao.

Koh Samui, Thailand: Amy und Lydia lassen sich eine Kokosnuss schmecken. Amy ist selbst auf die Palme hinaufgeklettert, hat die Nuss gepflückt und sie sich in einem Restaurant mit einer Machete öffnen lassen.

Lydia, Amy, Aaron und Filippa: Abendessen unter freiem Himmel am Strand von Koh Samui.

Filippa und Aaron können Stunden auf den Holzschaukeln am Strand von Koh Tao sitzen.

Nationalpark Khao Sok: Immer wieder lassen sich Thor und Filippa im Fluss des Dschungels die gleiche Strecke treiben.

Maria, Thor, Lydia und Amy am Strand der Insel Gili Trawangan, wo die Familie zehn Tage mit Freunden aus Dortmund verbringt.

Thor, Lydia und Filippa erkunden Busselton, eine Stadt an der Australischen Westküste.

In Tasmanien baden die Kinder zusammen mit ihren beiden Cousins in einer Badewanne vor dem Schuppen, in dem die Familie zwei Monate lebt. Ein Lagerfeuer unter der Wanne heizt das Wasser auf.

Von ihrem Schuppen aus erklimmen Thor, Lydia, Amy, Aaron und ihr Onkel einen Berg in Tasmanien.

Thor mit seinen vier Kindern am Milford Sound, einem Fjord auf der Südinsel Neuseelands.

Eine Woche campt die Familie am Moke Lake in der Nähe von Queenstown. Filippa macht sich auf den Weg Richtung Bergspitze.

Moke Lake: Maria beobachtet Aaron und Thor aus dem Zelt heraus.

Lake Pukaki, am Ende der Neuseeland-Reise: Maria, Thor und Lydia ordnen ihre Siebensachen vor ihrem Mietwagen. Wenige Tage später fliegt die Familie von Christchurch nach Brisbane.

In die Natur.
Wenn wir so langsam verstehen würden, dass wir ein Teil von ihr sind und dass wir uns nicht mehr von ihr entkoppeln können, so als würden wir nicht zu ihr gehören.

Später am Abend, als das Komposthaufen-Projekt zu Ende gebracht ist und die Kinder im Bett sind, schleichen sich zwei nackte Gestalten im Schutz der Dunkelheit aus dem Schuppen. Ein paar kleine Kängurus, die sich nichtsahnend vor der Hütte aufgehalten haben, schrecken vor den unheimlichen Kreaturen zurück und springen, so schnell sie können, in den Wald hinein.

Maria und ich, also die beiden Kleiderlosen, schauen ihnen kurz hinterher und bewegen uns dann schnell weiter durch die kühle Nachtluft und setzen uns in die Badewanne, in der die Kinder normalerweise baden und unter der wir in weiser Voraussicht schon bei Sonnenuntergang Feuer gemacht haben. Dort liegen wir dann, die Köpfe nach hinten gelehnt, genießen das heiße Wasser und schauen uns den klaren Sternenhimmel an.

Wir üben uns darin, im Jetzt zu leben, den Augenblick wahrzunehmen und die Vergangenheit und die Zukunft, das Erinnern und das Hoffen komplett auszublenden. Völlig eins zu sein mit dem Moment. Mit der Natur um uns herum. Und es gelingt uns.

Wenigstens für diesen einen Augenblick.

»Ich hätte nie gedacht, dass man so wenig braucht, um glücklich zu sein«, flüstert Maria.

Ich kann nur stumm nicken.

Mir fehlen die Worte.

9

Zwei Missionare in Deutschland – Rückblick

> Ins Sichere willst du dich betten!
> Ich liebe mir inneren Streit:
> Denn, wenn wir die Zweifel nicht hätten,
> Wo wäre denn frohe Gewissheit?
> JOHANN WOLFGANG VON GOETHE

Dortmund, Mai 2004
»Billiger, billiger«, rief ein älterer Herr mit starkem Akzent und orientalischem Aussehen, »ganze Tüte fünf Euro«. Vor ihm ein Haufen offener Kisten voller Tomaten. Eine Frau vom Stand direkt daneben bot uns Probierstücke von einer riesigen Wassermelone an. Wir nahmen beide dankend eines und liefen weiter. Überall um uns herum waren Menschen unterschiedlicher Herkunft, die von einem Stand zum nächsten liefen, und Verkäufer, die abwechselnd in ihrer Landessprache und auf Deutsch um Kunden warben.

Wir waren vor zwei Wochen aus Norwegen nach Deutschland gekommen und befanden uns auf dem Nordmarkt, einem Park mitten in der Dortmunder Nordstadt, wo jeden Dienstag und Freitag ein Markt stattfand.

Unsere Wohnung, zu der wir erst wenige Stunden zuvor die Schlüssel erhalten hatten, befand sich im vierten Stockwerk eines Wohnhauses direkt am Rande des Parks, und nun waren wir also hier mitten in diesem wunderschönen Chaos, in das wir uns sofort verliebten.

Plötzlich blieben wir kurz stehen, schauten uns an und lächelten. Wir hatten zum ersten Mal eine eigene Wohnung, und es fühlte sich gigantisch an. So neu und spannend. Wie ein einziges riesiges Abenteuer.

Maria strahlte ihr unvergleichliches Strahlen. »Thor, es ist so cool hier! Es fühlt sich fast so an, als wären wir in Griechenland. Oder irgendwo im Nahen Osten.«

Wenige Monate zuvor, kurz nach unserer Hochzeit, waren wir nach Jena gereist, wo wir sechs Monate in einer neu gegründeten evangelischen Freikirche mitgearbeitet hatten. Karl kannte den Leiter und hatte unseren Aufenthalt organisiert, obwohl wir so gut wie kein Wort Deutsch sprachen. Das war jedoch für uns kein Hinderungsgrund. In Jena halfen wir mit, eine Jugendgruppe aufzubauen, spielten Gitarre und sangen in den Gottesdiensten, gingen auf die Straße, um mit Menschen über unseren Glauben zu reden, und lernten nebenbei Deutsch. Wir wohnten mit zwei Frauen, die in derselben Kirche mitarbeiteten, in einer WG in einem ehemaligen Hotel im Stadtteil Lichtenhain. Es war eine spannende und lehrreiche Zeit, doch kurz bevor die geplanten sechs Monate zu Ende waren, wurde uns klar, dass wir nicht verlängern, sondern woanders in Deutschland etwas von Grund auf selbst aufbauen wollten. Am liebsten in einem sozialen Brennpunkt.

Eines Tages fragten wir einen herumreisenden Prediger, ob er einen passenden Ort für unser Projekt kennen würde.

»Die Dortmunder Nordstadt«, lautete seine Antwort, und wir zögerten nicht lange. Wenige Tage später machten wir uns auf die Reise, um diesen Ort für ein paar Tage zu erkunden.

In Dortmund angekommen, fuhren wir direkt zu einer

Kirchengemeinde, die wir im Internet ausfindig gemacht hatten. Wir kannten keinen Menschen in dieser Stadt und suchten deswegen erst den Kontakt zu Gleichgesinnten, die uns vielleicht weiterhelfen oder uns wenigstens ein paar Tipps mit auf den Weg geben konnten. Es war Mittwochabend, und zufälligerweise fand dort gerade ein Gebetstreffen statt. Wir gingen einfach hinein, beteten mit und kamen nach dem Treffen mit ein paar Besuchern ins Gespräch.

»Ihr müsst unbedingt mit Gerhardt reden«, empfahl uns eine etwas ältere Frau. »Er kennt so gut wie alle Christen hier in der Stadt und kann euch sicherlich weiterhelfen.« Schon am nächsten Vormittag trafen wir uns in einem Café mit Gerhardt, der uns herzlich willkommen hieß.

»Toll, dass ihr hier seid«, sagte er uns auf Englisch, denn unser Deutsch war noch nicht gut genug, um ein vernünftiges Gespräch zu führen. »Diese Stadt braucht Jesus. Ich habe schon gehört, dass ihr eine neue Kirchengemeinde gründen wollt. Davon kann es hier nicht genug geben.«

Gerhardt versprach uns, eine Familie zu finden, bei der wir ein paar Wochen wohnen könnten, bis wir uns eine eigene Wohnung organisiert hatten. Wir kehrten noch für einige Zeit nach Norwegen zurück, um unseren Aufenthalt in Deutschland vorzubereiten. Und im Mai zogen wir tatsächlich nach Dortmund.

Die ersten Jahre in Dortmund waren für uns eine regelrechte Offenbarung. Wir, die wir nichts anderes als das spießige Leben in den Vororten von Oslo kannten, genossen es, an einem Ort zu wohnen, wo es Menschen aus allen möglichen Kulturen gab und wo die Probleme sichtbar und die Menschen nicht so unnahbar waren. Bei uns in der etwas reicheren Gegend von Norwegen gab es natürlich auch Probleme. Nur wurden sie dort hinter den schönen Fassaden versteckt. Dort wusste man nicht, ob der Nachbar ein Alkoholproblem hatte oder an Depressionen litt.

Hier war das ganz anders. Hier sah man den Leuten oft an, wie es ihnen ging. Und es war leicht, mit ihnen ins Gespräch zu kommen. Wir hatten große Lust zu helfen und viele Menschen kennenzulernen, und es waren die vielen wunderbaren Kinder, die uns zuerst die Tür zu dieser uns völlig neuen Welt öffneten.

Das Ganze fing damit an, dass Maria und ich einen batteriebetriebenen Lautsprecher in dem kleinen Park aufstellten, in dem immer der Markt stattfand, und ein paar coole Hip-Hop-Tänze vorführten – so wie man es von Straßenkünstlern in größeren Städten kennt, aber sicherlich nicht ganz so professionell. Sobald sich ein paar Leute vor uns versammelt hatten, nahm einer von uns das Mikrofon in die Hand und erzählte etwas über unseren Glauben.

Es fing oft mit einer persönlichen Erfahrung an – zum Beispiel wie einmal unsere Gebete erhört worden waren oder wie schön und sicher es sich anfühlt, von Gott geliebt zu werden – und endete meistens mit der Geschichte über Jesus am Kreuz und wie er für unsere Sünden gestorben war. Wir erzählten, dass jeder, der an ihn glaubt und seine Vergebung annimmt, in Verbindung mit Gott leben und die Ewigkeit mit ihm im Himmel verbringen darf.

Danach versuchten wir mit den Leuten ins Gespräch zu kommen, was mal mehr, mal weniger klappte. Wir wussten aber, dass wir Geduld haben mussten, und waren dazu bereit, unser ganzes Leben hier an diesem Ort zu verbringen, um Gottes Reich voranzutreiben, wenn Gott es so wollte.

»Nur so können wir ein Licht im Dunkel anzünden«, formulierte Maria es immer wieder. »Ein Licht, das sich immer weiter ausbreitet, immer mehr Menschen ansteckt und ihr Leben zum Positiven verändert.«

Ja, so dachten wir damals.

Wir kamen durch unsere Auftritte mit vielen Kindern und Jugendlichen in Kontakt und sahen das als ein Zeichen Gottes. Wir verbrachten immer mehr Zeit mit ihnen. Spielten Fußball im Park, Fangen auf dem Spielplatz und Schnick-Schnack-Schnuck auf dem Bürgersteig.

Wir haben diese Kinder geliebt, und ich glaube, sie uns auch. Einige von ihnen waren mehr oder weniger verwahrlost, verbrachten den Großteil des Tages draußen und waren auf sich allein gestellt. Ich glaube, sie haben es genossen, dass zwei junge Erwachsene sich für sie interessierten und Zeit mit ihnen verbrachten.

Durch diese Kinder kamen wir langsam auch in Kontakt mit ihren Familien, und es dauerte nicht lange, bis wir kaum rausgehen konnten, ohne dass uns irgendjemand freundlich grüßte oder ein Haufen Kinder auf uns zugestürmt kam.

Wir lernten in dieser Zeit die Schwestern Meryem und Ayşe kennen, die mit gerade mal zehn und zwölf Jahren für den kompletten Haushalt ihrer sechsköpfigen Familie zuständig waren. Ihre Mutter wohnte in einer anderen Stadt, und ihr Vater und die drei älteren Brüder nutzten die beiden als kostenlose Arbeitskräfte aus. Sie mussten so gut wie alles zu Hause machen. Sie wohnten auch im vierten Stock, im Haus nebenan. Ihre Wohnung grenzte an unsere. Wir vereinbarten ein Klopfsignal und trafen uns häufig am Fenster, um uns miteinander zu unterhalten. Manchmal reichten sie uns mithilfe eines Stocks, der einen Haken an der Spitze hatte, kleine Geschenke, die sie selbst gebastelt hatten.

Sie waren unglaublich süß und voller Leben. Sie redeten wie Wasserfälle und verbrachten eine Zeit lang fast jede freie Minute bei uns – wenn sie zu Hause nicht putzen, kochen oder aufräumen mussten.

Es war schön, dass wir ihnen eine Art Freiraum bei uns bieten konnten, wo sie Kinder sein konnten, ohne irgendjemandem »dienen« zu müssen. Maria und ich spürten beide eine Art elterliche Liebe für sie und redeten eines Tages sogar darüber, wie schön es wäre, wenn wir sie adoptieren könnten.

Manchmal kamen sie auch zufällig vorbei, wenn wir dabei waren, die Wohnung zu putzen und aufzuräumen. Dann halfen sie mit und erledigten die Arbeiten in einer rekordverdächtigen Geschwindigkeit.

»Es ist richtig komisch. Zu Hause ist es voll doof, aber bei euch macht es richtig Spaß zu putzen und aufzuräumen«, erzählten sie uns eines Tages. Zu Hause war es eben eine lästige Pflicht. Eine ständige Erinnerung an die Ungerechtigkeit, mit der sie lebten. Bei uns war es etwas, das sie richtig gut konnten und worauf sie stolz waren.

Unser erstes Baby bekamen wir mit zweiundzwanzig Jahren. Lydia kam am 3. September 2005 zur Welt und machte uns zu stolzen und glücklichen Eltern. Unser Leben veränderte sich allerdings erst mal kaum.

Wir machten weiter wie bisher, hatten täglich Besuch und waren auch selbst sehr oft zu Besuch bei Familien aus allen möglichen Nationen. Lydia nahmen wir einfach mit, und wenn sie schlafen musste, hatten wir ja immer die Schale vom Kinderwagen dabei, die man irgendwo in eine Ecke stellen konnte. Da wir es schon von Anfang an so machten, hatte sie nie Probleme, bei lauten Umgebungsgeräuschen zu schlafen.

Einmal waren wir sogar auf einer Party von einigen Studenten, die wir am selben Tag zufällig im Park kennengelernt hatten, während Lydia in ihrer Babyschale unter dem Küchentisch schlief.

So verging die Zeit in einem Wirbel aus neuen Menschen und ihrer positiven Energie. Wir genossen das Leben sehr und wurden uns immer sicherer: Zurück in unsere spießige, alte Heimat Norwegen wollten wir nie wieder.

Fünfzehn Monate später kam Amy zur Welt, und langsam wurde mir meine Verantwortung als Vater bewusst. Wir hatten beide weder einen Job noch eine Ausbildung, aber die Sekte in Norwegen bezahlte unsere Wohnung und gab uns jeden Monat ein paar Hundert Euro für das Notwendigste. Das Geld reichte jetzt allerdings nicht mehr. Außerdem sollten die Zahlungen mit der Zeit sowieso eingestellt werden. Schließlich war das Ziel, dass wir uns mit unserem Projekt in Dortmund auf Dauer selbst finanzierten. Also musste ich eine Entscheidung treffen. Konnte ich eine Ausbildung oder ein Studium machen, oder gab es irgendwas, was ich gut konnte und womit ich Geld verdienen könnte? Da ich inzwischen fast fließend Deutsch sprach, kam ich auf die Idee, mich als Übersetzer selbstständig zu machen. Ich meldete mich auf einer großen, internationalen Plattform an, wo man sich als Übersetzer eintragen konnte, damit man von Kunden gefunden werden konnte. Ich ließ mich beim Finanzamt als freiberuflicher Übersetzer registrieren, und schon ging es los. Die ersten sechs Monate passierte nicht viel, allerdings war das nicht dramatisch, da wir immer noch die monatliche Unterstützung von der Sekte überwiesen bekamen. Nach und nach trudelten dann immer mehr Aufträge ein, und nach ungefähr einem Jahr konnten wir mehr oder weniger von meiner Übersetzertätigkeit leben.

Währenddessen lief unsere Arbeit mit den Kindern und Jugendlichen weiter, und schon bald war unser Wohnzimmer zu klein, um all die Kinder, die zu unseren Veranstaltungen kommen wollten, aufzunehmen. Also mieteten wir uns eine alte Kneipe direkt am Nordmarkt und gründeten mithilfe von Freunden, die wir in Dortmund kennengelernt hatten und die sich bereit erklärten, als Gründungsmitglieder zu fungieren, einen Verein.

Wir rissen die alte Theke raus, bauten an ihrer Stelle eine kleine Bühne und malten die vergilbten Wände himmelblau an. Schon hatten wir Platz für dreimal so viele Kinder wie in unserem Wohnzimmer.

Jedes Mal, wenn wir die Räume öffneten, waren sie innerhalb kürzester Zeit gefüllt mit erwartungsvollen Kindern, die schon vor der Tür Schlange standen, wenn wir aufschlossen. Sie setzten sich dann in mehreren Reihen auf den Boden vor der zwanzig Zentimeter hohen Bühne, und sobald alle drin waren und die Tür wieder zu war, fing die Show an.

Wir tanzten auf der Bühne zu cooler oder witziger Musik, die aus der Musikanlage dröhnte, führten kurze, selbst geschriebene Theaterstückchen auf, spielten Gitarre und sangen zusammen mit ihnen christliche Kinderlieder mit lustigen Tanzbewegungen. Danach gab es stets eine zweiminütige Predigt über ein Thema, das für die Kinder relevant war. Zum Beispiel, dass sie immer zu Gott beten können, wenn es ihnen mal schlecht geht oder sie sich alleine fühlen. Oder dass man nur wirklich cool ist, wenn man sich um vermeintlich Schwächere kümmert, anstatt sie fertigzumachen.

Manchmal redeten wir allerdings auch über die Kernbotschaft des Christentums. Nämlich darüber, dass Jesus für unsere Sünden gestorben ist und dass wir ewiges Leben von Gott geschenkt bekommen, wenn wir an ihn glauben. Etwas verrückt, wenn man bedenkt, dass achtzig Prozent der Kinder aus muslimischen Familien kamen. Einige hätten bestimmt nicht zu uns gedurft, wenn die Eltern gewusst hätten, welche Botschaften wir ihnen dort vermittelten, aber die meisten waren relativ liberal und tolerant und meinten, dass es nicht schade, wenn ihre Kinder etwas über Gott zu hören bekämen, egal ob aus christlicher oder muslimischer Sicht.

Einmal sprachen Maria und mich allerdings zwei radikale Muslime auf der Straße an.

»Hey, wir wissen, was ihr tut und wo ihr wohnt«, sagte einer von den beiden in einem etwas bedrohlich wirkenden Ton. Er trug einen langen Bart und blickte uns finster an.

»Lasst unsere Kinder in Ruhe«, ergänzte der andere. »Den deutschen Kindern könnt ihr gerne von diesem Jesus erzählen – aber nicht unseren.«

»Wir machen die Tür von unserem Lokal nur auf«, erwiderte ich etwas verunsichert, »und die Kinder, beziehungsweise deren Eltern, entscheiden selbst, ob sie kommen.«

»Ihr habt uns gehört«, sagte der mit dem Bart, und schon gingen sie an uns vorbei.

Diese Begegnung machte uns ein wenig Angst. In den nächsten Wochen schlief ich sogar mit einem aufklappbaren Jagdmesser unter meinem Kopfkissen. Nur für den Fall der Fälle. In erster Linie sahen wir diese Begegnung allerdings als ein Zeichen dafür, dass wir auf dem richtigen Weg waren. Wir hatten in der Sekte gelernt, dass es immer Widerstand gibt, wenn man das Richtige tut. Das haben schließlich auch die christlichen Märtyrer am eigenen Leib erfahren. Es ist also eine Ehre, für den Glauben zu sterben. Lust darauf hatte ich natürlich trotzdem nicht.

Eines Morgens weckte mich Maria und sagte mit leuchtenden Augen: »Wie wäre es, wenn wir am kommenden Sonntag mit Gottesdiensten anfangen? Wenn wir ein Schild aufstellen und Gottesdienst feiern, egal ob jemand kommt, oder nicht. Zur Not machen wir es eben nur für uns. Hauptsache wir setzen ein Zeichen.«

Ich fand die Idee richtig gut, also taten wir genau das.

Zum ersten Gottesdienst kam nur eine bulgarischstämmige Familie, die kein bisschen Deutsch konnte und untereinander nur Türkisch sprach, da die Familie viele Jahre in der Türkei gelebt hatte. Nachdem wir einige Lieder auf Deutsch gesungen hatten, fragte Milan, der Vater, ob er die Gitarre haben könne. Ich gab sie ihm, und er stimmte ein türkisches Lied an. Voller Gefühl sang er eine wunderschöne orientalische Melodie, und seine ganze Familie sang mit.

Genau wie bei den Kindern sahen wir auch dies als ein Zeichen Gottes. Er hatte diese Familie zu uns geschickt. Also konzentrierten wir uns erst einmal auf sie, um dann zu sehen, wie das Ganze weiterlief.

Wir lernten Türkisch mithilfe einiger Bücher und Audio-CDs und trafen uns so gut wie jeden Tag mit ihnen, wobei wir täglich unsere neuen Kenntnisse ausprobieren und verbessern konnten. Es machte uns einen Riesenspaß, und nach ein paar Monaten war es so weit, dass wir – unter Einsatz von Händen und Füßen – einfache Gespräche führen konnten.

Zu den Gottesdiensten kamen mittlerweile immer mehr Leute, irgendwann waren wir um die fünfundzwanzig Personen, und Maria und ich sangen abwechselnd türkische und deutsche Lobpreislieder. Irgendwann zog die bulgarische Familie allerdings nach Duisburg, wo es eine türkischsprachige Kirchengemeinde gab, die wir zusammen mit ihnen ein paar Mal besucht hatten. Somit verschwand auch unsere Motivation, Türkisch zu lernen.

Die Tatsache, dass wir nun diese Räume hatten, führte dazu, dass wir unsere Arbeit professioneller und effektiver durchführen konnten. Sie zerstörte allerdings langsam das Idyll der ersten Jahre. Es wurde ernster.

Plötzlich ging es nicht mehr nur um die Menschen. Alles wurde organisierter, und die Spontanetät ging verloren. Wir boten ständig Veranstaltungen an: zwei Mal die Woche Kinderclub, freitags Jugendtreff, sonntags Gottesdienst. Und abends regelmäßig Kleingruppen bei jemandem zu Hause, wo wir über unterschiedliche Geschichten aus der Bibel und deren Bedeutung für uns sprachen.

All das raubte Zeit und Energie. Die Veranstaltungen mussten geplant und vorbereitet werden, und wir hatten für das Wesentliche immer weniger Zeit. Die spontanen Begegnungen mit Leuten aus der Nachbarschaft – das, was uns so viel Freude bereitet hatte und wo wir, im Nachhinein betrachtet, wirklich etwas bewegt hatten – wurden weniger.

Und dennoch war es eine schöne Zcit.

Unsere Wohnung war immer voll. Leute aus der Nachbarschaft, meistens Kinder und Jugendliche, aber auch die vielen freiwilligen Mitarbeiter in unserem Verein, die mittlerweile auch Freunde geworden waren. Die Wohnung lebte.

Und wir liebten es.

Mit den Strukturen, die unser Projekt nun bekam, wurden nach und nach alte Muster in Maria und mir wach, die uns in der Sekte eingeprägt worden waren.

Zwar unterschied sich das, was wir in Dortmund aufbauten, deutlich von der Sekte, wie wir sie in Norwegen erlebt hatten – doch die Erfahrungen der Vergangenheit hatten ihre Spuren in unserem Denken hinterlassen. Genau wie bei einem Kind, das als Erwachsener automatisch die Verhaltensweisen zeigt, die es von seinen Eltern vorgelebt bekommen hat.

Bei uns war es das drängende Gefühl, alles richtig machen zu müssen, sowie das starke Bedürfnis, andere zu kontrollieren, wenn sie die Dinge nicht so machten, wie wir es uns vorstellten.

Im Laufe der Zeit kamen immer mehr christliche Studenten auf uns zu, die von unserer Arbeit gehört hatten und gerne in unserem Projekt mitarbeiten wollten. Ihre Weltsicht und ihre Gedanken waren allerdings viel freier, weltoffener und demokratischer als unsere. Wir hatten gelernt, dass eine Kirchengemeinde niemals demokratisch sein darf, wenn sie den »rechten« Weg nicht aus den Augen verlieren will. Gott kontrolliert die Kirchengemeinde durch die Leiter, die von ihm auserwählt sind. Alles muss von oben bestimmt werden. Und das sorgte natürlich für Konflikte – von denen die anderen zunächst nicht viel mitbekamen. Allerdings kam es zu vielen Diskussionen zwischen Maria und mir.

»Wir dürfen ihnen das nicht durchgehen lassen. Wenn wir sie nicht auf ihre Fehler aufmerksam machen, dann sieht es für alle so aus, als wäre ein solches Verhalten bei uns okay«, klagte ich Maria eines Abends mein Leid, nachdem wir gerade mitbekommen hatten, dass zwei unserer neuen Freunde und Mitarbeiter, die zwar verlobt, aber noch nicht verheiratet waren, die Nacht zusammen in derselben Wohnung verbrachten.

Maria nickte. »Sie müssen sich doch uns und unserer Leitung unterordnen, oder? Wie soll das hier sonst funktionieren und wachsen? Und sie müssen sich an Gottes Regeln halten.«

Wir schafften es jedoch nur selten, diese Dinge anzusprechen. Irgendwas tief in uns drin sträubte sich hartnäckig dagegen, weil es sich einfach falsch anfühlte.

Die erste kleine Stimme, die uns in die richtige Richtung zog. Ein kleiner Samen, der in uns zu wachsen anfing.

Zwei der Studenten, mit denen wir nun fast täglich zu tun hatten, waren Lisa und Jonny. Ein junges Paar, das gerade zum Studieren nach Dortmund gezogen und auf der Suche nach einer Kirchengemeinde war.

Jonny und ich hatten uns beim Fußballschauen in der WG gemeinsamer Freunde kennengelernt. Er erfuhr von unserem Projekt in der Nordstadt und besuchte später mit seiner Freundin Lisa einen unserer Gottesdienste. Irgendwie fanden die beiden das Ganze sympathisch.

Später erzählten sie uns, dass es ihnen gefallen habe, dass die Gottesdienste so locker waren, die Musik anders. »Und dass der Fokus der Gemeinschaft ganz stark darauf lag, Bedürftigen zu dienen und sie in die Gemeinschaft zu integrieren – das fand ich toll«, erklärte uns Lisa später, als wir uns bei ihrem Besuch auf Bali über unsere gemeinsame Vergangenheit unterhielten.

»Und es war spannend, dass wir beim Aufbau von etwas Neuem mitwirken konnten«, fügte Jonny hinzu. »Es reizte mich, dass ich bei euch die Möglichkeit hatte, das Ganze von Anfang an mitzugestalten.«

In ein paar für uns wichtigen Fragen hatten die beiden allerdings ganz andere Ansichten als wir. Daraus entstand einer der größten inneren Konflikte, die wir in unserer Zeit in Dortmund erlebten.

Es ging um die Themen Alkohol und Sex vor der Ehe. Zu beidem hatten Lisa und Jonny ein bedeutend entspannteres Verhältnis als wir, was nicht verwunderlich war. In unseren Köpfen gab es nämlich für Christen ein Totalverbot für beides. Es war für Maria und mich unvorstellbar, jemandem, der dazu eine lockere Einstellung hatte, Verantwortung oder sogar eine Rolle als Leiter zu übertragen.

Eines Tages fragte mich Jonny nach unserem Gottesdienst, ob ich mit ihm eine Runde spazieren gehen wollte. Während die anderen Gottesdienstbesucher sich noch in unseren Räumen über Gott und die Welt unterhielten, liefen wir langsam die Nordstraße entlang in Richtung Innenstadt.

»Hey Thor, weißt du, ich hab über etwas nachgedacht«, wandte er sich plötzlich an mich.

Ich ahnte bereits, worauf er hinauswollte, und nickte bloß stumm.

»Ich wollte dir sagen, dass ich mir sehr gut vorstellen kann, mehr Verantwortung zu übernehmen. Eure Arbeit hier noch stärker zu unterstützen, ja vielleicht sogar mitzuleiten. Was denkst du darüber?«

Da waren sie wieder – die beiden Herzen in meiner Brust. Natürlich konnte ich mir das einerseits wirklich gut vorstellen. Er war genau der richtige Typ dafür. Da gab es aber etwas, worüber ich nicht einfach hinweggehen konnte. Er musste dafür seine Meinung zu den Themen Sex vor der Ehe und Alkohol ändern. Doch einmal mehr brachte ich diese Worte nicht über die Lippen.

»Ähm … wirklich toll! Ich denke darüber nach und rede mit Maria darüber.«

Schweigend liefen wir nebeneinander her, während ich überlegte, wie ich dieses Dilemma lösen konnte. Es machte mich wahnsinnig, denn ich mochte Lisa und Jonny wirklich sehr. Mein Herz sagte Ja, und mein Kopf sagte Nein.

Es war dieser immerwährende innere Spagat, der unser Weltbild Stück für Stück veränderte. Hin und hergerissen zwischen der Menschlichkeit und der Liebe zu den anderen auf der einen Seite und dem fest eingeimpften Verlangen, festen Regeln zu folgen und andere Menschen ebenso dazu zu bringen auf der anderen Seite, zog uns die Menschlichkeit immer mehr auf ihre Seite.

Maria und ich redeten nie mit den beiden über die Themen, weil unsere Herzen es nicht zuließen, aber Stück für Stück übertrugen wir ihnen über die Jahre hinweg immer mehr Verantwortung.

Ja, über die Jahre hinweg.

So lange dauerte es, bis die Gehirnwäsche und das Schwarz-Weiß-Denken, die so tief in uns steckten, langsam von uns wichen. Bis das Eis durch die Fröhlichkeit und Offenheit dieser toleranten, weltoffenen und wunderbaren Menschen aus Deutschland aufgebrochen wurde.

Wie echt sie waren. Mit der Zeit fiel mir auf, wie aufgesetzt viele Verhaltensweisen in unserer Sekte in Norwegen gewesen waren.

Auch bei uns.

Wir versuchten, uns nach außen als die perfekten Vorbilder zu stilisieren, damit alle sehen konnten, wie gut es uns ging, weil wir mit Jesus lebten. Immer lächeln und positiv bleiben, keine Zweifel zugeben.

In Deutschland jedoch lernten wir viele Atheisten, Muslime,

Christen und Menschen unterschiedlichster Glaubensrichtungen kennen, die einfach nur echt waren. Menschen, die Fehler machten und dazu standen. Die eine eigene Meinung hatten, ohne auf Andersdenkende herabzuschauen.

Das beeindruckte Maria und mich.

Und da waren natürlich auch die vielen kleinen Kulturunterschiede. Man sieht in jeder Kultur die Welt aus einer etwas anderen Perspektive. Und uns tat es unheimlich gut zu spüren, dass die deutsche Sichtweise auf die Welt genauso richtig war wie die norwegische. Einfach deshalb, weil wir zuvor immer in Schubladen gedacht hatten.

Richtig und falsch.

Schwarz und weiß.

Uns war immer eingetrichtert worden, dass es nur eine einzige Wahrheit geben könne. Doch in Dortmund erkannten wir, dass dem nicht so ist. Dass es zwischen Schwarz und Weiß Hunderte von Grautönen gibt.

Und so begannen wir mit der Zeit, alles zu hinterfragen. Nicht nur unsere Vergangenheit, sondern auch unseren Glauben an sich. Denn der Glaube und das Gedankengut, die uns damals eingeimpft worden waren, waren sehr stark miteinander verwoben. In der Sekte wurde unser Glaube geformt und unsere Vorstellung von Gott geprägt, also war es für uns sehr schwer, diese Dinge voneinander zu trennen. Als wir anfingen, die Sekte immer mehr infrage zu stellen, dauerte es nicht lange, bis auch unser Glaube auf wackeligen Füßen stand. Zum ersten Mal in meinem Leben hatte ich richtig mit Zweifeln zu kämpfen. Ich spürte, wie ich dabei war, meinen Glauben zu verlieren, und es machte mir Angst. Maria allerdings auch.

»Thor, was passiert mit deinem Glauben?«, fragte sie mich

eines Tages, während sie mich besorgt musterte. »Wirst du ihn am Ende komplett verlieren?«

Maria machte zwar den gleichen Befreiungsprozess durch, doch sie klammerte sich noch fester an ihren Glauben als ich. Die Vorstellung, dass ich vielleicht irgendwann nicht mehr an Gott glauben würde, war für sie schlimm.

»Ich habe keine Ahnung, Maria«, war das Einzige, was ich ihr antworten konnte. »Mir macht das Ganze auch Angst, aber was soll ich tun? Ich muss ja ehrlich mit dem umgehen, was ich fühle und denke. Verdrängen bringt nichts. Das hab ich viel zu lange versucht!«

In dieser Zeit entdeckten wir im Internet einen amerikanischen Prediger, der erfrischend anders war als die meisten anderen Prediger, die wir kannten. Er trug keinen Anzug, sondern zerschlissene Jeans und T-Shirt. Er redete nicht davon, wie Gott uns segnen und mit Wohlstand überschütten würde, wenn wir für ihn lebten, wie so viele andere amerikanische Prediger. Er sprach stattdessen davon, dass wir als Menschen dazu berufen sind, radikal zu lieben und uns um Menschen zu kümmern, die es nötig haben. Eigentlich das, was unser Ansporn war, als wir nach Dortmund gekommen waren, und was wir mit der Zeit ein wenig aus den Augen verloren hatten. Wir hatten zwar immer noch viel mit Menschen zu tun, aber vor allem im Kontext all der Veranstaltungen, die wir vorbereiten und leiten mussten. Es standen nicht mehr in erster Linie die Menschen und ihre Bedürfnisse im Vordergrund, sondern vielmehr die Frage, wie wir mit diesen Menschen eine Glaubensgemeinschaft aufbauen konnten.

Dieser amerikanische Pastor redete allerdings nicht nur, sondern er lebte es auch vor. Er hatte ein Buch über dieses

Thema geschrieben, das in den Staaten in kürzester Zeit zum Bestseller unter den Christen geworden war. Das Geld rührte er jedoch nicht an, sondern spendete es an Bedürftige und fuhr immer noch in seiner alten Schrottkarre zum Gottesdienst.

Er ging sogar so weit, dass er das Konto mit den Bucheinnahmen für sich selbst sperrte, weil er Angst davor hatte, dass der Wohlstand ihn korrumpieren könnte. Oft sind wir Menschen ja so. Wir erfinden Bedürfnisse, wenn das Geld da ist. Ein Auto, das schon immer ausreichend war, ist plötzlich nicht mehr gut genug, wenn die finanzielle Situation sich verändert.

Diese radikale Nächstenliebe gefiel uns unheimlich gut. Die Botschaft dieses Predigers war der letzte Strohhalm, an den wir uns klammerten. Auch wenn uns die meisten Aspekte unseres Glaubens mittlerweile sinnlos vorkamen. Das hier war etwas, das für uns immer noch richtig Sinn machte.

Möglicherweise das Einzige.

Vielleicht war es das Schicksal oder sogar Gott selbst? Auf jeden Fall kam beim nächsten Gottesdienst ein sturzbetrunkener Tscheche in unsere ehemalige Kneipe gestolpert, während wir den Lobpreis sangen.

Während Maria auf der Bühne stand und Gitarre spielte, stieg der neue Gast zu ihr hoch und begann, sie anzutanzen, während er laut irgendetwas Unverständliches von sich gab.

Ich ging auf ihn zu und wollte ihn zuerst nach draußen begleiten, da er den Gottesdienst offensichtlich störte. Dann stutzte ich jedoch kurz. Ich musste an den amerikanischen Prediger denken und daran, dass uns dessen Gedanken zur Nächstenliebe so berührt hatten. Ich beschloss, dem Mann eine Chance zu geben. Also führte ich ihn zunächst in den hinteren Bereich des Gottesdienstraums, damit wir reden konnten, ohne den Gottesdienst zu stören.

»Hey, ich bin Thor.« Ich streckte ihm meine Hand entgegen.

»Ich bin Jaroslav«, erwiderte er und schüttelte meine Hand überraschend kräftig, obwohl er offensichtlich total betrunken war.

»Es ist schön, dass du hier bist, Jaroslav. Ich wollte nur sagen, dass das hier ein Gottesdienst ist und keine Party, auch wenn es vielleicht danach aussieht. Es wäre also schön, wenn du ein bisschen ruhiger sein könntest.«

Jaroslav blieb den ganzen Gottesdienst über, störte zwar zwischendurch ein wenig – was in seinem Zustand eigentlich unvermeidbar war –, aber nicht so sehr, dass wir es nicht hätten aushalten können.

Nach dem Gottesdienst waren drei befreundete Paare aus unserer Kirchengemeinde zu uns zum Abendessen eingeladen, und als wir alle gehen wollten, wandte sich Maria an mich.

»Komm, Thor, lass uns ihn auch einladen. Das ist doch genau das, was wir wollten. Er kommt zum richtigen Zeitpunkt.«

Mein erster Gedanke war: *Verdammt, was werden die anderen denken? Er ist immer noch total betrunken. Wer nimmt denn so jemanden mit nach Hause, wenn gerade Freunde zu Besuch sind?* Doch tief in mir drin wusste ich, dass es das Richtige war.

Man sah Jaroslav an, dass er auf der Straße lebte. Und es war offensichtlich, dass es ihm nicht gut ging. Warum wäre er sonst in so einem Zustand?

Vielleicht können wir ihm irgendwie helfen, dachte ich. *Es ist unsere Pflicht, es wenigstens zu versuchen.*

Also fragte ich ihn, und er kam mit.

Es war gar nicht so schlimm, wie ich befürchtet hatte. Der Abend mit unseren Freunden war trotzdem schön, auch wenn Jaroslav natürlich ein wenig im Mittelpunkt stand. Als es spät wurde und die Gäste sich auf den Weg nach Hause machen wollten, ging auch Jaroslav ins Treppenhaus und zog sich die Schuhe an.

»Hast du eigentlich eine Unterkunft? Einen Platz zum Schlafen?«, fragte ich, als ich mich von ihm verabschiedete, obwohl ich die Wahrheit bereits ahnte.

»Nein, momentan nicht«, erwiderte er.

»Du kannst bei diesen Temperaturen doch nicht draußen schlafen, es sind mindestens minus fünf Grad«, sagte ich daraufhin, »bleib hier, übernachte bitte bei uns.«

»Das kann ich nicht annehmen. Das ist zu viel. Ihr habt schon genug für mich getan.«

Ich versuchte noch einmal, ihn zu überreden, da ich mir ernsthafte Sorgen um ihn machte, doch es nützte nichts.

Also gab ich auf und drückte ihm einen Zettel mit meiner Handynummer in die Hand. »Du kannst jederzeit anrufen, wenn du unsere Hilfe brauchst.«

Und das tat Jaroslav.

Zwei Tage später.

Er war auch diesmal betrunken. Und er weinte, sodass ich ihn nur schwer verstehen konnte. Ich begriff aber sofort: Er wollte das Angebot nun doch gern annehmen – und schämte sich gleichzeitig so sehr dafür, dass er in Tränen aufgelöst war.

Drei Tage lang schlief Jaroslav auf unserer Couch im Wohnzimmer seinen Rausch aus. Ganz geheuer war uns das – aller Nächstenliebe zum Trotz – dennoch nicht. Also schliefen Maria und ich die erste Nacht zusammen mit Lydia und Amy in ihrem Kinderzimmer, nahmen unsere Wertsachen mit und schlossen die Tür ab.

Nachdem Jaroslav drei Tage geschlafen hatte, nahm er ein langes Bad, zog sich seine Klamotten an, die Maria für ihn gewaschen hatte, und setzte sich zu uns an den Frühstückstisch. Nüchtern war Jaroslav tatsächlich der liebste Mensch der Welt. In den nächsten Wochen lernten wir ihn alle kennen und lieben, auch die Kinder, mit denen er häufig spielte und Späßchen machte.

Er erzählte uns seine Geschichte. Wie er nach Deutschland gekommen war, um Geld für seine Frau und seine drei Kinder in Tschechien zu verdienen. Zu diesem Zweck hatte er gemeinsam mit einem Deutschen einen Imbiss eröffnet und war dann von diesem über den Tisch gezogen worden.

Ohne dass er es wirklich begriffen hatte, lief das Unternehmen auf seinen Namen, auch wenn sein Kollege im Hintergrund fleißig die Fäden zog. Als die Polizei herausfand, dass sein Kollege im nicht ganz legalen – oder genauer gesagt illegalen – Bereich agierte und unter anderem ein paar Schwarzarbeiter eingestellt hatte, war Jaroslav derjenige, der dafür das Bußgeld bezahlen musste. Stolze zwanzigtausend Euro.

Er hatte keine Chance, das Geld zurückzuzahlen, und begann zu trinken. Er verlor den Kontakt zu seiner Familie. Seine Frau war sauer, weil er kein Geld schickte, und er schämte sich und ertränkte seine Sorgen im Alkohol.

Ein halbes Jahr lang wohnte er bei uns. Es ging ihm größtenteils richtig gut, doch irgendwann hatte er einen Rückfall. Beim zweiten Mal wurde uns klar, dass die Versuchungen in der Großstadt zu groß waren, also machten wir uns auf die Suche nach einer professionellen Reha-Klinik und fanden eine im Münsterland, etwa eine Stunde von Dortmund entfernt.

Dort vermittelte man ihm sogar eine Arbeitsstelle in einer Fabrik, wodurch er seinen Aufenthalt selbst bezahlen konnte. Heute geht es Jaroslav gut. Wir haben immer noch Kontakt zu ihm.

Doch so schön diese Erfahrung für uns war, konnte sie den Prozess des Hinterfragens nur eine Weile unterbrechen, nicht endgültig stoppen. Auch wenn wir den Glauben daran, dass es einen Gott gibt, nicht ganz loslassen konnten, klangen die Geschichten aus der Bibel, an die wir bisher felsenfest geglaubt hatten, immer mehr wie erfundene Märchen. Natürlich hatten wir auch viel Gutes aus unserer Zeit in der Sekte mitgenommen, aber nun, da uns die Augen für die ganze Manipulation und den Machtmissbrauch geöffnet worden waren, fiel es uns zunehmend schwerer, das Schlechte vom Guten zu trennen.

Und außerdem: War echte Nächstenliebe nicht auch ohne Religion möglich?

»Wie kann es sein, dass es sich so gut anfühlt, anderen Menschen zu helfen, ich mich aber falsch und verlogen fühle, wenn ich versuche, anderen meinen Glauben aufzudrängen? Kann das dann wirklich richtig sein?«, fragte Maria bei einem unserer langen abendlichen Gespräche. Sie fragte eher rhetorisch. Die Antwort wussten wir beide bereits.

»Ich glaube nicht«, gab ich nachdenklich zurück, »ich denke, wir sollten einfach loslassen, Maria. Die Zweifel nicht mehr verdrängen, sondern zulassen und endlich auf unser Herz hören.«

So kam es irgendwann, dass wir uns aus den leitenden Positionen in unserer selbst gegründeten Gemeinde zurückzogen.

Wir überließen die Leitung einigen unserer Freunde, denn wir hatten schlicht und ergreifend mehr als genug mit unseren eigenen inneren Prozessen zu tun. All die Leidenschaft, die wir gespürt hatten, als es darum ging, in Dortmund eine Glaubensgemeinschaft aufzubauen, war völlig verpufft. Der Spagat in unserem Inneren hatte uns regelrecht zerrissen. Wir wussten nicht mehr richtig, woran wir überhaupt noch glaubten, also schien es uns unmöglich, unsere eigene Kirchengemeinde zu leiten. Es mag vielleicht klischeehaft klingen, aber uns war einfach klar geworden, dass wir zu uns selbst finden mussten.

Diesen ganzen inneren Prozess verschwiegen wir der Sekte in Norwegen allerdings. Karl merkte vielleicht bei seinen sporadischen Besuchen bei uns, dass wir uns verändert hatten, etwas liberaler geworden waren. Er hatte aber keine Ahnung davon, dass wir uns mittlerweile innerlich komplett von ihm und seiner Sekte distanziert hatten.

Wären wir in Norwegen gewesen, wäre schon längst ein enormer Druck auf uns ausgeübt worden. Da wir so weit weg waren, funktionierten Karls Techniken jedoch nicht. Hier in Dortmund standen wir auf eigenen Beinen, waren mittlerweile ziemlich selbstständig und frei. Vermutlich spürte er das und wusste sehr wohl, dass er wegen der Distanz die Kontrolle über uns verloren hatte. Möglicherweise ärgerte er sich jetzt darüber, dass er uns damals überhaupt hatte gehen lassen, ohne das Ganze komplett zu durchdenken. Doch bei seinen Besuchen konnte er keine Macht mehr auf uns ausüben. Er war dann alleine und hatte nicht seine ganzen Untertanen im Rücken. Und wir waren stärker geworden, waren nicht mehr von ihm und auch nicht von der Gemeinschaft der Sekte abhängig. Wir hatten nicht nur zwei weitere Kinder bekommen, wir hatten auch viele neue Freunde, die uns völlig frei und wir selbst sein ließen. Deutschland hatte uns die Augen geöffnet und ein neues Leben geschenkt.

Nun mussten wir herausfinden, was wir mit diesem neuen Leben anfangen wollten. Wir hatten so viele Fragen und so wenige Antworten. In Norwegen hatten wir so lange die Erwartungen der anderen Sektenmitglieder erfüllt, dass wir nie wirklich gelernt hatten nachzufühlen, was wir selbst tief in unseren Herzen wollen.

Was wir vom Leben wollen.

Was uns wichtig ist.

Was uns glücklich macht.

Ja, was ist überhaupt der Sinn des Lebens?

Auf all diese Fragen gab es in der Sekte eine Antwort.

Nun mussten wir unsere eigenen Antworten finden.

Die Zeit verging. Und während sich unsere Trennung von der norwegischen Sekte und mittlerweile auch von unserer Dortmunder Gemeinde zwar langsam, aber sicher vollzog, arbeitete ich weiter als Übersetzer. Ich widmete mich nun jedoch intensiver meiner eigentlichen großen Leidenschaft: der Musik. Ich schrieb zum ersten Mal Lieder, die nichts mit Gott zu tun hatten, trat damit auf der Straße auf und fühlte mich, als ob ich einen großen Schritt in Richtung eines freieren und selbstbestimmteren Lebens getan hätte. Ich war überzeugt, davon leben zu können, und gleichzeitig tat ich absichtlich etwas, von dem ich wusste, dass es Karl nicht gefallen würde. Das fühlte sich verdammt gut an.

Mit der Zeit bekam ich jedoch immer öfter Probleme mit der Polizei und dem Ordnungsamt, da ich mit einem Lautsprecher auf der Straße spielte – das war nicht erlaubt. Ich hörte mit der Straßenmusik wieder auf und konzentrierte mich auf das Spielen in Kneipen, auf Hochzeiten und Festivals. Einmal trat ich sogar im Vorprogramm von Ed Sheeran auf. Doch das Geld, das ich so verdiente, reichte nicht zum

Leben. Aufgrund unserer schlechten finanziellen Situation musste ich die Musik aufgeben und mich wieder komplett auf das Übersetzen konzentrieren.

Trotzdem war das der Beginn eines schönen und eines freien Lebens, denn wir bewegten uns in die richtige Richtung. Wir trauten uns langsam, neue Dinge auszuprobieren, und sammelten Erfahrungen, die sich später als sehr wertvoll erweisen sollten.

Wir hatten jedoch noch nicht den Mut, uns unserer Vergangenheit zu stellen und die offene Auseinandersetzung mit der Sekte zu suchen.

10

Tasmanien, die zweite – Das Mark des Lebens

> Ich ging in die Wälder, denn ich wollte wohlüberlegt leben;
> intensiv leben wollte ich. Das Mark des Lebens in mich aufsaugen,
> um alles auszurotten, was nicht Leben war. Damit ich nicht in
> der Todesstunde innewürde, dass ich gar nicht gelebt hatte.
> HENRY DAVID THOREAU

Tasmanien, Dezember 2015
Vor unserem Schuppen auf der Farm von Tina und James steht eine einsame Bank, auf die ich mich für ein paar Minuten setze. Der Ausblick von hier ist atemberaubend. Besonders heute Morgen. Dunkle Wolken ziehen auf. Von Westen kommend, stehen sie in starkem Kontrast zum Sonnenaufgang und dem strahlend blauen Himmel, den sie langsam, aber stetig verschlingen.

Wir wohnen an einem Hang und schauen hinab auf ein Tal namens Fingal Valley, das von einer Bergkette eingerahmt wird.

Wir haben auf dieser Reise schon so viele unterschiedliche Landschaften gesehen, doch diese hier hat ihren ganz eigenen Charakter. Sie lässt sich mit nichts vergleichen, das wir bisher gesehen haben. Die Natur ist rau, wild und trocken, und die Menschheit hat an diesem Fleckchen Erde nur wenige Spuren hinterlassen.

Erstaunlich, wie abwechslungsreich die Welt ist, denke ich und blicke auf meinen Rucksack, der zwischen meinen Füßen steht und alles enthält, was ich zum Arbeiten brauche. Mein kleines, mobiles Büro sozusagen. Als Symbol für das Freiheitsgefühl, das ich so liebe.

Ich stehe auf und laufe langsam über den verkrusteten Erdboden. Es ist der trockenste Sommer seit Jahrzehnten hier auf Tasmanien, und alle warten seit Wochen sehnsüchtig auf Regen. Die dunklen Wolken am Himmel könnten bedeuten, dass die Gebete endlich erhört werden.

Ich bin heute ausnahmsweise vor allen anderen aufgewacht und habe die Zeit genutzt, um die wunderschöne Aussicht zu genießen, bevor ich mich auf den Weg ins Dorf mache.

Ich setze mich in die alte Schrottkarre, die wir für sechshundert Dollar gekauft haben, damit wir auch ein bisschen rumkommen in den zwei Monaten, die wir hier verbringen. Das Auto meiner Schwester hat nur fünf Sitze, also passen wir nicht alle hinein. Außerdem ist es schön, ein Auto pro Familie zu haben, damit wir alle zusammen Ausflüge machen können. Zum Beispiel ans Meer zum Surfen, Schwimmen und Grillen oder in den tasmanischen Regenwald.

Unser »neues« Auto quietscht und rattert beim Fahren, und es fühlt sich so an, als könnte es auf der Fahrt ins Dorf jederzeit in seine Einzelteile zerfallen. Ich habe vor, einige Stunden an einem Blogbeitrag zu arbeiten und Lebensmittel einzukaufen. Ich parke in der Nähe der Bücherei, schnappe mir meinen Rucksack und steige aus dem Auto.

Es sind nicht einmal mehr zwanzig Meter bis zur Bibliothek, als es plötzlich passiert. Ohne jede Vorwarnung. Es ist, als würde eine riesige Schleuse im Himmel geöffnet werden. Was auf mich herabdonnert, fühlt sich nicht an wie Regen, sondern wie die Wassermassen eines Wasserfalls. Es dauert keine zwei Sekunden, bis meine Klamotten völlig durchnässt sind.

Wenige Sekunden später stehe ich in der Bücherei und überprüfe meinen Rucksack, der zum Glück einigermaßen wasserdicht ist. Mein Laptop ist noch trocken. Inzwischen hat der Regen etwas nachgelassen. Da ich aber so durchnässt nicht arbeiten kann, gehe ich noch einmal nach draußen und entdecke in der Nähe einen Secondhandladen. »Eine Tüte voll kostet 5 Dollar«, sagt mir die Frau hinter dem Tresen, und wenige Augenblicke später befinde ich mich wieder in der Bücherei, einen Schwung trockener Kleidung unter dem Arm.

Die Bücherei besteht nur aus einem Raum, dessen vier Wände von oben bis unten mit Büchern gefüllt sind. Es gibt keine offizielle Aufsicht, alles läuft auf Vertrauensbasis. In der Mitte des Raums steht ein Tisch mit vier Stühlen. Ich fühle mich wohl hier. Wie immer in Bibliotheken. All die Bücher voller Geschichten. Das ganze Wissen, das dort gelagert wird. Für mich genau die richtige Umgebung zum Schreiben. Ich ziehe mich um und beginne zu tippen.

Im Hintergrund trommelt wieder der Regen.

Auf dem Rückweg zur Farm regnet es immer noch fast genauso stark, und ich kann durch die Windschutzscheibe kaum etwas erkennen. Auf halber Strecke muss ich das Auto am Straßenrand stehen lassen, da ich mich plötzlich vor einem Fluss befinde, der vorher nicht da war.

Als ich endlich zu Fuß oben an unserem Schuppen ankomme, bin ich überwältigt von dem Anblick, der sich mir dort bietet. Der Fluss, der mich unten an der Straße aufgehalten hat, läuft direkt an unserer kleinen und fragilen

Wohnstätte vorbei und führt unmittelbar in den relativ großen Teich, in den wir immer reinspringen, wenn wir uns abkühlen wollen.

Plötzlich fällt mir ein, dass James erwähnt hat, dass sie im Winter hier immer ein Bächlein haben. Durch den selbst gebauten Staudamm konnten sie überhaupt erst ihren eigenen Teich bekommen. Nur dass das Bächlein im Augenblick nichts von einem fröhlich dahinplätschernden Wasserlauf hat, sondern wie ein reißender Fluss wirkt.

Ich sehe James, wie er vergeblich versucht, den Staudamm zu stärken. Und gerade, als ich losrenne, um ihm zu helfen, gibt der Staudamm nach. Gewaltige Wassermassen ergießen sich in die Landschaft und über das komplette Grundstück und reißen alles mit sich, was ihnen auf ihrem Weg in die Quere kommt.

Ich höre, wie die Kinder, die im Schuppen direkt hinter mir alle am Fenster stehen, vor Freude kreischen und rufen: »Hilfe, die Welt geht unter!«

Ich bleibe aber draußen stehen, spüre, wie der Regen auf meinen Kopf, meine Schultern, meinen ganzen Körper trommelt und genieße es zu erkennen, wie kraftvoll die Natur ist. Ich fühle mich klein und hilflos, wenn ich die riesigen Wassermassen sehe, die sich in Form eines Flusses ihren Weg über das Grundstück von James und Tina gebahnt haben und alles verwüsten. Es beeindruckt mich, wie wenig wir gegen diese Naturgewalt unternehmen können.

Wir glauben, die Natur beherrschen zu können, denke ich bei mir, *doch in Momenten wie diesen zeigt sie uns, dass wir ihr völlig ausgeliefert und komplett von ihr abhängig sind.*

Umso wichtiger ist es, dass wir endlich begreifen, dass wir in Verbindung mit ihr leben müssen. Dass wir verstehen, dass wir diejenigen sind, die sich ihr unterordnen müssen, und nicht umgekehrt. Nur dann haben wir auf diesem wunderbaren Planeten eine Zukunft.

Wie so oft in unserer Zeit hier muss ich an die Urvölker denken und daran, wie respektvoll sie mit der Natur und den Lebewesen darin umgehen. Ich denke an all die Rituale, die sie haben, und wie sie sich bedanken, wenn sie sich der Natur bedienen. Sie sind sich bewusst, dass sie ein Teil von ihr sind, und mit der einfachen Art und Weise, wie sie leben, geben sie der Natur auch etwas zurück. Sie tragen zum Kreislauf des Lebens bei. Ganz anders als es bei den modernen Menschen der Fall ist.

Am nächsten Tag herrscht völliges Chaos im gesamten Dorf. Das Wetter hat sich wieder beruhigt, und die Einwohner sind damit beschäftigt, die Schäden zu beheben, die das Unwetter verursacht hat.

Als wir zum Einkaufen fahren, entdecken wir mehrere freilaufende Hühner auf der Hauptstraße. Während wir aus dem Auto steigen, hören wir eine Frau rufen: »Ich hab eine Kuh bei mir im Garten stehen. Weiß jemand, wem die gehört?«

Auch einige von James' Forellen, die er in seinem Teich gezüchtet und längst verloren gegeben hat, tauchen in den nächsten Tagen wieder auf: in Pfützen in verschiedenen Nachbargärten. James überlässt sie großzügig den glücklichen Findern.

Am nächsten Tag beschließen Maria und ich, eine Wanderung zu machen, während die Kinder auf der Farm bleiben.

Wir laufen nicht Richtung Dorf, sondern in die entgegengesetzte Richtung, bis wir oben auf einem der Berge ankommen. Dort stoßen wir auf eine große flache Ebene mit unzähligen verbrannten Bäumen. Die Spuren eines Waldbrandes, der hier in der Zeit der Trockenheit regelrecht gewütet hat. Es ist auf eine merkwürdige, melancholische Art schön an diesem Ort, und der wirkt wie die Kulisse eines Films. Maria steht neben mir, und wieder fühlen wir uns klein angesichts der Größe der Natur.

»Ich möchte mich ein Mal so richtig betrinken«, erzählt mir Maria, während wir den Berg wieder hinablaufen.

Leichtfüßig wie eine Gämse springt sie von einem Stein zum anderen. Selbstbewusst. Leuchtend. Wenn ich sie so beobachte, sehe ich wieder genau das Mädchen vor mir, das ich vor so vielen Jahren kennengelernt habe. Ihre leuchtend grünen Augen. Ihre spöttische Überlegenheit.

»Schön, dich zu sehen, Bauer!«

Und trotzdem: Seitdem ist viel Zeit vergangen. Wir haben uns in so vielen Bereichen unseres Lebens verändert. Doch Maria ist wagemutig wie eh und je.

Angesichts ihrer Worte muss ich lächeln. Ich verstehe ihre Neugier, ihre Gier, im Leben nichts auszulassen. Sie will das Dasein so richtig auskosten. Das liegt voll und ganz in ihrer Natur, doch trotzdem haben wir beide wegen unserer Vergangenheit in der strengen Kirchengemeinde solche Erfahrungen noch gar nicht gemacht. Wir haben uns tatsächlich noch nie betrunken.

»Na, dann solltest du das auch tun«, gebe ich lachend zurück.

»Das werde ich.«

Ein paar Tage später besorgt uns James eine Flasche Whisky in einem kleinen Laden im Nachbardorf. Er hat von Marias Wunsch gehört und bringt die Flasche als kleines Geschenk mit, als er von der Arbeit zurückkommt.

Sobald es Abend ist und die Kinder alle tief und fest schlafen, holen wir die Flasche hervor und stellen sie zu den Gläsern und den anderen Getränken, die bereits auf dem Tisch stehen.

Ich bin auch noch nie betrunken gewesen, aber anders als Maria spüre ich in mir nicht das Bedürfnis danach. Also beschließe ich, Cola zu trinken, um ihr Gesellschaft zu leisten. Auch James sitzt mit am Tisch. Er und meine Schwester streiten sich in letzter Zeit viel, und Maria und ich haben das traurige Gefühl, dass ihre Ehe nicht mehr lange halten wird. Vielleicht flüchtet James deswegen lieber zu uns und sucht in unserer kleinen Hütte ein wenig Ablenkung.

Wenn Maria etwas will, dann sofort – und zwar richtig. Das liegt bei ihr in der Familie. Da werden keine halben Sachen gemacht. Außerdem wissen Maria und ich gar nicht, wie man mit Alkohol umgeht. Also passiert Folgendes: Nachdem Maria zwei Gläser mit einer Fünfzig-fünfzig-Mischung aus Whisky und Bitter Lemon getrunken hat und feststellt, dass sie noch nicht wirklich etwas spürt, legt sie schnell nach und trinkt zwei weitere.

Wie schnell das geht und wie viel sie trinkt, bekommen James und ich gar nicht wirklich mit, zu sehr sind wir drei in unser Gespräch vertieft. Erst als Maria sich das fünfte Glas einschenkt und die leere Flasche wieder auf den Tisch stellt, beginnen bei uns die Alarmglocken zu läuten.

»Hast du das jetzt etwa komplett allein getrunken?«, frage ich sie entsetzt.

Doch bevor wir uns weitere Gedanken darüber machen können, was wir jetzt tun sollen, setzt die Wirkung des Alkohols bei Maria plötzlich mit voller Wucht ein. Sie stößt ihr Glas um, stottert und nuschelt, macht die Augen zu, wenn sie etwas sagen will, und redet plötzlich nur noch Blödsinn.

Als ich anfange zu lachen, schaut sie mich aus trüben und zugleich erschreckend ernsten Augen an und sagt mit der typischen Tonlage und Aussprache von jemandem, der viel zu viel Alkohol im Blut hat: »Ich bin ich!« – ein Satz, der später eine sehr tiefgründige Bedeutung bei Marias Suche nach sich selbst bekommen wird. In den kommenden Jahren werden wir uns immer wieder an diese Worte erinnern und sie benutzen, wenn Maria sich darin übt, ihre eigene Meinung herauszufinden und für sie einzustehen.

Doch in diesem Moment finde ich den Satz und die Art und Weise, wie sie ihn ausspricht, einfach nur lustig. Ich lache so lange, bis mir die Bauchmuskeln wehtun. Doch dann hört der Spaß endgültig auf. Maria beginnt, sich zu übergeben. Auf den Boden, auf ihre Klamotten und manchmal auch in den Eimer, den ich in aller Eile herbeigeholt und vor ihr auf den Boden gestellt habe. James ist in der Zwischenzeit auf dem Boden eingeschlafen. Er hat bloß ein Viertel von dem getrunken, was Maria in sich hineingeschüttet hat, und ist trotzdem ziemlich betrunken.

Zwei Stunden lang bin ich damit beschäftigt, den Boden zu putzen, den Eimer mit dem Erbrochenen mehrmals im Garten zu entleeren und Maria zu helfen, die Klamotten zu wechseln.

Als ich zum zweiten Mal mit dem Eimer in den Garten gehe, finde ich in dem Gebüsch, wo ich ihn das erste Mal entleert habe, Ruff, den Hund, der gierig den stark nach Alkohol riechenden Mageninhalt von Maria verschlingt. Völlig überfordert und unfähig, etwas dagegen zu unternehmen, gehe ich wieder in den Schuppen, wo Maria jetzt auf dem Fußboden liegt, zusammengekrümmt wie ein ungeborenes Kind.

Sie schafft es nicht mal, sich hinzusetzen. Als ihr Magen endgültig leer ist, schläft sie dort ein. Da ich völlig erschöpft bin, decke ich sie einfach zu und gehe schlafen. Auf meine Weckversuche hat sie nicht reagiert. Außerdem bin ich ein bisschen genervt, dass sie es so übertrieben hat.

Am nächsten Morgen kann ich mir ein kleines, schadenfrohes Grinsen nicht verkneifen, als Maria am Frühstückstisch sitzt und den Kopf auf die Hände stützt.

»Und? Hat es sich gelohnt?«

»Es ist wirklich schrecklich. Aber es hat auch Spaß gemacht. Ich bereue nichts!«

Typisch Maria.

Sie ist an diesem Tag übrigens nicht die Einzige, die mit einem Kater zu kämpfen hat. Ruff, der sonst morgens immer voller Tatendrang ist und als Erster aufsteht, schläft bis zum frühen Nachmittag.

Vergangenheitsbewältigung steht jedoch nicht bloß auf Marias großer To-do-Liste.

An einem Tag arbeite ich relativ lange, komme erst abends nach Hause und bin sehr müde. Ich trete durch die Tür unseres Schuppens und werde vom Lärm der Kinder fast erschlagen. Mir geht das Geschrei durch Mark und Bein, dabei toben sie nur wild herum und haben Spaß.

Ich versuche, mich zusammenzureißen, und setze mich zu Maria an den Tisch. Während ich mit ihr rede, spüre ich, wie die lauten Geräusche mir meine letzte Energie rauben, doch ich wehre mich weiter dagegen, in das wilde Treiben der Kinder einzugreifen. Ich will nicht der Spaßverderber sein. Der saure alte Mann, der ihnen das Spielen verbietet.

Doch als ich sehe, wie Lydia Aaron immer wieder piesackt, bitte ich sie, damit aufzuhören.

»Nein, ich mache genau das, was ich will«, antwortet sie frech, während sie die Augenbrauen demonstrativ hebt. Noch während sie sich von mir abwendet, um weiterzumachen, merke ich, wie mein Blut anfängt zu kochen.

Wir beginnen zu streiten, und ich spüre selbst, wie die Situation immer weiter eskaliert. Am Ende werde ich wieder viel zu laut, zu aufbrausend. Noch dazu packe ich Lydia viel zu fest am Arm und zerre sie hinter mir her aus dem Wohnzimmer.

Warum muss sie so verdammt stur sein, so einen wahnsinnig starken Willen haben? An Tagen wie heute kann sie mich damit innerhalb von Sekunden zur Weißglut bringen. Gleichzeitig ist es doch das, was ich so an ihr liebe. Wie selbstbewusst und eigenständig sie ist. Wie zielstrebig und lebendig. Wie stark sie fühlt.

Ich schäme mich für mein Benehmen, wie immer nach solchen Episoden. Ich fühle mich wie ein Versager. Als meine Wut sich gelegt hat, bitte ich sie um Verzeihung. Lydia ist nicht nachtragend, sie verzeiht mir sofort. Ich selbst aber mache mir die schlimmsten Vorwürfe, ich spreche danach noch lange in Gedanken mit mir und gelobe Besserung.

Als ich spätabends an Lydias Bett sitze und ihr übers Haar streiche, beschließe ich, sie heute länger als die obligatorische Minute zu kraulen.

Wenn ich abends an den Betten meiner Kinder sitze, empfinde ich oft eine sehr starke, fast überwältigende Liebe für sie.

Wenn sie da so friedvoll liegen, verstehe ich alles viel besser, sind meine Gedanken klarer. Manchmal kraule ich sie dann einfach weiter, bis sie eingeschlafen sind. Es gibt für einen Vater oder eine Mutter kaum etwas Schöneres, als dem eigenen Kind Geborgenheit und Liebe zu schenken.

Wenigstens das kriege ich hin, denke ich und spüre dabei, wie diese Einsicht den Schmerz und die Traurigkeit über mein Verhalten etwas lindert.

Ich bin ein schlechter und ein guter Vater. Ich tue viel Falsches, aber auch viel Richtiges. Durch die Zeit in der Sekte, aber auch durch eine etwas turbulente Kindheit bin ich negativ geprägt und gebe das leider teilweise an meine Kinder weiter. Doch wer kann schon von sich behaupten, fehlerlos zu sein?

»Kannst du mir den Rücken kraulen?«, fragt Lydia leise und holt mich damit zurück in die Gegenwart. Ihre Stimme klingt schläfrig. Ihre Augen sind schon längst zu.

Ich antworte nicht, sondern fange einfach damit an. Dabei denke ich darüber nach, wie gut es sich anfühlt, »Ich liebe dich« zu sagen, ohne ein einziges Wort in den Mund zu nehmen.

Wir sind alle nicht perfekt und haben unsere negativen Seiten, die wir wiederum an unsere Kinder weitergeben. Wir können nur unser Bestes tun, um diesen Teufelskreis zu durchbrechen. Dabei ist das Allerwichtigste für mich, dass ich mich für meine Fehltritte entschuldige und dass ich meine Kinder von ganzem Herzen liebe. Und zwar so, dass sie es richtig spüren und nie daran zweifeln.

Genau wie ich, hat auch mein Vater mit seinen starken Gefühlen und seiner Unfähigkeit, mit Stress umzugehen, zu kämpfen gehabt. Das hat ihn in manchen Situationen unberechenbar gemacht, was für mich als kleines Kind schwirig war. Natürlich hat das seine Spuren hinterlassen.

Aber daran, dass mein Vater mich geliebt hat, habe ich nie gezweifelt, wird mir bewusst, als ich Lydia über den Rücken streiche. Er war von einer Kindheit geprägt, in der er oft Angst vor seinem Vater haben musste. Er hat sein Bestes getan. Mit den Voraussetzungen, die er hatte.

Heute denke ich, dass mir die schlechten Erfahrungen aus der Kindheit und der Sekte eine Tiefe gegeben haben, die ich sonst wahrscheinlich nicht hätte. Manchmal habe ich sogar das Gefühl, dass die negativen Dinge, die ich in meinem Leben erlebt habe, ein Segen sind. Sie haben mich zu dem Menschen gemacht, der ich bin. Ich hatte die Möglichkeit, daran zu wachsen, und bin jetzt vermutlich viel glücklicher über das Leben und die Freiheit, als wenn alles schon immer Friede, Freude, Eierkuchen gewesen wäre. Es war eine großartige Reise bisher, und ich habe das Gefühl, dass sie immer besser wird.

Ich muss in der Dunkelheit schmunzeln.

Ob ich mir die Dinge hier schönrede?

Ich weiß es nicht.

Manchmal ist es jedoch gut, die richtige Antwort nicht zu kennen. Weil es sie vielleicht gar nicht gibt. Wir müssen dieses Leben einfach leben, das Mark des Lebens aufsaugen. Jeden Moment richtig auskosten. Warum auf das Negative fokussieren, wenn das Leben so kurz ist?

Wir feiern Weihnachten mitten im Sommer mit einer Barbecue-Party unter freiem Himmel. Geschenke gibt es kaum, da wir keinen Platz für mehr Gepäck haben. Es ist schön, aber es fühlt sich überhaupt nicht nach Weihnachten an. Wir sehen

Australier, die Plastiktannen und Sprühdosen mit Kunstschnee kaufen und Lichterketten in die Bäume hängen, und müssen lachen. Uns kommt das Ganze schrecklich absurd vor, so mitten im heißen Sommer.

Die letzten paar Wochen auf Tasmanien vergehen wie im Flug, und wir unternehmen mehr als in den ersten sechs Wochen zusammen. Wir machen Ausflüge zum Meer, und Maria und ich versuchen zu surfen. Mit einem breiten Anfängerbrett schaffen wir es beide, unsere erste Welle zu stehen und sind überglücklich.

Wir fahren in den Regenwald und entdecken einen Baum mit einem Umfang von fast zehn Metern. Selbst wenn wir sechs uns die Hände reichen, schaffen wir es nicht, den Baum zu umfassen.

Und fast jeden Abend essen wir eine Nachspeise, die wir bei einem Freund von Tina und James kennengelernt haben: Bananen, in der Schale gebraten, mit ganz viel von Hand geschlagener Sahne.

Die Zeit auf Tasmanien ist extrem schön, und die Erfahrungen, die wir hier machen durften, werden unser Leben prägen. Wir denken sogar darüber nach, uns auf Dauer hier niederzulassen. Stünde die Beziehung von Tina und James nicht derart am Abgrund, würden wir vielleicht sogar bleiben. Vorausgesetzt natürlich, wir bekämen eine Aufenthaltsgenehmigung, was in Australien leider nicht so einfach ist.

Irgendwann sind die zwei Monate, die wir hier verbringen wollten, vorbei. Es wird Zeit weiterzuziehen. Doch wir sind uns alle einig, dass der kleine Schuppen, der in dieser Zeit unser Zuhause gewesen ist, die coolste Wohnung ist, in der wir je gewohnt haben. Dadurch, dass sie so klein war, wurde die Welt draußen groß. Das einfache Leben, das wir geführt haben, hat uns richtig gut gefallen. Es hat uns auch nicht viel Geld gekostet. Auf Dauer wäre dieser Lebensstil deshalb ziemlich entspannt.

Also gestatten wir uns weiterhin, von einem solchen Leben zu träumen. Ein Leben mit wenig Besitz und wenig Luxus, dafür mit ganz viel Natur um uns herum. Ein Leben, in dem wir mehr Zeit für das haben, was uns wichtig ist.

Das Mark des Lebens.

11

Gefühlsstürme – Rückblick

*Was du liebst, lass frei. Kommt es zurück, gehört es dir,
wenn nicht, war es nie dein.*
KONFUZIUS

Dortmund, Oktober 2014

Es war ein warmer Herbsttag, einige Monate nachdem wir die Entscheidung für die Weltreise getroffen hatten. Die Sonne schien und Tausende goldene Blätter wehten an dem riesigen Baum vor unserem Haus leicht im Wind. Noch lag kaum eins davon auf dem Boden, doch das würde sich bald ändern.

Die Kinder waren schon in der Schule und im Kindergarten, und ich hätte längst anfangen sollen zu arbeiten, doch ich konnte mich nicht wirklich konzentrieren.

Ich lief durch unser Wohnzimmer, blieb kurz vor dem Fenster stehen und blickte zu Maria hinüber, die in ihrer neuen Hollywoodschaukel im Garten saß und die Stille nach einem stressigen Morgen und ein paar wärmende Sonnenstrahlen genoss. Sie hatte die Augen geschlossen, und das warme Herbstlicht ließ ihr blondes Haar golden schimmern.

Es ging eine Ruhe von Maria aus, die ich nur in ihrer Gegenwart spürte. Was für ein Glück ich hatte, mein Leben mit dieser Frau teilen zu dürfen! Diese Frau, die so komplett anders war als ich und vermutlich deswegen so gut zu mir passte.

Wie lebendig und spontan sie war. Wie lässig und entspannt sie durchs Leben ging. Wie optimistisch sie war und Probleme und Rückschläge ganz einfach abhakte und nach vorne schaute. Wie sie einfach drauflosredete, ohne vorher groß zu überlegen.

Während ich Maria durch das Wohnzimmerfenster anschaute, musste ich plötzlich an ein Erlebnis mit einer anderen Frau denken.

Es war drei Jahre her. Ich war damals neunundzwanzig Jahre alt, und Maria war mit Filippa, unserem vierten Kind, schwanger. Ich war wegen eines Dolmetschereinsatzes für ein paar Wochen in meiner alten Heimat Norwegen. Mittlerweile übersetzte ich nicht nur schriftlich auf dem Computer, sondern hatte immer mal wieder Aufträge, bei denen ich vor Ort bei Kunden als Dolmetscher tätig war. Dieses Mal dolmetschte ich für eine deutsche Firma, die gepanzerte Fahrzeuge an die norwegische Armee verkauft hatte und nun Fahrer- und Mechanikerkurse in einer Kaserne veranstaltete.

Während meiner Zeit dort verknallte ich mich in eine Kollegin aus Hamburg, die ich bei dem Job kennenlernte und mit der ich fünf Tage zusammenarbeitete.

Ihr Name war Lara.

Wir gingen jeden Abend nach der Arbeit zusammen essen, wie es unter den Kollegen an diesem Standort üblich war, redeten stundenlang miteinander und genossen die gemeinsame Zeit sehr. Ich fühlte mich in diesen Tagen unfassbar lebendig. Frei. So völlig unbelastet von den Themen, mit denen ich mich zu Hause ständig herumzuärgern hatte. Die Kinder, das Haus, das wir uns inzwischen gekauft hatten und bei dem es ständig etwas zu tun gab.

Hier war ich wieder Thor. Nicht Familienvater. Ehemann. Unterdurchschnittlicher Handwerker. Streitschlichter. Einfach nur ich.

Es war der letzte Abend. Wir hatten wieder lange gegessen. Lange geredet. Gemeinsam liefen wir zurück in unser Hotel. Da drehte sich Lara zu mir um.

»Wenn du noch nicht müde bist, können wir uns auch auf meinem Zimmer weiter unterhalten.«

Ich starrte Lara an. Diese Worte, dieses Angebot kamen überraschend. Trotz der Schmetterlinge, die ich in den letzten Tagen in meinem Bauch gespürt hatte, war ich nie auf diesen Gedanken gekommen. Dafür war ich zu brav. Doch ich begriff schnell. Und es war verlockend. Niemand würde davon erfahren. Andere machten das doch auch. Warum sollte ich nicht einfach mal ausprobieren, wie es mit einer anderen Frau war?

Doch es kamen andere Worte über meine Lippen.

»Ich bin wirklich hundemüde. Ich glaube, es ist besser, wenn ich jetzt schlafe.«

Ohne mich noch einmal umzublicken, ging ich in Richtung meines Zimmers. Ich spürte Laras Blick in meinem Rücken, während mir jeder Schritt, der mich von ihr entfernte, schwerer fiel als der davor.

Ob ich damals tatsächlich stark gewesen war und wirklich nur das Richtige tun wollte, wusste ich jetzt nicht so genau. Vielleicht hatte ich Laras Angebot nur abgelehnt, weil der brave christliche Junge, der ich damals war, von ihrer Einladung völlig überrumpelt worden war und keine Ahnung hatte, wie er reagieren sollte. Wie dem auch sei, ich lief einfach davon und wurde später auf meinem Zimmer von meinen widersprüchlichen Gedanken und Gefühlen förmlich auseinandergerissen.

Drei lange Jahre lag dieses Erlebnis nun zurück, doch ich hatte Maria noch nie davon erzählt. Jetzt, als ich sie so im Herbstsonnenschein in der Hollywoodschaukel sitzen sah, wollte ich unbedingt mit ihr darüber reden.

Ich möchte es ihr endlich erzählen, dachte ich bei mir, öffnete die Verandatür und trat hinaus zu ihr in das Licht.

Maria hob den Blick, als sie meine Schritte auf den kaputten Fliesen unserer Terrasse hörte. Sie lächelte mich an und rutschte ein Stück zur Seite, um mir Platz zu machen.

»Es ist so schön hier gerade. Jetzt in diesem Moment«, schwärmte sie. »Der Sonnenschein, die Stille, die kühle Herbstluft. Irgendwie genieße ich diesen Moment sehr. Und ich freue mich auf unsere Reise.«

»Ich auch«, flüsterte ich und lächelte sie an, »aber ich denke gerade eher an etwas aus der Vergangenheit.«

Ohne Umschweife erzählte ich ihr die ganze Geschichte, jedes Detail. Und ich traf sie damit ziemlich hart. Ich sah es in ihren Augen, hörte es an ihrer Stimme. Es schockierte sie, dass ich so nah dran gewesen war fremdzugehen. Sie hatte das nicht für möglich gehalten.

Sie nahm meine Hand, lehnte ihren Kopf gegen meine Schulter und sah an mir vorbei in die Ferne. Lange Zeit herrschte Stille zwischen uns. Ich sah regelrecht, wie es in Maria arbeitete.

»Weißt du was, Thor? Irgendwie ist die Liebe, die ich für dich empfinde, gerade sehr viel stärker geworden. Ich glaube, ich habe dich lange Zeit für selbstverständlich gehalten und deswegen vielleicht nicht mehr so wertgeschätzt, wie du es verdienst.« Maria wandte sich mir zu und blickte mir direkt in die Augen. »Jetzt, nachdem du mir von Lara erzählt hast, sehe ich klarer als je zuvor, was ich an dir habe.«

Diese Worte von ihr zu hören, ließ mein Herz schneller schlagen. Wie ich Maria liebte.

»Es gibt aber auch etwas, was ich dir erzählen möchte«, hob Maria nun an. »Ich habe lange darüber nachgedacht, ob ich darüber überhaupt mit dir reden kann.«

Mir wurde kalt. *Was kommt jetzt?* Sie atmete tief durch.

»Ich denke viel an Erik. Und ich vermisse ihn auch. Ich hab die Schmerzen nach der Trennung lange verdrängt, aber sie kommen immer wieder zurück.«

»Wirklich? Davon habe ich keine Ahnung gehabt«, erwiderte ich und versuchte, nicht zu zeigen, wie überrascht ich war.

»Ich weiß, Thor. Ich wollte dich damit nicht belasten. Und vielleicht wollte ich es nicht wahrhaben, dass ich ihn vermisse und so fühle. Es waren für mich irgendwie falsche Gefühle, die nicht da sein durften. Also habe ich dagegen angekämpft. Jedoch vergeblich. Versteh mich bitte nicht falsch: Ich liebe dich und die Kinder über alles. Aber ich bekomme einfach nicht den Gedanken aus dem Kopf, wie mein Leben wohl mit ihm verlaufen wäre. Es tut immer noch weh, auch wenn es inzwischen dreizehn Jahre her ist.«

Ich litt mit Maria, doch gleichzeitig stieg auch ein anderes Gefühl in mir auf, als ich so mit ihr in der Vormittagssonne saß, Schulter an Schulter auf der leicht wippenden Hollywoodschaukel, und über verboten geglaubte Gefühle redete. Es fühlte sich an, als würden wir tief in die Seele des anderen blicken. Tiefer als je zuvor. Schmerz und Glück zur gleichen Zeit. Oft sind dort die wahren Schätze des Lebens verborgen, zwischen Schmerz und Glück.

Es gelingt jedoch nur, die Schätze zu heben, wenn man es schafft, den Schmerz zuzulassen, dachte ich.

Und ich fühlte mich tatsächlich glücklich in diesem Moment.

Wir waren beide sehr überrascht, dass wir diese Geschichten so lange für uns behalten hatten. Wir, die wir doch über alles redeten.

Hatten wir zumindest gedacht.

Und mitten in einer Zeit der Krise fing mit diesem Gespräch eine neue, tiefere und noch ehrlichere Zeit in unserer Beziehung an. Es war, als würde unsere Liebe dadurch eine neue Stufe erreichen.

Während wir dort saßen, sagte ich ihr noch etwas. Etwas, woran ich seit der Begegnung mit der Hamburgerin in Norwegen gedacht hatte. Ein Wunsch, den dieses Erlebnis in mir damals ausgelöst hatte.

»Ich möchte, dass du viel freier bist, Maria. Wir sind doch schon lange nicht mehr unter der Kontrolle dieser Sekte, warum leben wir immer noch so schrecklich konservativ? Ich arbeite und bin ständig beruflich unterwegs, und du bist hier zu Hause bei den Kindern. Vielleicht war das für diese Zeit gut so, aber ich finde, du solltest auch ein eigenständiges Leben führen, abseits der Rolle als Hausfrau und Mutter. Mehr rauskommen, neue Leute kennenlernen. Natürlich nur, wenn du Lust hast. Ich fände es sogar gut, wenn du solche Erfahrungen machen würdest, wie die, von der ich gerade erzählt habe. Wenn du spüren würdest, dass andere Männer dich gut finden. Wenn du das merkst und trotzdem bei mir bleibst, dann weiß ich, dass du mich wirklich aus freien Stücken und von ganzem Herzen liebst. Und nicht, weil es keine andere Option als mich gibt.«

Ich redete wie ein Wasserfall, ohne Unterbrechung. Typisch

für mich, wenn ein Thema über längere Zeit in mir gearbeitet hatte.

Maria lauschte meinen Worten, lehnte den Kopf nach hinten und schaute nachdenklich in die Luft.

»Weißt du, woran mich das alles erinnert?«, warf sie plötzlich ein. Ich hörte auf zu reden und schaute sie fragend an.

»Na, an dieses Sprichwort, das du gerne zitierst.«

»Was du liebst, lass frei. Kommt es zurück, gehört es dir, wenn nicht, war es nie dein«, sagten wir beide wie aus einen Mund. Es klang feierlich und ernst, und wir mussten beide lachen.

»Nein, im Ernst, Thor. Mir gefällt, was du sagst. Ich hab das in mir irgendwie gefühlt, aber ich war noch nicht so weit, dass ich es in Worte fassen konnte. Ich glaube, tief in mir drin sehne ich mich tatsächlich nach etwas mehr Freiheit. Mal nicht für andere da sein zu müssen, sondern bloß an mich zu denken. Einfach nur ich zu sein. Ich hab keine Ahnung, wie das aussehen kann, aber das werde ich mit der Zeit schon herausfinden. Ich bin so froh, dass du so fühlst wie ich!«

»Wie könnte ich nicht? Das wäre doch sonst fast, als würde ich versuchen, dich ›einzusperren‹. Das habe ich nie gewollt. Es hat sich einfach so entwickelt. Wir haben diese klassische Rollenverteilung in der Sekte gelernt und haben sie angenommen, ohne darüber nachzudenken oder sie zu hinterfragen. Ich will aber, dass du lebst, dass du frei bist und Dinge erlebst. Ich glaube, das entspricht deiner Persönlichkeit viel mehr als das Leben, das wir bisher geführt haben. Du bist einfach wild«, sagte ich, und wir beide mussten über diese Ausdrucksweise lachen. »Voller Leben und Energie. Wenn du nicht so streng religiös aufgewachsen wärst, hätte dein bisheriges Leben sicherlich ganz anders ausgesehen.«

Drei Monate später reisten wir ins schneebedeckte Norwegen, um mit Marias Familie Weihnachten zu feiern. Auch wenn Dortmund und Deutschland schon längst unsere Heimat waren und wir uns in der norwegischen Kultur eher fremd fühlten, hatten die gemütlichen Holzhäuser mit ihren wärmenden Kaminen und die magischen Winterlandschaften für uns nichts an Faszination verloren.

Wir zeigten den Kindern, wo Maria als Kind zur Schule gegangen war, rutschten einen kleinen Hang auf zwei Schlitten hinunter und bewarfen uns gegenseitig mit Schnee.

Ich sah den Schneeflocken beim Fallen zu, stellte mich mit den Kindern in den kegelförmigen Lichtstrahl der Straßenlaternen und erzählte ihnen, wie ich als Kind immer genauso dagestanden hatte. Den Blick nach oben gerichtet, während ich versuchte, einer Schneeflocke mit den Augen zu folgen, bis sie auf meiner Nasenspitze landete. Ich fand das damals überwältigend schön, vor allem wenn die Schneeflocken so dick und flauschig waren wie an diesem Tag. Wenn man im Laternenlicht nach oben schaute, sah man erst, wie viele es waren und wie schön sie auf dem Weg nach unten tanzten.

So vergingen die Tage. Wir genossen die Zeit mit der Familie und Freunden und hatten keine Ahnung, was auf uns zukommen sollte.

»Thor, wir müssen reden«, sagte Maria eines Tages mit Tränen in den Augen.

Habe ich schon erwähnt, wie sehr ich diese Worte hasse? Und diesmal verhießen sie wirklich nichts Gutes. Kurz nach Weihnachten war im norwegischen Fernsehen eine Doku ausgestrahlt worden. Eine Doku über eine Death-Metal-Band. Die Band von Marias Exfreund Erik.

In einem Teil des Films ging es um die Ablehnung, die der Gruppe als christlicher Death-Metal-Band von allen Seiten entgegenschlug. Die anderen Bands der Szene fanden sie peinlich und doof, weil ihre Texte christlich waren. Die meisten Christen wiederum verteufelten die Band, weil sie aus ihrer Sicht »Satansmusik« machte.

»Wir haben vieles erlebt, aber das Allerschlimmste war das, was mit Erik passiert ist«, sagte der Schlagzeuger der Band in einer Einstellung. Danach erzählte Marias Exfreund, wie er mit einem Mädchen zusammen gewesen war und wie die beiden von einem psychopathischen Priester auseinandergerissen worden waren, weil er angeblich nicht gut für das Mädchen gewesen wäre.

Marias Schwester hatte die Sendung gesehen und ihr davon erzählt, woraufhin Maria sich das Ganze in der Mediathek des öffentlich-rechtlichen Senders anschaute.

Bei der Szene, in der Erik von ihrer Beziehung erzählte, fing Maria an, unkontrolliert zu weinen. Erst als sie diese Worte aus Eriks Mund hörte, wurde ihr bewusst, wie falsch alles gewesen war. Damals hatte sie ihre Trennung für richtig gehalten. In den letzten Jahren hatten sich zwar Zweifel an diesem Denken eingeschlichen, doch sie hatte sich einfach weiter an die damalige Sichtweise geklammert.

»Wie hätte ich es auch anders tun sollen? Das hätte doch mein ganzes Leben infrage gestellt«, flüsterte Maria unter Tränen, den Blick noch immer starr auf den Bildschirm gerichtet.

Erst jetzt kapierte sie den ganzen Umfang dessen, was ihr angetan worden war. Und die alte Wunde, die nie hatte heilen können und die in den letzten dreizehn Jahren immer wieder geschmerzt hatte, wurde nun komplett aufgerissen. Doch dieses Mal kämpfte sie nicht gegen den Schmerz an. Sie ließ ihn zu. Ließ sich überrollen von dieser riesigen Welle aus Emotionen mit ihrer ganzen Wucht.

Sie fühlte den Verlust so stark.

»Wie würde mein Leben heute aussehen, wenn ich damals mutiger gewesen wäre?«, fragte sich Maria.

Sie stand tränenüberströmt vor mir, direkt nachdem sie sich die Sendung angeschaut hatte. Sie erzählte mir von der Doku und von den Worten, die Erik in die Kamera gesagt hatte. Wir setzten uns im Wohnzimmer ihrer Eltern in einen Sessel, eng umschlungen, und weinten zum ersten Mal zusammen. Natürlich weinte ich, weil Maria immer noch so viel für ihren Exfreund empfand, aber vor allem litt ich unter dem Gedanken, dass ich Maria nicht auf ehrliche Art und Weise »gewonnen« hatte. Mir war von einer Person geholfen worden, die sich eingemischt und mit unfairen Mitteln gespielt hatte. Das wurde mir in diesem Moment zum ersten Mal richtig klar.

Wir weinten, redeten und kuschelten viel in diesen Weihnachtsferien. Es tat unglaublich weh, aber auf seltsame Art und Weise auch gut. Weil es echte Emotionen waren, die eigentlich schon längst hätten gefühlt werden müssen.

Die Tatsache, dass ich weinen konnte, war eine relativ neue und sehr schöne Erfahrung für mich. Etwas, das ich erst ein oder zwei Jahre zuvor zum ersten Mal als Erwachsener getan hatte. Bis dahin hatte ich fast zwanzig Jahre meines Lebens kein einziges Mal geweint, schließlich war ich schon von Kindesbeinen an gut im Verdrängen. Ich musste stark sein, wurde früh selbstständig und hatte dadurch den Zugang zu meinen Emotionen ein wenig verloren.

Erst als Erwachsener lernte ich Stück für Stück, dass ich auch schwach sein darf. Ich tauchte in eine Gefühlswelt ein, von der ich nicht wusste, dass sie in mir existierte, und lernte mich selbst immer besser kennen. Das alles fühlte sich wahnsinnig gut und erfüllend an, und mit der Zeit kam das Weinen einfach zu mir. Ganz von alleine. Und jetzt, als ich Maria festhielt, während wir beide unseren Tränen freien Lauf ließen, spürte ich trotz des Schmerzes, wie gut es tat, dass wir endlich so zusammen weinen konnten.

Als wir wieder in Deutschland waren, ließ uns der Gedanke an Erik nicht los. Wieder und wieder unterhielten Maria und ich uns über unsere Vergangenheit. Die Gespräche brachten uns einander immer näher, doch Marias Schmerz blieb.

»Ich bekomme ihn einfach nicht aus dem Kopf«, sagte sie mir eines Tages, »er ist präsenter als je zuvor. Na ja, nicht so wie nach der Trennung, natürlich«, korrigierte sie sich, »aber du weißt, was ich meine!«

»Ich habe das Gefühl, dass wir so nicht weiterkommen«, entgegnete ich, »die Gespräche am Anfang waren total befreiend. Jetzt ist es jedoch so, als ob wir seit Wochen immer wieder gegen eine Mauer anlaufen würden.« Und nach einer kurzen Denkpause fügte ich hinzu: »Ich wünschte, wir wüssten, was der nächste Schritt ist, um weiterzukommen.« Da traf es mich wie ein Blitz. »Du musst ihn treffen«, entfuhr es mir, ehe ich mir über die Folgen meiner Worte richtig klar werden konnte. »Du musst wieder nach Norwegen fliegen, um mit ihm über alles reden zu können.«

In Marias grünen Augen stand blankes Entsetzen. Sie starrte mich stumm an.

»Das ist das einzig Richtige«, versuchte ich meinen plötzlichen Einfall zu rechtfertigen. »Hör mal. Es gab damals kein normales Ende der Beziehung, niemanden, der den anderen verlassen hat, keine richtige Aussprache. Somit war es gar nicht möglich, damit abzuschließen. Ihr müsst euch treffen, Maria, damit du das alles für dich verarbeiten kannst.«

Meine Worte quälten mich, und ich hatte natürlich große Angst vor den Konsequenzen meiner Idee. Was, wenn ihre Liebe wieder entfacht würde und sie lieber mit ihm zusammen sein wollte? Was, wenn die Anziehung zwischen Maria und Erik noch zu groß war und sie am Ende miteinander schliefen?

Die Vorstellung zerriss mich fast, doch mir wurde im selben Moment klar, dass wir auch damit zurechtkommen würden, wenn es sein musste. Solange sie zu mir zurückwollte, konnten wir mit allem fertigwerden. Solange sie mich wollte, gab es nichts, was uns auseinanderbringen konnte. Dieser Weg war der beste für alle Beteiligten. Da war ich mir zu hundert Prozent sicher.

Und mit meiner Angst musste ich einfach leben.

Zwei Wochen später flog Maria für drei Tage nach Norwegen, um sich mit Erik zu treffen. Ich war unheimlich aufgeregt, doch auch erleichtert, dass endlich etwas passierte. Diese Sache war seit Wochen emotional extrem anstrengend für uns beide, und wir wollten nicht, dass dieser Prozess sich ewig hinzog.

In Norwegen angekommen, rief Maria mich an. »Ich bin jetzt wirklich froh, dass ich ihn treffe«, ließ sie mich wissen, »es weiter aufzuschieben bringt nichts. Vermutlich würde mein Gefühl, um irgendetwas betrogen worden zu sein, mit der Zeit sogar noch schlimmer werden.« Ihre erste Angst vor der Begegnung mit Erik war einer beeindruckenden Entschlossenheit gewichen.

In Norwegen wohnte Maria bei ihrer Schwester. An ihrem zweiten Tag dort machte sie sich auf den Weg, um Erik in einem Café in Kongsberg zu treffen. Während sie das Auto ihrer Schwester vor dem vereinbarten Treffpunkt parkte, spürte sie, wie sie vor Aufregung zitterte. Sie konnte sich nicht daran erinnern, jemals so nervös gewesen zu sein. Seit dreizehn Jahren hatte sie Erik nicht mehr gesehen.

Wie würde es sein, ihn jetzt plötzlich vor sich zu haben und ihm in die Augen zu sehen? Was würde es in ihr auslösen? Wie sahen seine Gefühle für sie aus? Würde er sie vielleicht sogar kühl und distanziert behandeln?

Weil sie und Erik einige gemeinsame Freunde und Bekannte hatten, wusste sie schon länger, dass er inzwischen geheiratet hatte und mit seiner Familie in der Nähe von Kongsberg lebte. Wie wirkte sich das jedoch auf die Gefühle aus, die die beiden vor so vielen Jahren miteinander verbunden hatten?

Maria fühlte sich extrem verletzlich und war emotional schrecklich angespannt. Sie stieg aus dem Auto.

Erik wartete bereits auf sie. Als Maria auf die Eingangstür des Cafés zuging, konnte sie ihn schon durch das Fenster auf einem Barhocker sitzen sehen. Er lächelte sie an, Maria nickte ihm zu. Als die Tür hinter ihr ins Schloss fiel, stand Erik auf und kam ihr entgegen. Er hatte sich kaum verändert, sah sie genauso an wie damals.

»Hallo Maria.« Auch die Art, wie er ihren Namen aussprach. Seine Stimme. Maria fühlte sich, als wäre sie dreizehn Jahre zurückversetzt worden.

Die beiden umarmten sich und versuchten, einen Tisch zu finden, wo sie mehr oder weniger ungestört reden konnten. Das Lokal war stilvoll und modern eingerichtet. Gedämpftes Licht, viel Holz.

Sie setzten sich, bestellten Kaffee, und dann begannen sie zu reden. Anfangs etwas stockend, doch es dauerte nicht lange, bis die Worte nur so aus ihnen herausbrachen. Besonders aus Maria. Unter Tränen erzählte sie ihm das Ende ihrer Beziehung aus ihrer jetzigen Sichtweise und entschuldigte sich für ihr damaliges Verhalten. Sie versuchte, es zu erklären.

»Ich wollte das nicht. Ich wollte das wirklich nicht. Doch ich kam nicht dagegen an. Irgendwie habe ich erst jetzt begriffen, wie stark ich damals manipuliert und unter Druck gesetzt wurde.«

Er erwiderte, dass sie sich keine Vorwürfe machen müsse. »Mir war klar, dass das damals nicht deine eigene Entscheidung war. Dennoch war es das, was mir damals am meisten wehgetan hat.«

Eine Weile blieb es still am Tisch, und Maria fühlte sich, als sei ihr eine Last von den Schultern genommen worden. Als habe sie von Erik Vergebung erhalten – dafür, dass sie vor so vielen Jahren nicht mutig genug gewesen war. Als sei sie nun wieder ein bisschen vollständiger. Ein wenig mehr mit sich selbst im Reinen.

Etwas lockerer unterhielten sie sich über ihre gemeinsame Zeit und die Sekte.

»Ich bin da tatsächlich immer noch Mitglied«, erzählte ihm Maria. »Für die sind wir immer noch ihre Missionare in Deutschland. Wenn sie wüssten, wie Thor und ich eigentlich denken!«

»Warum seid ihr nicht ausgetreten?« In Eriks Gesicht stand ein großes Fragezeichen. »Wisst ihr eigentlich, dass sie für jedes Mitglied einen Zuschuss vom Staat erhalten?«

»So richtig erklären kann ich das nicht«, gab Maria zurück. »Wir haben uns über viele Jahre Stück für Stück von ihr gelöst. Es gab nicht diesen einen Punkt, an dem wir eine klare Entscheidung getroffen haben, sondern das waren viele kleine Schritte. Wären wir in Norwegen geblieben, wären wir dazu gezwungen gewesen, Stellung zu beziehen. Dort ist es ja für alle sichtbar, wer dabei ist und wer nicht, man erkennt es schon daran, wer zu den Gottesdiensten kommt. Und zu denen wären wir schon lange nicht mehr gegangen. Mit unseren jetzigen Gedanken und Werten würden wir es dort keine Minute aushalten.«

Maria blickte gedankenverloren durchs Fenster. Draußen sah sie einen Mann und eine Frau, die sich auf dem Bürgersteig liebevoll umarmten. Erik folgte ihrem Blick, und im gleichen Moment fuhr sie fort: »Wir sind gerade dabei, uns aus der Glaubensgemeinschaft zurückzuziehen, die wir im Auftrag der Sekte gegründet haben. In wenigen Monaten gehen wir auf Weltreise, und ich glaube, erst dann werden wir uns so richtig frei fühlen. Dann können wir irgendwann austreten und ihnen unsere Meinung klar und deutlich sagen.«

Maria spürte, wie sie sich innerlich immer mehr beruhigte. Es tat ihr richtig gut, mit Erik zu reden.

Nach eineinhalb Stunden musste er los. Maria trank den letzten Schluck ihres Kaffees, der mittlerweile kalt geworden war. Sie standen auf und gingen gemeinsam zur Garderobe, zogen sich ihre Jacken an und umarmten sich zum Abschied innig. Als sie sich voneinander lösten, glaubte Maria, Schmerz in Eriks Blick aufflackern zu sehen. Oder bildete sie sich das nur ein?

Hoffe ich vielleicht sogar darauf?, dachte sie bei sich, während sie sich schwer atmend ins Auto fallen ließ.

Noch bevor sie losfuhr, rief sie mich an.

»Es war richtig gut, Thor«, sagte sie aufgeregt. »Wir haben

über alles reden können, und ich spüre, dass die unangenehmen Gefühle jetzt nicht mehr da sind. Ich musste einfach mit ihm reden, weißt du. Ich bin so froh, dass du mir vorgeschlagen hast, hierher zu fliegen. Das hätte nicht jeder Partner mitgemacht. Das ist alles andere als selbstverständlich.«

Sie kam mir etwas zu gut gelaunt vor, wirkte fast euphorisch. Ich spürte, wie ein wenig Eifersucht in mir hochstieg. Und doch freute ich mich für sie.

»Ich liebe dich, Maria.«

»Ich liebe dich auch, Thor.«

Zurück im Haus ihrer Schwester, holten Maria ihre Gefühle jedoch wieder ein. Sie weinte lange, denn sie hatte schlicht und ergreifend Liebeskummer. Sie weinte um das, was sie bereits vor dreizehn Jahren verloren hatte. Doch dieses Mal würde sie nicht gegen den Schmerz ankämpfen. Dieses Mal würde sie ihn zulassen und ertragen. Egal, wie lange es dauern würde.

Maria würde trauern, wie es um jemanden wie Erik angemessen ist. Und zwar so lange, bis ihre Wunden geheilt waren.

Und das würde noch lange dauern.

Maria kehrte zurück nach Deutschland, und ein paar Wochen später schrieb Erik ihr eine Nachricht über Facebook.

Das Treffen mit Maria hatte Wut in ihm ausgelöst. Wut auf Karl, der ihnen und so vielen anderen Unrecht getan hatte. Es hatte ebenso den Wunsch nach Gerechtigkeit hervorgerufen. Für sich selbst und die vielen anderen Opfer dieses Regimes.

»Das muss irgendwie gestoppt werden«, schrieb er und fragte Maria nach Namen von anderen ehemaligen Mitgliedern, die ebenfalls die Sekte verlassen hatten.

Daraufhin erstellte er eine Facebook-Gruppe, anfangs nur bestehend aus ihm, Maria, zwei anderen Freunden von damals und Marias kleinem Bruder. Er hatte die Sekte bereits vor einigen Jahren verlassen – woraufhin Maria in ihrer damaligen Verblendung all ihren Freunden in der Sekte geraten hatte, den Kontakt zu ihm abzubrechen.

Mit der Zeit wuchs die Gruppe, und ein paar Monate später hatte sie knapp fünfzig Mitglieder. Das Ziel war klar: Die Gruppe wollte Veränderung herbeiführen und für Gerechtigkeit sorgen.

Der Plan war, erst mal in Dialog zu treten. Sollte das nicht zum gewünschten Ergebnis führen, würden wir auf Konfrontation gehen und auch die Medien zu Hilfe holen. Letzteres würde möglicherweise hässlich werden, doch wir waren bereit, alles Nötige zu tun, um die Wahrheit ans Licht zu bringen, damit möglichst viele aus der Sekte befreit werden konnten.

All das passierte wenige Monate, bevor wir uns auf den Weg in die große, weite Welt machen wollten. Vielleicht sogar auf den Weg in die vollkommene Freiheit? Unser Leben war bisher so eingeengt gewesen, gesteuert von den Erwartungen anderer. In Deutschland zu leben, hatte uns geholfen, dies zu verstehen, und Stück für Stück lernten wir, eigene Schritte zu gehen und selbstständige Entscheidungen zu treffen.

Bisher war uns kein Zusammenhang zwischen der Befreiung von der Sekte und unserem Plan für eine Weltreise aufgefallen, doch jetzt, so kurz vor dem Aufbruch, dämmerte es uns plötzlich.

»Hey Maria, vielleicht ist diese Reise unser letzter, großer Schritt in die Freiheit?«, sagte ich eines Abends, ganz aufgeregt durch diese Erkenntnis, während Maria im Bad vor dem

Spiegel stand und sich die Zähne putzte. »Vielleicht war es für uns einfach wichtig, uns selbst und der ganzen Welt einmal zu zeigen, dass es unser Leben ist und dass wir damit machen können, was wir wollen, egal, was andere denken?«

»Ja, das kann schon sein, Thor«, gab Maria zurück, nachdem sie die Zahnpasta ausgespuckt hatte. »Das hat bestimmt unterbewusst eine Rolle gespielt.«

Sie stellte ihre Zahnbürste zurück in den Becher zu den anderen fünf Zahnbürsten, bevor sie hinzufügte: »Aber egal, wie es dazu gekommen ist. Es fühlt sich verdammt gut an, alles, was mit der Sekte zu tun hat, hinter uns zu lassen und jetzt raus in die Welt zu gehen und von vorne anzufangen.«

Wir gingen zu Bett, und unsere Gedanken begannen zu fliegen. Wir waren aufgewühlt, aber auf eine positive Art und Weise. Unser Leben veränderte sich gerade in einer Geschwindigkeit, wie wir es noch nie erlebt hatten. Es fühlte sich an, als ob wir ein neues Leben geschenkt bekommen hätten. Ein Leben, bei dem die Karten komplett neu gemischt worden waren und bei dem alles möglich war.

12

Neuseeland – Der Sinn des Lebens oder: absolute Freiheit

Der Sinn des Lebens ist leben.
CASPER

Neuseeland, Februar 2016
Die zwei Monate auf Tasmanien sind vorbei, und es zieht uns weiter nach Neuseeland. Immer wieder haben wir von anderen Reisenden gehört, dass wir dort unbedingt hinmüssen. Genau wie Australien ist auch Neuseeland ein Land, das bei den meisten Reiseverrückten Sehnsüchte weckt.

Zumindest ging es mir immer so. Es war immer schon ein Traum, dieses Land zu sehen, und Neuseeland habe ich stets mit Abenteuer verbunden.

»Grenzenlose Freiheit«, schwärmt Maria, als wir uns über unser nächstes Reiseziel unterhalten. Dieses Land können wir uns also nicht entgehen lassen, jetzt wo wir so nah dran sind.

Das einzige Problem: Wir können uns Neuseeland eigentlich nicht leisten. Die Unterkünfte übersteigen auf Dauer unser Budget, das eigentlich nur auf Asien ausgelegt ist, und wir haben auch keine Kontakte dort, die uns etwas Günstiges organisieren können.

»Uns wird schon was einfallen«, sagen wir uns. »Und wenn nicht, reisen wir eben nach ein paar Wochen weiter.«

Diese Reise ist eigentlich nie vernünftig gewesen, warum sollten wir also jetzt etwas daran ändern?

Die ersten zehn Tage verbringen wir auf der Nordinsel mit meinen Schwiegereltern, die spontan nach Neuseeland gereist sind, um uns und ihre Enkelkinder wiederzusehen. Nach einer Woche in New Plymouth, in einem Haus, das sie für uns alle über Airbnb gebucht haben, fahren wir mit unserem gemeinsamen Mietwagen Richtung Süden. Es fühlt sich gut an, einmal nicht die Verantwortung übernehmen zu müssen.
»Wieder Kind sein«, nennt Maria das lachend, als ich ihr gegenüber meinen Gedanken ausspreche. Eigentlich sind wir nach über zehn Jahren ziemlich gut in unsere Elternrolle hineingewachsen. Da wir allerdings nie Großeltern in der Nähe hatten, genießen wir es immer sehr, wenn sie für unsere Kinder da sind und wir uns ein wenig zurücklehnen können.
Die Natur ist überwältigend schön. Sobald wir mit dem Auto unterwegs sind, fällt uns auf, wie grün und üppig es überall ist. Ganz anders als die trockenen Landschaften in Perth und auf Tasmanien.
Während ich aus dem Fenster schaue, sehe ich majestätische Berge, seltsame, grasbewachsene Hügel und glasklare Flüsse, die sich mit zahlreichen Seitenarmen durch die Landschaft ziehen. Es erinnert mich ein wenig an Norwegen – nur viel exotischer. Mich irritieren besonders die vielen Palmen.
Die passen doch hier in diese Landschaft gar nicht rein, denke ich auf meinem Platz ganz hinten im Auto, während vor mir ein Streit zwischen zweien der Kinder ausbricht, der zehn Minuten lang für völliges Chaos und ohrenbetäubendes Geschrei sorgt. Ich bin genervt. Und erschöpft. Obwohl ich die Zeit auf engstem Raum mit so vielen Menschen, die ich liebe,

genieße, geht mir das Ganze manchmal doch ziemlich an die Substanz.

Zum Glück sitze ich allein ganz hinten im Bus, und es sind andere Erwachsene da, die sich kümmern. Maria dreht sich lächelnd zu mir um und macht ein Daumen-hoch-Zeichen. Sie und ihre Mutter haben die Situation im Griff, und Maria weiß – wie so oft –, wie es in mir aussieht. »Ich brauche dich hier nicht! Alles gut«, sagt ihr Blick. Also setze ich meine Kopfhörer auf und mache eine selbst erstellte Playlist an.

Egal wo ich hinschaue, es gibt überall Berge, Hügel, Flüsse und Palmen. Und auf der anderen Seite das Meer. Ich spüre, wie mir warm ums Herz wird. Noch vor wenigen Augenblicken war ich genervt und müde von streitenden Kindern. Und auf einmal fühle ich mich leicht und frei, als ob das Leben ein fantastisches Abenteuer wäre, bei dem alles möglich ist.

Nein. Nicht als ob. Das Leben *ist* ein Abenteuer. Ein Geschenk. Und in diesem Moment kann ich das wieder klar sehen. *Ich sollte dieses Gefühl festhalten*, denke ich. *Damit ich immer die Wahrheit kenne, auch dann, wenn ich müde, erschöpft oder genervt bin und meine Sicht dadurch getrübt ist.*

Fünf Minuten, zwei aktuelle Lieblingssongs und jede Menge Blicke auf die atemberaubende Landschaft später sprudelt mein Herz immer noch vor Freude über. *Du bist wirklich so dämlich*, denke ich und muss über mich selbst schmunzeln. *In dem einen Moment bist du voller Zweifel und hoffnungslos niedergeschlagen, und dann ist plötzlich alles gut, und du fühlst dich wie der glücklichste Mensch der Welt.*

Wir bleiben eine Nacht in Wellington, der auf der Nordinsel gelegenen Hauptstadt von Neuseeland. Dort nehmen wir die

Fähre zur Südinsel, übernachten auf einem ruhigen Campingplatz, sehen bei einem nächtlichen Spaziergang Glühwürmchen in einer Höhle und machen uns am nächsten Tag wieder auf den Weg, weiter Richtung Süden.

Auf der Fahrt blicke ich wieder aus dem Fenster, hänge einfach nur meinen Gedanken nach und sehe verschwommen einen wilden Strand, der aus großen Steinen besteht, als mein Schwiegervater, der hinterm Lenkrad sitzt, das Auto plötzlich zum Stehen bringt.

»Warum halten wir?«, frage ich, während ich meine Kopfhörer abnehme. Wir stehen am Straßenrand mitten im Nirgendwo. Vielleicht muss eins der Kinder aufs Klo?

»Schau dir doch den Strand mal genauer an«, antwortet Maria voller Begeisterung.

Und dann sehe ich es plötzlich: Der ganze Strand ist voll von Robben. Ich steige aus dem Auto und traue meinen Augen kaum. Es gibt Hunderte von ihnen. Sie liegen da einfach auf den großen Steinen und lassen sich die Sonne auf den Pelz scheinen.

»Wer traut sich?«, wende ich mich voller Tatendrang an die anderen.

Lydia, meine älteste Tochter, die Tiere über alles liebt, lässt sich nicht zweimal bitten, sondern folgt mir voller Begeisterung hinunter zum Strand. Sobald wir ein bisschen näher kommen, blicken die Robben neugierig in unsere Richtung. Angst haben sie offenbar nicht. Sie lassen uns ganz nah herankommen. Erst als uns nur noch drei Meter von den ersten Tieren trennen, machen diese Anstalten zurückzuweichen, also bleiben wir stehen.

Die Schönheit dieser Kreaturen überwältigt mich. Das dunkle Fell, die Art und Weise, wie sie sich bewegen, die freundlichen

Augen. Es fühlt sich völlig surreal an, diesen Tieren in ihrer natürlichen Lebensumgebung so unmittelbar zu begegnen.

Ich bekomme eine Gänsehaut und fühle mich wieder so frei und glücklich. »Ich könnte hier Stunden verbringen«, sage ich zu Lydia, doch oben an der Straße sitzt mein Schwiegervater bereits hinterm Steuer und will weiterfahren. »Nur noch fünf Minuten«, rufe ich und wende mich wieder den Robben zu.

Direkt vor uns sehen wir zwei Babyrobben, die zwischen zwei großen Steinen spielen. Sie schwimmen elegant hin und her, hüpfen auf einen Stein und blicken kurz in unsere Richtung, bevor sie wieder ins Wasser gleiten.

Lydia und ich schauen uns an und müssen beide vor Freude auflachen.

Wir fahren weiter bis nach Rangiora, eine kleine Stadt kurz vor Christchurch. Hier übernachten wir, und am nächsten Tag verabschieden sich Marias Eltern von uns und machen sich auf den Weg zurück Richtung Nordinsel. Sie haben noch fünf Tage, die sie zu zweit verbringen wollen, bevor sie zurück nach Norwegen fliegen.

So stehen wir nun da, ohne Mietwagen und eigentlich ohne genug Geld für dieses Land. Ziemlich planlos, doch das ist nichts Neues.

Genau zum richtigen Zeitpunkt lernen wir eine sympathische Familie aus Israel kennen, die sich gerade auf demselben Campingplatz wie wir aufhält.

»Wir haben einfach ein älteres Auto gemietet und uns Campingausrüstung und ein günstiges Zelt gekauft«, erzählen sie uns in gebrochenem Englisch, mit dem charmanten Akzent, den nur Menschen aus dem Nahen Osten haben. »Es gibt überall in diesem Land Orte mitten in der Natur, wo man kostenlos oder zumindest sehr günstig campen kann, ›Freedom Camping‹ nennen sie das hier in Neuseeland.«

»Das ist es«, sagt Maria aufgeregt, »so können wir es uns auch leisten, dieses Land zu entdecken!«

Am nächsten Tag steige ich also alleine in den Bus nach Christchurch, um einen Mietwagen zu besorgen. Mit dem Auto fahre ich direkt weiter zu dem Laden, den die Israelis uns empfohlen haben, und kaufe ein Zelt, Schlafsäcke, Isomatten, einen Kochtopf, einen Gaskocher und ein paar andere Sachen, die man zum Überleben in der neuseeländischen Wildnis benötigt.

Doch erst einmal heißt es nun Abschied nehmen, denn die kommende Woche reist Maria alleine mit den Kindern, damit ich in Christchurch eine Woche für mich verbringen kann.

»Weil du es gerade brauchst«, hat sie gemeint und einfach ein Bett in einem günstigen Hostel für mich gebucht. Bei dem Gedanken, sie mit den Kindern allein zu lassen, habe ich zuerst ein schlechtes Gewissen bekommen, doch sie blieb hartnäckig, und schließlich war das Angebot zu verlockend, um es abzulehnen.

»Ich sehe dir an, dass du gerade Zeit für dich selbst brauchst. Ist ja auch nichts Schlimmes. Wir schaffen das schon, und vielleicht kannst du dich in ein paar Wochen revanchieren«, sagt sie augenzwinkernd. »Wie war das noch mal mit dem ›Nicht-Einsperren‹, über das wir vor der Reise gesprochen haben? Ich finde, wir sollten das jetzt umsetzen. Die Zeiten, die wir zusammen sind, werden wir dadurch bestimmt noch mehr genießen!«

Somit habe ich jetzt reichlich Zeit, um meine Gedanken und Ideen zu ordnen und Versäumtes nachzuholen – Berufliches, aber auch andere Dinge, die sich in den letzten Wochen aufgestaut haben.

Ich fahre mit dem Fahrrad an einem Fluss entlang, der sich durch die Stadt schlängelt, gehe zum Arbeiten in die Bibliothek, suche mir schöne, ruhige Cafés zum Lesen, Tagträumen und Schreiben. Ich schaue mir abends im Hostel ein Fußballspiel an und arbeite noch mal ein paar Stunden am Computer, bevor ich kurz nach Mitternacht ins Bett gehe, um noch ein bisschen zu lesen. Es tut richtig gut, diese Zeit für mich alleine zu haben.

Während ich meine Auszeit in Christchurch genieße, befinden sich Maria und die Kinder mitten in der Natur, auf einer wunderschönen Halbinsel zehn Kilometer südlich der Stadt.

Die Freundlichkeit und Offenheit, die wir als Familie in diesem Land immer wieder von Einheimischen und anderen Reisenden erfahren, verstärkt sich sogar noch, als Maria jetzt alleine mit den vier Kindern unterwegs ist. Immer wieder lernen sie neue Leute kennen, und für Maria ist es ein wunderbares Gefühl zu spüren, dass sie alleine mit den Kindern in der Natur klarkommt. Irgendwie hat sie schon immer ein Urvertrauen gehabt. In das Leben. In sich selbst. Das Gefühl, dass immer alles gut wird. Doch im Laufe dieser Woche wächst dieses Gefühl in ihr noch.

Eines Abends sitzt Maria im Zelt, spielt Gitarre und singt den Kindern zum Einschlafen Lieder aus ihrer Jugend vor. Das Zelt befindet sich an einer gemütlichen Bucht, die sie von ein paar Backpackern empfohlen bekommen hat, und es sind – wie an den meisten schönen Plätzen dieses Landes – auch einige andere Reisende dort. Ein paar Zelte und ein paar umgebaute PKWs, voll mit relativ jungen Backpackern, die Party machen und ihre Freiheit genießen wollen.

Als Maria angefangen hat, im Zelt zu singen und spielen,

haben sich ein paar von ihnen, angezogen von ihrem schönen, fremdländischen Gesang, mit ihren Bierflaschen vor das Zelt gesetzt, um zu lauschen. Mit der Zeit kommen immer mehr Leute dazu, doch da sie keinen Laut von sich geben, merkt Maria es gar nicht. Sobald sie sich sicher ist, dass alle Kinder schlafen, kriecht sie aus dem Zelt und muss lachen, als sie all die Leute sieht, die vor dem Zelt sitzen, ihr zulächeln und lautlos applaudieren.

»Nimm doch die Gitarre mit und komm rüber zu uns«, schlägt einer von ihnen vor, »dann können wir zusammen dahinten am Lagerfeuer singen. Der Kollege hier neben mir kann auch ein paar coole Songs.«

Kurz danach sitzt Maria am Lagerfeuer mit einer Gruppe von Leuten, die sie noch nie zuvor gesehen hat, und singt mit ihnen gemeinsam »Wonderwall« von Oasis und andere typische Lagerfeuerlieder. Es werden Becher verteilt und ein Pappkarton mit Wein herumgereicht.

Und während Maria so dasitzt, fühlt sie sich einfach glücklich. Sie lässt ihren Blick in die Runde schweifen. Die Leute sehen herrlich unbekümmert aus, ein paar starren verträumt ins Feuer. Die Gesichter werden vom goldenen Licht des Feuers erhellt, und in den Augen spiegeln sich die tanzenden Flammen wider. Die Nacht ist sternenklar, und Maria stellt fest, dass der Moment nicht schöner sein könnte.

Erst weit nach Mitternacht kriecht sie ins Zelt zu den Kindern und schläft innerhalb weniger Sekunden mit einem Lächeln im Gesicht ein.

Am nächsten Morgen nimmt Maria am zusammenklappbaren Frühstückstisch von Nadine und Marcel Platz, einem jungen Paar aus Österreich. Sie sind wie wir ein Jahr unterwegs und haben sich für die Zeit in Neuseeland einen alten Bulli gekauft, der so umgebaut ist, dass man darin auch bequem schlafen kann. »Campervans« nennen sich solche Fahrzeuge, und es gibt sie überall in Australien und Neuseeland. Man kauft sie anderen Reisenden für ein paar Tausend Euro ab und verkauft sie dann ein paar Monate später wieder. In der Regel enthalten diese Campervans alles, was man zum Campen braucht.

An dem wackeligen Tisch sitzt auch Thomas aus Düsseldorf, der Nadine und Marcel vor ein paar Wochen kennengelernt hat und seitdem mit ihnen zusammen reist. Er hat seinen eigenen Mini-Campervan und macht ein Jahr Pause, bevor er mit dem Studium beginnt. Dann ist da noch der sechzehnjährige Felix aus Berlin, der nur mit seinem Rucksack und einem Zelt unterwegs ist und per Anhalter reist. Seine Mutter ist vor wenigen Monaten gestorben. »Ich musste einfach raus. Weg von der Heimat. Irgendwohin, wo ich nicht ständig an sie denken muss.«

Neuseeland also.

Nun sitzt er hier, sieht ein bisschen hippiemäßig aus und ist wie all die anderen superfreundlich zu Maria und den Kindern. In den nächsten Tagen wird gemeinsam gegessen, gelacht und noch viel zusammen gespielt.

Dann nehmen Maria und die Kinder Abschied von ihren neuen Freunden und reisen weiter. Das Abenteuer ruft.

Auf einem kleinen grasbewachsenen Berg gehen sie wandern. Doch auf dem Weg zum Gipfel versperrt ihnen ein kleiner Holzzaun den Weg.

»Von so etwas lassen wir uns doch nicht aufhalten, Kinder, oder?« Mit Gejohle folgt unsere kleine Gänseschar Maria über den Zaun.

Sie sind noch keine fünf Minuten gelaufen, da wird den Abenteurern der Sinn des Zaunes jedoch klar: Ein Stier mit langen Hörnern blickt sie aus finsteren Augen an. Er scheint über den morgendlichen Besuch alles andere als erfreut. Schnell laufen Lydia, Aaron, Filippa und Amy zurück zum Zaun. Maria sichert den Rückzug. Und während sie zuvor noch langsam und vorsichtig über den Zaun geklettert sind, springen sie dieses Mal darüber. Der Stier grast ruhig weiter, anscheinend völlig ungerührt vom Herzrasen meiner Lieben.

Als Maria und die Kinder wieder am Auto ankommen, sehen sie am Straßenrand eine ältere, kräftige Frau mit grauen Haaren, die ein Kanu vom Dach ihres Wagens hievt und Richtung Strand zieht.

»Soll ich helfen?«, fragt Maria auf Englisch. Sie packt mit an und kommt mit der Frau ins Gespräch. Sie ist eine fünfundsechzig Jahre alte Neuseeländerin, die vor zwei Jahren ihre Wohnung gekündigt hat und seitdem in ihrem Auto wohnt. Immer an unterschiedlichen Orten, immer umgeben von atemberaubender Natur. Helen, so heißt die Frau, sieht ungepflegt aus, ihre Klamotten sind etwas schmutzig, doch das ist bei uns nicht anders. So wie sie und wir gerade leben, geht es fast nicht anders. Und das wollen wir auch nicht. Wenn wir eines auf dieser Reise gelernt haben, dann, dass man nicht nach den Standards der westlichen Welt leben muss, um glücklich und frei zu sein. Um ehrlich zu sein, haben wir eher das Gefühl, dass das Gegenteil der Fall ist.

Maria ist stark beeindruckt von Helen. Als wir ein paar Tage später wieder alle vereint sind, spricht sie immer wieder von ihr und ihrem Mut. »Thor, du hättest sie sehen sollen. Sie ist fünfundsechzig und nicht gerade in einer guten körperlichen Verfassung. Sie hätte auch irgendwo einsam in einer kleinen

Wohnung sitzen können. Niemand würde ihr ein solches Leben zutrauen. Doch sie macht es einfach. Sorgt für ihr eigenes Glück. Sie ist so ein gutes Beispiel dafür, dass wir immer die Möglichkeit haben, etwas in unserem Leben zu verändern. Weißt du, sie erinnert mich ein bisschen an diese Geschichte über die Hummeln.«

»Wie jetzt, was haben Hummeln damit zu tun?«

»Na ja, irgendein Wissenschaftler soll doch behauptet haben, dass die Hummel eigentlich nicht fliegen kann. Der Körper ist dafür zu groß und schwer, und die Flügel sind zu klein. Rein technisch ist es unmöglich. Aber das weiß die Hummel nicht, also fliegt sie einfach.«

Wir packen das Auto und reisen in kurzen Etappen den ganzen Weg bis zur Südspitze der Südinsel.

Je weiter wir fahren, desto kälter wird es, vor allem nachts. Und da wir nur Klamotten für warme Länder im Gepäck haben, schauen wir immer wieder in den Secondhandläden vorbei, die es in jeder noch so kleinen Stadt gibt, um uns noch dicker einpacken zu können. Die Nächte werden irgendwann so kalt, dass wir sogar Wolldecken kaufen müssen, die wir nachts um unsere dünnen Sommerschlafsäcke wickeln.

Doch dann erlebe ich eines Tages etwas, das mir richtig Angst macht. Es ist spätabends, und ich mache mich auf den Weg zurück zu unserem Zelt, nachdem ich einen ganzen Tag in einem Coworking-Space an einer Übersetzung gearbeitet habe. Das Fieber kommt wie aus dem Nichts über mich, ich verliere fast die Kontrolle über das Fahrzeug, weil ich so schwach und müde bin.

Kurz vor Mitternacht komme ich an unserem Lagerplatz an. Ich schaffe es gerade noch, mich zum Zelt zu schleppen:

»Maria, mir geht es gar nicht gut. Ich brauche dringend einen Arzt. So schwach hab ich mich noch nie gefühlt, und mir ist extrem kalt.«

Maria lacht allerdings nur: »Soll ich dich vielleicht besser auf die Intensivstation für grippekranke Männer bringen?«, scherzt sie.

»Im Ernst, Maria, ich glaube, ich muss wirklich in ein Krankenhaus.«

»Hör auf mit dem Quatsch, Thor. Zieh dir deine Wollunterwäsche an und leg dich einfach in den Schlafsack, dann wird dir schon warm. Morgen schauen wir weiter.«

»Wenn du mich morgen früh tot im Schlafsack findest, wirst du das bitter bereuen«, sage ich und fühle mich tatsächlich ziemlich gekränkt.

Das sind die letzten Worte, die es über meine fiebrigen Lippen schaffen. Ich schlafe ein wie ein Baby und erwache am nächsten Morgen nach neun Stunden erholsamem Schlaf.

Kerngesund.

Wir fahren zu einem Strand, an dem wir mehr Delfine sehen, als wir zählen können. Von einer Klippe beobachten wir junge Seelöwen, die scheinbar um die Wette schwimmen, und Pinguine, die nach einem langen und anstrengenden Tag im Meer langsam zurück zu ihren Höhlen watscheln.

Unsere Reisekasse ist alles andere als üppig, also reisen wir so günstig wir können und leisten uns kaum etwas. Bis wir den Milford Sound erreichen, einen magischen Fjord, umgeben von Bergen und Wasserfällen. Ich weiß nicht, was an diesem Ort in mich fährt. Ich gehe im einzigen Gebäude an diesem Ort zum Schalter und buche für die ganze Familie einen halbstündigen Flug mit einem Kleinflugzeug für vierhundert Euro.

Während ich bezahle, rede ich mir ein, dass das Leben zu kurz für eine billige Bootsfahrt auf dem Fjord ist, wenn man die ganze Gegend von oben sehen kann. Und ich bereue meine Entscheidung nicht.

Wir fliegen tief über dem atemberaubenden Fjord und sehen vom Flugzeug aus Delfine, die direkt unter uns aus dem Meer springen. Dann geht's hoch in die Berge, wo wir ganz nah an einem Gletscher und mehreren schneebedeckten Gipfeln vorbeifliegen. Fast haben wir das Gefühl, dass die Flügel des Sportflugzeugs in die herabstürzenden Wassermassen mächtiger Wasserfälle eintauchen. Wir spiegeln uns in riesigen Seen, die zu Fuß fast unmöglich zu erreichen sind. Einer davon hat so eine unrealistisch intensive türkisblaue Farbe, dass es aussieht, als hätte Gott einen Instagram-Filter darübergelegt.

»So stelle ich mir den Himmel vor«, jauchzt Maria.

Ich muss lachen. An den Himmel haben wir schon eine ganze Weile nicht mehr gedacht. Diese Zeiten liegen weit hinter uns. Jene Zeiten, in denen ich felsenfest überzeugt war, in den Himmel zu kommen. Aber sie hat recht: Wenn es einen Himmel gibt, dann sieht er vermutlich so aus.

Etwa fünfzig Kilometer von Queenstown entfernt entdecken wir einen See namens Moke Lake, an dem wir für wenig Geld unser Zelt aufschlagen dürfen.

Ich schwimme im erfrischend kühlen Wasser weit hinaus und genieße die Ruhe und den Panoramablick auf die unglaublich schöne Natur, die mich umgibt. Auf einem der Berge entdecke ich ziemlich weit oben ein Plateau, das so aussieht, als könnte man es zu Fuß erreichen.

»Lass uns dort hingehen«, sage ich zu Amy, die mit einem Buch am Rand des Sees sitzt, als ich das Ufer wieder erreiche.

Und Amy lässt sich nicht zweimal bitten. Wenig später überqueren wir einen eiskalten, glasklaren Bach, der den Berg hinunterfließt, und machen uns an den Aufstieg. Der Weg ist anstrengend, aber zu schaffen. Wir haben das Gefühl, dass bisher noch kein Mensch hier oben gewesen ist, auch wenn wir wissen, dass das natürlich Quatsch ist.

Auf dem Plateau angekommen, setzen wir uns erschöpft und glücklich ins Gras, essen unsere mitgebrachten Brote und lassen die Aussicht auf uns einwirken. Eine Stunde später machen wir uns eilig wieder auf den Rückweg, denn solange die Sonne scheint, ist es hier zwar schön warm, doch auch an diesem Ort können die Nächte extrem kalt werden.

Einige Tage später schlafen wir morgens bis halb acht, doch die eisige Luft, die wir im Gesicht spüren, macht uns klar, dass wir besser noch eine Weile im Schlafsack und unter den Wolldecken bleiben. Erst kurz vor neun gehen wir raus. Aus Erfahrung wissen wir, dass die Sonne nun bald das ganze Tal im Licht baden und unsere Körper aufwärmen wird. Wir kochen Tee, und ich wärme meine Hände an meiner Tasse, während ich sehnsüchtig auf die ersten Sonnenstrahlen des Tages warte. Fünf Minuten später ist es dann endlich so weit. Die Sonne hebt sich strahlend über die Gipfel der Berge, und da sie bereits so hoch am Himmel steht, spüren wir ihre angenehme Wärme sofort.

Und schon ist es wieder da: dieses überwältigende Glücksgefühl. Wie aus dem Nichts. Wir leben schon so lange so primitiv, dass die kleinen Freuden des Lebens einfach viel größer geworden sind. Ich blicke in Marias Gesicht, die neben mir sitzt, und sehe darauf dasselbe Leuchten, das auch mein Innerstes erhellt.

»Ich fühle mich total glücklich, Thor. Ich merke richtig, dass ich dieses einfache Leben in der Natur unglaublich liebe. Ich wünschte, wir könnten für immer so leben.«

»Das können wir doch, oder?«, gebe ich zurück, und im selben Moment legt Maria ihre Hand auf meine, und die Wärme, die von ihr ausgeht, transportiert auch ein wenig von dem Glück, das sie gerade so stark spürt. Während wir so sitzen, muss ich daran denken, dass das Leben ein Geschenk ist, und dass ich sehr froh bin, dass wir für uns verstanden haben, dass wir damit machen können, was wir wollen.

Ich fülle einen großen Kunststoffbehälter mit Wasser aus dem See, wasche unsere Kleidung darin und hänge sie auf einen Zaun, damit sie in der Sonne trocknen kann. Danach schwimme ich eine Runde, bevor ich mich noch mal von der Sonne aufwärmen lasse.

Sieben Tage bleiben wir an diesem Ort. Dann packen wir das Auto und machen uns wieder auf den Weg.

Überall lernen wir inspirierende Menschen kennen, und es erfüllt mich mit Stolz und Freude, wie selbstverständlich unsere Kinder Englisch reden und mit wie viel Selbstbewusstsein sie auf neue Menschen zugehen. Egal ob es Kinder, Erwachsene oder ältere Leute sind. Und egal wie sie aussehen, ob sie im Rollstuhl sitzen oder geistig behindert sind. Die Reise hat sie offener für das gemacht, was sie noch nicht kennen, stelle ich zufrieden fest. Sie urteilen nicht so schnell über Menschen, die anders sind, und sie reden mit Menschen in jedem Alter auf Augenhöhe, nicht unterwürfig oder mit zu viel Respekt.

In dem alltäglichen Leben, das wir in Deutschland geführt haben, waren die Kinder meistens von Gleichaltrigen umgeben. Nur selten mussten sie über ihren Schatten springen, um jemanden zum Reden oder Spielen zu haben. Jetzt passiert ihnen das fast täglich, und es fasziniert uns zu sehen, wie sehr sie daran wachsen. Wie alle von ihnen eine starke innere Ruhe entwickelt haben und wie selbstbewusst sie geworden sind. Man könnte sagen, dass wir die äußerlichen Sicherheiten unseres alten Alltags gegen eine neue innere Sicherheit eingetauscht haben. Und das fühlt sich verdammt gut an.

In Wanaka, einer kleinen, an einem See gelegenen Stadt im Landesinneren, halten wir an und verabschieden uns von Maria, die ihren Rucksack schnappt und aus dem Auto springt. Jetzt ist sie diejenige, die einige Tage alleine verbringen wird, während die Kinder und ich weiterfahren und unser Zelt an einem Fluss etwas außerhalb der Stadt aufschlagen.

Maria wohnt in einem Hostel, in dem sie sich ein Zimmer mit zwei jungen Frauen teilt. Sie schlendert ziellos durch die Stadt, kauft sich ein Eis, setzt sich auf eine Bank und beobachtet die Menschen, die an ihr vorbeiziehen. Sie geht in ein kleines und gemütliches Kino und schaut sich eine neuseeländische Komödie an.

Maria genießt diese Freiheit sehr. Sie genießt es, einmal nicht Mutter und Ehefrau sein zu müssen, sondern einfach nur sie selbst. Gleichzeitig merkt sie, dass sie in diese neue Rolle erst hineinwachsen muss. Was ihr alleine mit den Kindern so gut gelungen ist – in Kontakt mit anderen Menschen zu kommen –, fällt ihr jetzt schwer. Wie sie als Familienmensch oder Leiterin einer Kirchengemeinde auf andere zugehen muss, weiß sie sicher. Dann ist Maria offen und voller Selbstbewusstsein. Jetzt fühlt sie sich jedoch klein und unsicher.

Gleichzeitig freut sie sich aber über diese Erfahrung und entscheidet sich dafür, in dieser neuen Rolle genauso selbstsicher zu werden wie sonst in ihrem Leben. Am letzten Tag springt sie über ihren Schatten und lernt eine kleine Gruppe junger Backpacker kennen, mit denen sie viel Spaß hat.

Währenddessen zelte ich mit den Kindern an einem großen Fluss. Wir verbringen eine schöne Zeit zusammen, und irgendwie tut es seltsam gut, Maria zu vermissen.

»Es ist schön, ihr diese Freiheit zu geben«, philosophiere ich eines Abends vor mich hin, während die Kinder bereits im Zelt schlafen. »Auch ein bisschen furchteinflößend, weil es so neu ist, aber vor allem schön.« Ich spüre, dass es richtig und gut ist, Maria ein Stück weit loszulassen. Es macht mir bewusst, dass wir auch zwei eigenständige Personen sind und nicht nur eine zusammengeschweißte Einheit.

Maria braucht Freiheit, denke ich, während ich hoch zu einem unfassbar schönen Sternenhimmel schaue, *und ich will sie ihr geben.*

Während unserer Zeit an diesem Fluss lernen die Kinder und ich eine neuseeländische Familie kennen, die zweihundert Meter flussabwärts campt. Die zwei Kinder der Familie verstehen sich blendend mit Lydia und Amy. Als es für diese Familie am nächsten Tag wieder nach Hause geht, fragen sie uns, ob wir nicht mitkommen und eine Nacht bei ihnen verbringen wollen. Der Vater, Brian, gibt uns die Adresse, und ein paar Tage später sammeln wir Maria in Wanaka ein und machen uns dann auf den Weg zu unseren neuen Freunden.

Dort angekommen, wirft Brian sofort den Grill an und veranstaltet eine kleine Barbecue-Party für uns. Während ich mit ihm am Grill stehe, erzählt er mir von seinem Alltag. Er mag seinen Job nicht, verdient aber sehr gut. Brian arbeitet viel und hat fast nie frei.

»Aber das muss man halt, wenn man seiner Familie immer mal wieder ein Upgrade bieten will«, sagt er. Damit meint er ein neueres, größeres und schickeres Haus. Das jetzige ist ihr drittes, erzählt er. Bald werden sie es sich leisten können, in ein noch größeres zu ziehen. Gleichzeitig schimpft Brian darüber, dass er keine Zeit hat für die Dinge, die er liebt: Zeit in der Natur und mit seiner Familie zu verbringen.

Meine Kinnlade fällt so weit herunter, dass ich Angst habe, dass es ihm auffällt. Er sucht sich freiwillig ein Leben aus, das ihm nicht gefällt, weil ihm irgendwer eine völlig verquere Idee vom Sinn des Lebens in den Kopf gepflanzt hat.

Ich bin so schockiert davon, dass Brian nicht die Widersprüchlichkeit seiner eigenen Worte erkennt, dass ich nicht in der Lage bin, irgendwas dazu zu äußern. Er ist das perfekte Beispiel dafür, wie blind wir Menschen werden können, wenn wir verlernen, auf unser Herz zu hören. Das bringt mich so sehr zum Nachdenken, dass ich erst dann eine Antwort parat habe, als er schon längst das Thema gewechselt hat.

In den nächsten Tagen denke ich noch viel über Brian nach. Für mich haben diese Dinge, für die er schuftet, gar keinen Wert. Da möchte ich lieber arm sterben und auf ein Leben zurückblicken können, das wirklich gelebt wurde. Ich möchte viel geliebt und meine Zeit für die Dinge eingesetzt haben, die mir wichtig sind.

Am nächsten Tag geht es für uns weiter Richtung Norden. Wir haben noch ungefähr eine Woche Zeit, bis wir das Auto wieder in Christchurch abgeben müssen und von dort nach Brisbane an der Ostküste Australiens weiterfliegen.

In den letzten Wochen haben wir viel über unsere nächsten Reiseziele gegrübelt. Nach Kalifornien zu reisen, mit Zwischenstopps auf Fidschi und Hawaii, wäre toll, aber dafür haben wir schlicht und ergreifend zu wenig Geld. Um das zu finanzieren, müssten wir Schulden machen – und da hat Maria ganz klar ihr Veto eingelegt.

Also haben wir uns für eine andere Option entschieden, die wir vorher schon einmal in Erwägung gezogen hatten, nämlich die Ostküste Australiens, genauer gesagt die Sunshine Coast. Als wir meine kleine Schwester in Perth besucht haben, haben wir eine bekannte Bloggerin kennengelernt, die von eben dieser Küste stammt. Sie hat von ihrer Heimat so geschwärmt, dass wir beschlossen haben, als Nächstes dorthin zu reisen.

Doch vorerst genießen wir unsere letzten sieben Tage in diesem magischen Land. Auf unserer Route nach Norden fahren wir dieses Mal durchs Landesinnere und finden auf dem Weg einige wunderschöne, fast völlig menschenleere Orte zum Campen, gehen wandern und entdecken schon wieder einen See, der so türkisblau ist, dass er fast unecht aussieht.

Und wie für Neuseeland typisch, lernen wir natürlich noch mehr Leute kennen. Unter anderem ein junges Pärchen aus Großbritannien. Die beiden sind so begeistert von ihrer Reise, dass sie überlegen, danach nur einige Monate in ihrer Heimat zu arbeiten, um gerade so viel Geld zusammenzubekommen, dass sie sich direkt wieder auf den Weg in die große weite Welt machen können.

Sie sind jung und frei, denke ich. *Sie gehen einfach ihren Weg, ohne sich große Sorgen um die Zukunft zu machen.*

Das gefällt mir.

Doch gleichzeitig denke ich darüber nach, dass es bestimmt einige Freunde und Verwandte geben wird, die diese spontane Fortsetzung ihrer Reise blöd finden werden. *Sie sollen doch Verantwortung für ihr Leben übernehmen, was daraus machen und nicht davor fliehen. Ein Jahr reicht doch, warum noch ein weiteres Jahr »verschwenden«?*

Verschwenden?

Früher hätte ich solche Meinungen vielleicht teilweise verstehen können, aber heute finde ich diese Sichtweise völlig verdreht. Geht es denn im Leben nicht darum, was wir erleben beziehungsweise darum, dass wir überhaupt etwas erleben? Was gibt es Schöneres und Sinnvolleres, als gemeinsame Abenteuer zu durchleben, spannenden Menschen zu begegnen und die Schönheit der Natur zu entdecken?

Es geht doch im Leben nicht darum, was wir leisten.

Wenn wir alt sind und kurz davor zu sterben, wird es uns egal sein, ob wir viel Reichtum angehäuft und ein Leben lang gut und fleißig gearbeitet haben. Dann zählen nur noch die Erlebnisse und die Menschen, die wir geliebt haben.

Deshalb möchten Maria und ich heute leben. Im Jetzt!

Wir wollen lieber glücklich und satt vom Leben in einem alten Wohnwagen sterben, als einsam und reich in einem großen Haus. Nicht, dass das unser Ziel wäre. Wir glauben durchaus, dass wir auch mit unserem alternativen Lebensstil genug Geld verdienen können. Das ist jedoch nicht unser Hauptziel. Und wir haben keine Angst vor den Konsequenzen, wenn es nicht klappt. Wir wollen in erster Linie leben und haben einfach einen naiven Optimismus und ein kindliches Vertrauen, dass irgendwie alles gut wird. Wir sehnen uns danach, ein bewusstes Leben zu führen, und möchten nicht bloß ein kleines Rad im großen Getriebe sein, mit der einzigen Bestimmung zu funktionieren.

Der Sinn des Lebens ist leben, fällt mir plötzlich ein, eine Zeile aus dem »Grizzly Lied« des deutschen Rappers Casper.

In diesem Moment habe ich das Gefühl, richtig zu verstehen, was er damit gemeint hat.

Wir lernen auch den Schwaben Bernhard kennen, der zweiundfünfzig Jahre alt ist und seit über zwei Jahren um die Welt reist. Wir halten uns vier Tage lang auf demselben Campingplatz auf, und seine Fröhlichkeit und die Leichtigkeit, die er ausstrahlt, inspirieren uns.

»Ich habe Angst vor der Zeit nach der Reise«, erzähle ich ihm eines Tages. Wir sind nun schon seit zehn Monaten unterwegs, und seltsamerweise habe ich in den letzten Wochen immer mal wieder eine leichte innere Unruhe in mir gespürt. Vermutlich deshalb, weil das geplante Reisejahr bald vorbei ist und wir immer noch keine Ahnung haben, was dann kommt. Und gleichzeitig ist auch eine Art Sehnsucht da, die ich noch nicht ganz in Worte fassen kann.

»Wie meinst du das? Wovor hast du denn Angst?«

»Vor den Entscheidungen, die wir treffen müssen. Werden wir weiterreisen, oder werden wir einen festen Ort suchen, an dem wir wohnen werden? Und wenn ja, wo wird das sein? Wenn wir keine Kinder hätten, wäre das alles kein Problem, aber die Verantwortung für die Kinder lastet schwer auf mir. Es gibt so viele Optionen, und ich möchte keine falschen Entscheidungen treffen.«

»Mach dir keine Sorgen, Thor«, antwortet Bernhard nach einer kurzen Denkpause. »Es gibt keine richtigen oder falschen Entscheidungen. Es gibt nur Entscheidungen. Wenn du mit einer Situation nicht zu hundert Prozent zufrieden bist, kannst du immer im Nachhinein den Kurs korrigieren. Denk nicht zu viel nach. Folge einfach deinem Herzen!«

Seine Worte treffen mich. Wir sind unseren Herzen gefolgt,

als wir das Haus verkauft haben, um die Welt zu entdecken. *Ich muss zurückfinden zu dem Vertrauen und der Einstellung, die uns dazu befähigt hat, alles hinter uns zu lassen und diese Reise zu unternehmen*, sage ich mir innerlich. *Ich muss weiterhin auf mein Herz hören. Dann wird schon alles gut.*

Diese Gewissheit macht mich stark. Ich fühle mich wieder zuversichtlich. Voller Lebensfreude und Vertrauen in die Zukunft. Doch gleichzeitig ist mir bewusst, dass wir diese Entscheidungen nicht ewig aufschieben können.

Während unserer letzten sieben Tage in Neuseeland denke ich darüber nach, wie wir hier sogar noch ursprünglicher und einfacher gelebt haben als im Schuppen auf Tasmanien. Jetzt haben wir nichts außer unserem Zelt, einem alten Auto und einem Haufen gebrauchte Kleidung. Es wird immer kälter, weil der Sommer mittlerweile endgültig vorbei ist. Unser Zelt schlagen wir meistens an Orten auf, an denen wir kostenlos campen dürfen und wo es nichts gibt außer Plumpsklos und einem Fluss oder einem See, wo wir uns im kalten Wasser waschen können.

Aber wir lieben das Gefühl. Es ist ein zugleich hartes und unwahrscheinlich schönes Leben. Manchmal hat man fast das Gefühl, ums Überleben zu kämpfen, weil man viel Zeit und Energie für ganz grundlegende Dinge aufbieten muss. Zugleich spüre ich jedoch, wie durch diesen Lebensstil eine tiefe Sehnsucht in mir gestillt wird, die ich schwer beschreiben kann.

Vielleicht liegt es einfach daran, dass die Menschheit Millionen Jahre mitten in der Natur und mit der Natur gelebt hat? Vielleicht gibt es etwas tief in uns drin, das sich an diese längst vergangenen Zeiten erinnert?

Es ist Abend, die Kinder schlafen bereits. Wir sitzen in unseren Schlafsäcken am Lagerfeuer und unterhalten uns mit einem deutschen Paar aus Berlin. Sie nutzen die Elternzeit, um mit ihrem Neugeborenen zu reisen.

Wir reden eine Stunde lang über Gott und die Welt, bis die beiden irgendwann schlafen gehen und wir allein vor einem kleinen Haufen Glut zurückbleiben. Während Maria sich auf ihre Isomatte zurücksinken lässt, lege ich ein paar Holzscheite nach, puste ein paar Mal kräftig in die Glut und schaue zu, wie kleine, gierige Flammen entstehen, die sich langsam, aber stetig in das frische Holz hineinfressen.

Wir befinden uns auf einem kleinen grasbewachsenen Parkplatz, auf dem man kostenlos campen darf, irgendwo an der Ostküste der Südinsel, kurz vor Christchurch. Sobald das Feuer wieder vernünftig brennt, lege ich mich neben Maria auf den Rücken und blicke zu den Sternen hoch. Sie leuchten so hell und klar, und ich fühle mich klein in diesem riesigen Universum. Von weit her höre ich die Wellen, die unermüdlich an den Strand schlagen. Ein kühler Luftzug lässt mich kurz zittern, und ich rutsche ein bisschen näher an das wärmende Feuer. Maria liegt auf ihrer Isomatte und sieht so aus, als wäre sie eingeschlafen.

Unser einfaches Leben hier in Neuseeland tut uns unendlich gut. Die Reise verändert nicht nur unsere Art zu leben – sie verändert auch unsere Art zu denken. Das Hinterfragen, das in den letzten Jahren in Deutschland immer stärker geworden ist, nimmt nun ganz neue Ausmaße an. Denn dadurch, dass der Alltag, unser sicherer Hafen, so weit entfernt ist, gibt es plötzlich keine Selbstverständlichkeiten mehr. Uns wird bewusst, wie viele Meinungen wir einfach von anderen übernehmen, weil in unserer Kultur oder in unserem Umfeld alle so denken. Das gilt nicht nur für uns, die in einer Sekte aufgewachsen sind, sondern für jeden von uns. Es gibt so viele Dinge, über die wir uns nie Gedanken machen, weil wir gelernt haben, dass sie einfach so sind. Dadurch sind vermeintliche Selbstverständlichkeiten entstanden, die nicht unbedingt selbstverständlich sind. Zum Beispiel Vorstellungen davon, wie ein gutes Leben oder die perfekte Liebesbeziehung auszusehen haben.

Diese Dinge lösen sich auf dieser Reise vor unseren Augen auf. Wir sind jetzt so weit von unserer Heimat entfernt, wie es überhaupt möglich ist auf diesem Planeten. Und je extremer und ursprünglicher wir leben, je weiter wir in die Wildnis Neuseelands eindringen, desto tiefer tauchen wir auch in unsere eigenen Seelen ein. Die letzten Selbstverständlichkeiten lösen sich in Luft auf, und wir hinterfragen plötzlich ganz grundlegende Dinge, die in unserer Gesellschaft als selbstverständlich gelten.

So auch in diesem Augenblick, als ich neben dem Feuer liege und in den unendlichen Sternenhimmel blicke.

Was du liebst, lass frei.

Diese Worte tauchen plötzlich wieder vor meinem inneren Auge auf, und im gleichen Moment schlägt ihre Bedeutung wie ein Blitz in meinen Kopf ein. Mein Herz fängt an, schneller zu schlagen.

Warum bin ich nie darauf gekommen, dass Maria komplett frei sein muss?, schießt mir durch den Kopf. *Liebe kann doch nicht egoistisch sein, sie hält doch nichts zurück. Sie gibt, ohne etwas zurückzufordern, oder? Wenn ich zum Beispiel eifersüchtig bin, dann denke ich nur an mich, das hat doch nichts mit Liebe zu tun, sondern mit Kontrolle.*

Diese Gedanken wühlen mich derart auf, dass ich Maria

wecken muss, um ihr davon zu erzählen. Wie immer sprudeln die Worte aus mir heraus, und Maria schaut mich erst mal einige Sekunden aus verschlafenen Augen und mit offenem Mund an.

»Äh, Thor, führen wir jetzt wirklich dieses Gespräch?«, fragt sie dann lachend. Doch ich spüre, wie sie nervös wird. Weil auch sie merkt, dass es sich richtig anfühlt, egal wie verrückt diese Gedanken für uns und mit unserem Hintergrund sind. Eigentlich ist das nur die logische Weiterentwicklung unserer Beziehung, wenn man sich die letzten Jahre unserer gemeinsamen Geschichte anschaut, doch gleichzeitig hat auch sie Angst.

»Klingt das denn für dich nicht nach ›offener Beziehung‹? Denn davon halte ich eigentlich nicht so viel.«

»Nein. Eine offene Beziehung würde ich es nicht nennen. Das klingt völlig falsch. So als würde es um Sex gehen. Und das tut es doch nicht, sondern darum, dass du frei sein musst, das zu tun, was sich für dich richtig anfühlt. Du musst völlig frei sein, Maria. Dass du mich liebst, muss jeden Tag aufs Neue freiwillig sein. Ich stelle keine Bedingungen an dich. Ich liebe dich bedingungslos.«

»Das ist doch ein schöner Begriff dafür«, antwortet Maria, »bedingungslose Liebe, statt offene Beziehung, meine ich. Denn ganz ehrlich, Thor, eine offene Beziehung will ich nicht. Aber mit bedingungsloser Liebe kann ich mich viel eher anfreunden. Das fühlt sich gut an.«

»Sehe ich genauso«, gebe ich zurück, »denn wahre Liebe ist doch uneigennützig, oder? Sie gibt, schenkt, wünscht dem anderen nur das Beste, egal, was es sein sollte, egal ob man es verstehen kann oder nicht. Egal, ob es wehtut. Zumindest ist das ab jetzt meine Definition von Liebe. Es mag vielleicht für viele gefährlich und unsicher klingen, aber ich glaube, wenn man so liebt und geliebt wird, dann haut man so schnell nicht mehr ab.«

Genauso wie bei unserer Reise sorgt auch in der Beziehung ein wenig Unsicherheit für mehr Leben und Gefühle. Es öffnet einem die Augen für das, was man hat.

Bei uns verändert dieses kleine und ehrliche Gespräch tatsächlich ziemlich viel. Unsere Liebe fühlt sich in den nächsten Tagen und Wochen viel tiefer und lebendiger an. Wir sehen plötzlich viel deutlicher, was wir aneinander haben, wie schön unser Partner ist und dass es keine Selbstverständlichkeit ist, dass wir diese Person in unserem Leben haben.

Ein paar Tage später sitzen wir wieder abends in unseren Schlafsäcken, dieses Mal im Auto.

»Du, Maria, fällt dir eigentlich auf, was für eine Entwicklung wir im letzten Jahr durchgemacht haben? Mit unseren ganzen Gesprächen und den kleinen Schritten hin zu mehr Freiheit? Ich glaube, das ist das Beste, was wir seit Langem für unsere Beziehung gemacht haben, oder?«

Maria schaut mich nur an, lächelt und malt mit ihrem Finger irgendetwas auf die beschlagene Scheibe. Nach einer Weile sagt sie doch etwas: »Es fühlt sich richtig gut an, so von dir geliebt zu werden, Thor. Und dich im Gegenzug auch so zu lieben, auch wenn es mir schwerer fällt als dir, so loszulassen.«

Sie schweigt einige Sekunden und malt ein paar weitere Herzen an die Fensterscheibe. »Weißt du, was sich für mich bei diesem Thema am besten anfühlt?«, fragt sie dann plötzlich und gibt gleich selbst die Antwort: »Ich fühle mich mehr wie ein eigenständiger Mensch. Ich hab mich bisher nur als

Ehefrau und Mama definiert, doch jetzt hab ich das Gefühl, auch ich sein zu können. Es klingt vielleicht komisch, aber ich glaube, ich habe mich zu sehr an dich geklammert, an uns. Jetzt sehe ich mich nicht mehr als einen Teil von dir oder uns nur als Einheit. Ich betrachte uns als zwei eigenständige Menschen, die sich aus freiem Willen lieben. Und das fühlt sich sehr schön und befreiend an. Es macht jedoch alles auch ein wenig unsicherer, und ich merke, dass ich längst nicht so selbstsicher bin, wie ich dachte. Ich kann jetzt aber herausfinden, wer ich bin. Es gibt nicht nur das *Wir,* sondern auch *mich* ganz persönlich. Das ist neu für mich, Thor. Ich stand vor dieser Weltreise noch nie im Leben auf eigenen Beinen. Es macht mir ein wenig Angst, doch ich glaube, deswegen ist es genau das Richtige!«

Sie kurbelt das Fenster herunter und zündet sich eine Zigarette an. Eigentlich raucht Maria gar nicht, aber wegen der ganzen Sektengeschichte und der Frömmigkeit hat sie das Bedürfnis, zwischendurch mal genau das zu tun, was sie will.

»Und da ist noch etwas, was mir an diesem ganzen Prozess gefällt: Ich habe jetzt keine Angst mehr vor meinen eigenen Gefühlen. Für Erik zum Beispiel. Früher dachte ich, ich muss Gefühle für andere verdrängen. Es fühlte sich gefährlich an, etwas für jemanden zu empfinden, weil es in gewisser Weise eine Bedrohung für uns war. Etwas, was sofort unterdrückt werden musste. Jetzt fühlt sich alles so entspannt an. Ich kann es nicht genau erklären, aber es ist ein gutes Gefühl.« Maria schaut aus dem offenen Autofenster hoch zu den Sternen am dunklen Himmel. Sie zieht an der Zigarette und bläst den Rauch wieder aus. Fast eine halbe Minute sagt sie nichts, dann fährt sie plötzlich fort: »Obwohl ich mir überhaupt nicht vorstellen kann, etwas mit einem anderen Mann anzufangen!«

»Das musst du ja auch nicht«, erwidere ich lachend. »Und darum geht es nicht. Ich möchte nur, dass du weißt, dass du alles tun kannst, was sich für dich richtig und gut anfühlt. Auch wenn es mir wehtun würde. Es mag vielleicht verrückt klingen, aber mir gefällt die Vorstellung, dich so zu lieben. Warum sollte ich dir nicht alles Glück der Welt gönnen, wenn ich dich doch von ganzem Herzen liebe?«

Maria dreht sich weg und bläst Zigarettenrauch durch das offene Fenster. Sie gefällt mir so ungezügelt und frei. *Das entspricht ihrem Naturell*, denke ich. Im Moment leben, Spaß haben und nicht zu sehr an die Konsequenzen denken. So ist sie doch eigentlich, so war sie schon immer. Sie hat sich nur angepasst. Es macht mich glücklich zu sehen, wie sie jetzt immer mehr ihren eigenen Weg geht und zu sich findet. In diesem Moment schaut sie mich frech an, die Zigarette lässig zwischen ihren Lippen hängend, eine Augenbraue leicht gehoben. Ich lache laut vor Freude.

»Es geht darum, dass du vollkommen frei bist, Maria. Wie ein wilder Vogel, der niemals in einem Käfig eingesperrt werden darf. Du gehörst niemandem, nur dir selbst. Ich liebe dich für immer, und du kannst nichts tun, was daran etwas ändern würde.«

Maria schweigt mal wieder, doch ich sehe, wie sich ihre Mundwinkel zu einem fast unsichtbaren Lächeln heben. Dann streckt sie sich nach ihrem Handy auf dem Armaturenbrett aus, macht ein Lied von Jack Johnson an und schenkt noch mal Cola in unsere Becher. Und während ich dort sitze, einen Schluck trinke und durch die Windschutzscheibe in die Dunkelheit starre, wundere ich mich darüber, dass ich fünfzehn

Jahre gebraucht habe, um den vollen Umfang dieses Zitats zu verstehen, wenn man es ganz radikal interpretiert.

Was du liebst, lass frei. Kommt es zurück, gehört es dir, wenn nicht, war es nie dein.

13

*Australien, Sunshine Coast –
Die schönsten Dinge passieren,
wenn man verloren ist, oder:
Das Kartenhaus fällt zusammen*

Die wirkliche Entdeckungsreise strebt nicht nach neuem Land,
sondern danach, Dinge mit neuen Augen zu sehen.
NORWEGISCHES SPRICHWORT

Sunshine Coast, April 2016
»Siebzig Dollar pro Nacht? Das ist ja verrückt! Wie sollen wir das bezahlen?«

Nach zwei spektakulären Monaten in Neuseeland sind wir wieder zurück an die Ostküste Australiens geflogen, einen Teil dieses riesigen Landes, den wir noch gar nicht erkundet haben. Nach unserer Landung in Brisbane haben wir für achtzehn Euro pro Tag ein altes Wrack von einem Auto gemietet, um damit Richtung Norden zu fahren. Unser Ziel ist die Sunshine Coast, und die erste Nacht haben wir an einer Raststätte direkt an der Hauptstraße verbracht, wo wir unser Zelt aufgeschlagen haben. Es war voll und laut wegen der vielen Autos, die vorbeifuhren. Definitiv kein Ort, der zum Bleiben einlädt. Also sind wir am nächsten Morgen direkt weitergefahren, um uns auf die Suche nach anderen kostenlosen oder günstigen Campingplätzen zu machen. Wenig erfolgreich allerdings.

Wir nutzen eine App, die uns alle Campingplätze in der Nähe anzeigt, während wir mehr oder weniger ahnungslos drauflosfahren. Es dauert nicht lange, bis wir feststellen, dass die Campingplätze in dieser Gegend schlichtweg unbezahlbar sind. Die siebzig Dollar pro Nacht sind keine Ausnahme. Auf manchen Plätzen sind sogar achtzig oder gar neunzig Dollar fällig. Kostenlose oder günstige Campingmöglichkeiten, wie wir sie aus Neuseeland kennen, gibt es nur, wenn wir ein oder zwei Stunden ins Landesinnere fahren. Wir möchten aber an der Küste bleiben.

James, der Mann meiner Schwester Tina auf Tasmanien, hat uns zwar gesagt, dass man in Australien problemlos kostenlos oder günstig campen kann, aber das gilt wohl nicht für die Sunshine Coast. Sie ist mit ihren abwechslungsreichen Stränden, dem tropischen Klima und der entspannten, lässigen Atmosphäre eben eine der beliebtesten Regionen dieses Landes und ein Urlaubsziel vieler Australier. Darauf, dass die Preise hoch sind, hätten wir eigentlich selbst kommen können. Aber wir wären nicht wir, wenn wir nicht immer ein bisschen chaotisch und unvorbereitet wären. Also sitzen wir nun alle im Auto und müssen versuchen, eine Lösung zu finden.

»Lass es uns noch einmal mit dem hier probieren. Vielleicht können wir den Preis ja runterhandeln«, schlage ich vor. Maria ist genervt, müde und ein bisschen hoffnungslos, also versuche ich jetzt derjenige zu sein, der positiv bleibt und nach einer Lösung sucht.

Etwa dreißig Minuten entfernt, hinter einem See, liegt noch ein Campingplatz, der uns eigentlich ebenfalls zu teuer ist, den wir uns aber aus Mangel an Alternativen anschauen wollen. Doch natürlich wählen wir den falschen Weg um den riesigen See und kommen wegen einer abgeschlossenen Schranke kurz vor unserem Ziel nicht weiter.

Jetzt hilft nur eine Auszeit. Wir lassen die Kinder aussteigen, damit sie sich ein bisschen austoben können. Maria und ich bleiben erschöpft im Auto sitzen und fühlen uns verdammt verloren. Von meinem vorgespielten Optimismus ist nichts mehr übrig geblieben, und wir haben keine Ahnung, wie unser nächster Schritt aussehen soll. Umdrehen? Noch einmal um den See herumfahren? Ins Landesinnere fahren und unser Ziel aufgeben?

Wir erlauben uns, uns fünf Minuten hängen zu lassen, da taucht plötzlich aus dem Nichts ein rostiger Blechkasten auf vier Rädern auf, der etwa fünfzig Meter vor uns hält. Eine Frau um die sechzig steigt aus, gefolgt von fünf kleinen Hunden auf dünnen und wackeligen Beinen, und es dauert nicht lange, bis unsere vier Kinder die Neuankömmlinge regelrecht umzingelt haben. Vermutlich fragen sie auf Englisch nach, ob sie die Minihunde streicheln dürfen, denn kurz darauf sitzen sie alle in der Hocke und werden von den verspielten Tieren förmlich zu Boden geworfen.

Tiere und Kinder gehören zusammen, denke ich und muss trotz unserer beschissenen Lage kurz lächeln angesichts der schönen Szene, die sich hier vor unseren Augen abspielt. Es tut gut, einfach nur zuzuschauen, ohne irgendwelche Entscheidungen treffen zu müssen. Und während wir vor uns hin starren, setzt sich die ältere Frau zu den Kindern und redet eine Weile mit ihnen. Ein paar Minuten später kommen sie alle zu uns herüber.

»Mama, wir können bei ihr wohnen«, sagt Amy aufgeregt. »Sie hat ein Haus im Wald mit einem großen Grundstück und ganz vielen Tieren.«

»Wenn es euch nichts ausmacht, dass es ein wenig unordentlich bei mir ist? Oder sagen wir besser: sehr unordentlich«, meldet sich die Frau nun selbst zu Wort. »Ich kann euch gerne meinen Dachboden und ein paar Matratzen zur Verfügung stellen. Für ein paar Tage oder bis ihr etwas anderes findet. Ich muss da oben nur ein bisschen aufräumen. Da ist schon ewig niemand mehr gewesen. Aber dabei könnt ihr mir ja vielleicht helfen.«

Sie lächelt uns freundlich, aber auch leicht verunsichert an. Wir lächeln zurück.

Kurze Zeit später sitzen wir alle im Auto und folgen der wildfremden Frau. Ein paar Kilometer weiter biegen wir auf eine unbefestigte Straße ab und fahren immer tiefer in einen hügeligen und tropischen Wald hinein. Als wir irgendwann auf ihrem Grundstück parken und eine steile Straße bergab zu ihrem Haus laufen, begegnen wir zwei Lamas, einem Pferd, einem Pfau, vier Hühnern, einem Hahn und einem Haufen Küken, die uns alle auf ihre Art und Weise begrüßen.

Noch ein Stück weiter unten steht das Haus der Frau, die, wie wir inzwischen erfahren haben, Michelle heißt. »Ich habe es selbst entworfen«, erzählt sie uns, als wir dem Gebäude näher kommen. »Es ist genau wie ich: ein bisschen verrückt, aber voller Leben.«

Das Erste, was uns auffällt, als wir direkt davorstehen, ist eine Staffelei neben der Haustür mit einer riesigen Leinwand, auf die zwei Brüste gemalt sind. »Hab ich letzte Woche gemalt«, sagt Michelle und bedeutet uns, ihr ins Haus zu folgen.

Innen sieht es wie in einer typischen Künstlerwohnung aus, wie man sie aus Filmen kennt. Überall Beton und Holz, und die Decken sind fünf Meter hoch. Das Licht, das erst von den riesigen Bäumen und dann von den großen, staubigen Fenstern gefiltert wird, sorgt für eine märchenhafte Stimmung. Überall stehen und liegen Staffeleien, Farbpinsel, Bücher und alles Mögliche herum. Es ist ein herrliches Durcheinander. Abgesehen von der Hühnerkacke auf dem Fußboden vielleicht. Die ist ein bisschen gewöhnungsbedürftig. Die Hühner dürfen sich nämlich auf dem kompletten Grundstück frei bewegen – und auch das Haus steht ihnen immer offen. Doch damit können wir leben. Wir sind gerade einfach dankbar für diese großartige Gastfreundschaft und erstaunt darüber, dass das Schicksal uns an diesen spannenden Ort geführt hat, nachdem wir vor nicht einmal einer Stunde vor Verzweiflung nicht wussten, wohin mit uns.

Das Haus fühlt sich nach Abenteuer an, genau unser Ding also. Wir haben kein Interesse an sterilen Luxushotels – die wir uns sowieso nicht leisten könnten –, sondern finden es viel spannender, echte Menschen an authentischen Orten kennenzulernen. Wie zum Beispiel die etwas verrückte Michelle, mit der wir ab sofort in ihrem abgefahrenen Dschungelhaus eine besonders skurrile Wohngemeinschaft bilden werden.

Ich schaue mich im Haus um, während Michelle den Kindern eine große Verkleidungskiste voll unterschiedlicher Hüte, Perücken und ausgefallener Klamotten zeigt. Es sieht hier wirklich ein wenig aus wie an einem Filmset. Das Haus besteht nur aus einem großen Raum, der eine Mischung aus Wohnküche und Maleratelier ist. Und dann ist da natürlich noch der Dachboden, von dem Michelle erzählt hat, der aber in Wirklichkeit eher so etwas wie eine Galerie ist, zu der eine steile Holztreppe emporführt.

Ich trete hinaus auf die Terrasse und stehe direkt vor einem Doppelbett, das an vier Drahtseilen hängt und von einem großen Moskitonetz umgeben ist. Dahinter, im Garten und unter freiem Himmel, entdecke ich eine Komposttoilette und eine einfache Waschstelle.

Mehr braucht man nicht zum Leben, denke ich. Hier draußen, direkt unter dem Sternenhimmel, schläft Michelle in ihrem Schwebebett, während die Tiere teilweise draußen, teilweise im Haus übernachten. Die Hühner zum Beispiel machen es sich jeden Abend im Bücherregal gemütlich, also kann man sich morgens dort zwischen den Büchern sein Frühstücksei holen.

»Es tut mir so leid, dass es überall so dreckig und unordentlich ist«, entschuldigt sich unsere Gastgeberin zum wiederholten Mal. Wir sehen ihr an, dass ihr diese Tatsache schrecklich peinlich ist, also machen wir ihr deutlich, dass das überhaupt nicht schlimm ist, und helfen ihr beim Saubermachen. Danach kochen wir gemeinsam Gemüse mit Kokosmilchsoße und setzen uns zum Essen auf Michelles Veranda.

Während ich einen großen Schluck Wasser trinke – natürlich aus dem hauseigenen Brunnen geschöpft –, blicke ich von meinem Platz am Esstisch hinunter ins Tal, wo es nichts außer Regenwald gibt. Die Aussicht hat eine beruhigende Wirkung auf mich, und da jetzt alle mit dem Essen beschäftigt sind und es dadurch viel leiser ist als vorher, nehme ich zum ersten Mal die Geräusche dieses Ortes richtig wahr. Ich höre, wie der Wald atmet, wie er lebt, und keins der Geräusche lässt sich mit etwas vergleichen, das ich zuvor in einem europäischen Wald gehört habe. Die Vögel zum Beispiel singen nicht, so wie man es von Vögeln kennt. Nein, sie lachen, machen kreischende Geräusche wie Affen oder quietschen. Ein Vogel gibt sogar einen Laut von sich, der wie eine Hightech-Waffe aus einem Science-Fiction-Film klingt.

Schwooom, oh-ah-ah-ah, hahaha, kreisch.
Und dazu Tausende von Heuschrecken, die für den ununterbrochenen Grundton dieser exotischen Geräuschkulisse zuständig sind.

Nach dem Essen machen wir einen Spaziergang über das Grundstück. Michelle nimmt ihre Machete mit, da der Garten an manchen Stellen so zugewachsen ist, dass man ohne kaum vorankommt. Ihr großes Grundstück liegt an einem steilen Hang und endet unten im Tal. Dort gibt es eine kleine Fläche, die eben ist. Die einzige auf dem ganzen Grundstück.

Genau dort bleibt sie stehen, nachdem sie uns die letzten Meter auf dem Weg dorthin freischlagen musste.

»Hier möchte ich sterben«, sagt sie nach einer kurzen Verschnaufpause. »Irgendwann werde ich zu alt sein für das steile Grundstück und das große Haus. Dann möchte ich hier eine ganz kleine und schlichte Hütte haben. Direkt neben dem Bach da, wo ich mein Trinkwasser holen kann.«

Michelle ist genauso naiv und optimistisch wie wir. Wenn sie einmal zu alt ist, um sich komplett selbst zu versorgen, plant sie, ihr Haus günstig an jemanden zu vermieten, der ihr dafür ein paar Mal die Woche Lebensmittel zu ihrer Hütte trägt. Und sollte das alles nicht klappen und sie zum Beispiel schwer krank oder pflegebedürftig werden, kann sie sich immer noch für ein Altersheim entscheiden. Aber damit will sie sich erst beschäftigen, wenn es so weit ist. Denn was bringt es, sich das ganze Leben um Dinge zu sorgen, die dann vielleicht gar nicht eintreten? Ein bisschen haben wir sogar das Gefühl, dass Michelle tatsächlich stur genug sein könnte, im Fall der Fälle vielleicht hier unten sterben zu wollen, anstatt in ein Altersheim zu gehen.

Etwas später, als die Kinder schlafen, unterhalten wir uns bis tief in die Nacht mit Michelle, die so vieles erlebt, von der Welt gesehen und dementsprechend auch zu erzählen hat. Sie hatte früher viele unterschiedliche Jobs im kreativen Bereich. Unter anderem als Schauspielerin im Theater. Jetzt ist sie Frührentnerin, besitzt aber auch zwei kleine Mietwohnungen oben an der Waldstraße, die sie an Urlauber vermieten will.

Wir reden über die Bedeutung der Natur und das Leben an sich, und Michelle erzählt uns, dass sie nie Lust auf ein 08/15-Leben gehabt hat, und dass sie im Einklang mit der Natur leben möchte, auch im Alter. »Es gibt nichts, das ich mehr will, als den Rest meines Lebens hier zu verbringen«, erzählt sie, »umgeben von meinen geliebten Tieren.«

Als irgendwann auch wir im Bett liegen, lassen wir den Tag noch einmal an uns vorbeiziehen. Wie verzweifelt unsere Situation war und wie uns von einer Frau geholfen wurde, die selbst nur so halbwegs mit dem Leben klarkommt. Wahrscheinlich war sie genauso erleichtert, ein paar Leute gefunden zu haben, die ihr beim Putzen helfen und ein wenig Gesellschaft leisten, wie wir über ihre Gastfreundschaft. Wobei: Wer hat denn schon sein Leben im Griff? So wirklich? Ist es nicht nur eine Illusion zu glauben, wir wüssten tatsächlich, was wir tun? Und während ich über diese Dinge nachdenke, spüre ich, wie unheimlich froh ich bin, genau jetzt an genau diesem Ort zu sein.

In dem Moment flattert etwas Riesiges direkt an unseren Gesichtern vorbei.

»Eine Fledermaus«, flüstert Maria mir zu. »Mist, was machen wir jetzt?« Da sie offensichtlich Angst hat, versuche ich so zu tun, als hätte ich keine, obwohl das nicht ganz der Wahrheit entspricht, schließlich kennen wir Norweger Fledermäuse allenfalls aus düsteren Filmen und unheimlichen Erzählungen. Da fällt es auch mir nicht so leicht, diese harmlose, nächtliche Begegnung entspannt zu sehen. Die Fledermaus flattert in den nächsten Minuten ständig hin und her, und jedes Mal ist sie uns so nahe, dass wir sie anfassen könnten. Tun wir aber nicht. Stattdessen liegen wir beide stocksteif auf unseren Matratzen, spüren jedes Mal einen kalten Luftzug im Gesicht, wenn die Fledermaus vorbeifliegt, und schlafen seltsamerweise trotz des flatternden Ungeheuers wenige Minuten später ein.

Am nächsten Morgen werde ich von der Sonne geweckt, die schräg durch ein winziges Fenster scheint. Ich drehe mich um und sehe, dass Maria und die Kinder schon aufgestanden sind. Ich gehe nach unten und höre das Klirren von Besteck auf Porzellan und fröhliche Stimmen aus dem Garten. Dort finde ich meine Familie zusammen mit Michelle und zwei Jungs Anfang zwanzig am Frühstückstisch.

»Guten Morgen, ich bin Thor«, stelle ich mich vor und setze mich zu ihnen. Die beiden Jungs heißen Sebastian und Frank. Sie kommen aus Paris, sind seit Kurzem ein Pärchen und machen zurzeit *Work and Travel* hier in Australien. Die beiden wohnen gratis in einer der Ferienwohnungen oben an der Straße, die Michelle gehören. Im Gegenzug renovieren sie die Wohnung, damit Michelle sie bald an Urlaubsgäste vermieten kann.

»Kannst du nicht noch mal das wunderschöne Lied für uns singen, Frank«, bittet Michelle dann plötzlich mit leuchtenden Augen. »Er ist Künstler, wisst ihr«, fügt sie dann hinzu. »Er lebt davon, in Paris auf der Straße zu singen.«

»Na gut«, antwortet er, steht auf und singt mit einer glasklaren und kräftigen Opernstimme, die hier mitten im Dschungel völlig surreal und fehl am Platz wirkt. Auf eine wunderschöne Art und Weise, wohlgemerkt.

Während er singt, kommt Mr. Bride, der weiße Pfau von Michelle, aus dem Haus gelaufen, bleibt stehen und schaut dem singenden Franzosen aufmerksam zu. Sobald das Lied zu Ende ist, begibt er sich auf den Weg in den Wald. Vermutlich um sich auf die Suche nach ein paar Würmern oder Ähnlichem zu machen.

Während der zwei Tage in Michelles Villa Kunterbunt finden wir wieder zu unserer inneren Ruhe zurück und fühlen uns dazu bereit, die Reise fortzusetzen. Also verabschieden wir uns mit einem lachenden und einem weinenden Auge von ihr und fahren nach Noosa, einer kleinen und ruhigen Stadt im nördlichen Teil der Sunshine Coast. Wir haben von Michelle viel Schönes über Noosa erzählt bekommen und verlieben uns sofort in diesen entspannten und fröhlichen Ort mit seiner gemütlichen Strandpromenade, den vielen Gasgrills, die man kostenlos benutzen kann, und dem großen Spielplatz direkt am Noosa River, der hier ins Meer mündet. Der Strand liegt direkt am Ufer des Flusses und damit geschützt vor Wellen und Wind, was einer der Gründe für die entspannte Atmosphäre ist, die über Noosa schwebt. Obwohl es hier überall Menschen gibt, ist es seltsamerweise immer ruhig. Anscheinend genießen hier alle einfach nur das Wetter und das Leben an sich.

»Hier will ich zelten«, ruft Aaron, als er den Strand erblickt, und spricht damit das aus, was uns allen schon längst durch den Kopf gegangen ist.

»Wenn es nur einen Campingplatz gäbe, der für uns bezahlbar ist«, gebe ich zurück.

Wir finden aber keinen. Also verbringen wir einen herrlichen Tag in Noosa und fahren abends nach dem Zähneputzen zu einem kleinen Parkplatz mitten im Wald, der etwa vierzig Minuten entfernt liegt. In unserer App ist er von einem anderen Nutzer als kostenloser Campingplatz eingetragen worden, doch es gibt dort keine Schilder, die dies bestätigen. Bloß ein kleines Gebäude mit verstopften Toiletten. Also vermuten wir, dass das Campen dort zwar illegal ist, aber trotzdem geduldet wird.

Hoffentlich.

Wir bauen unser Zelt auf dem Rasen auf, und morgens nach dem Aufstehen fahren wir direkt wieder an den Strand, um dort zu frühstücken. Das Zelt mit unseren Schlafsäcken und Isomatten lassen wir einfach stehen, und jeden Abend auf dem Heimweg schicken wir ein kleines Stoßgebet Richtung Himmel und hoffen, dass unsere Sachen noch da sind.

Am Strand von Noosa kommen wir immer wieder mit freundlichen Australiern ins Gespräch, und eines Tages erzählt uns eine schick gekleidete Rentnerin – vielleicht hat sie Mitleid mit uns, als sie sieht, wie wir wieder mit wuscheligen, ungekämmten Haaren unser Frühstück am Strand zubereiten –, dass es einen Campingplatz direkt nebenan gibt, der den Pfadfindern gehört.

»Dort kann man angeblich günstig zelten«, sagt sie.

Das wäre zu schön, um wahr zu sein.

Kurzentschlossen laufen wir dort vorbei und stellen fest, dass der Campingplatz seit Langem geschlossen ist, doch in wenigen Tagen wieder öffnet. Und wir haben Glück. Die Betreiber lassen uns trotzdem schon rein, und für nur zwölf Euro die Nacht bekommen wir einen Stellplatz, warme Duschen, richtige Toiletten mit Spülung und ein großes Waschbecken zum Geschirrspülen und Kleiderwaschen. Auch wenn die Anlage alt und mehr als renovierungsbedürftig ist, fühlen wir uns wie im luxuriösesten Wellnesshotel. Die letzten vier Monate auf Tasmanien und in Neuseeland, in denen wir mehr oder weniger wie Steinzeitmenschen gelebt haben, haben ihre Spuren hinterlassen. Es ist ein herrliches Gefühl, sich derart über etwas so Grundlegendes freuen zu können.

Und wir genießen den »Luxus«. Ganze vier Wochen bleiben wir an diesem Ort. Wir gehen täglich zu unserem neuen Lieblingsstrand, genießen das Leben und lernen eines Tages Roy kennen, einen Hippie, der im Rollstuhl sitzt und fürs Angeln lebt. Er redet fast ausnahmslos von all den unterschiedlichen Fischen, die er in seinem Leben gefangen hat, und zeigt dabei, wie groß sie alle waren.

Lydia und Co. sind begeistert, stellen sich zu ihm auf den Steg und schauen ihm bei der Arbeit zu. Während Maria und ich ein Stückchen entfernt im Sand sitzen, erzählt Roy den Kindern alte Fischergeschichten und lässt sie zwischendurch seine Angelrute halten. Am nächsten Tag bringt er auch für die Kinder Angelruten mit, und fortan treffen sie sich fast täglich zum Angeln. Einmal nimmt er die Kinder und Maria sogar mit zu einem Reggae-Festival, während ich in der örtlichen Bücherei bin, um zu arbeiten. Maria hilft ihm beim Schieben, wenn der Rasen zu weich für seinen Rollstuhl ist, ansonsten ist Roy sichtlich in seinem Element und grüßt ständig alte Freunde. Er und meine Familie verbringen fast den ganzen Tag dort, tanzen, lachen und essen Fish and Chips aus großen Papiertüten.

Wenn Roy angelt, schauen regelmäßig drei Freunde von

ihm vorbei, und zwar die Stachelrochen von Noosa River. Wir stehen knöcheltief im Wasser, als wir sie zum ersten Mal sehen.

»Schau mal, ein Rochen«, ruft Amy begeistert, als sie den Ersten entdeckt. Sie schwimmen ganz nah an uns heran und haben überhaupt keine Angst vor uns.

»Hier, gebt ihnen was zu futtern«, sagt Roy und schmeißt uns einige von seinen Ködern zu. »Lasst sie aus euren Händen fressen.«

Wir alle geben ihnen jeweils ein Stück Fisch, und als Maria dran ist, streichelt sie dem größten von ihnen, bei dem allein der Schwanz über ein Meter lang ist, leicht über den Rücken.

»Haha, seht ihr«, lacht Roy. »Die sind ganz lieb. Tun einem nichts. Passt nur auf, dass ihr nicht auf sie tretet, denn dann kriegt ihr den Stachel zu spüren.«

Neben der Natur sind es die Menschen, denen wir auf unserer Reise begegnen, die den stärksten Eindruck hinterlassen. Und Roy ist definitiv einer dieser Menschen, die wir – und vor allem die Kinder – nie vergessen werden.

Nachdem wir den ganzen Tag am Strand verbracht haben, bleiben wir eines Abends einfach sitzen. Wir bilden einen Kreis, spielen Gitarre und singen alte Lieder. Wie so oft essen wir dabei den Fang des Tages, den wir kurz zuvor auf einem der vielen kostenlosen Gasgrills zubereitet haben. Acht kleine bis mittelgroße Silberflossenblätter, wie sich diese Fischsorte im Deutschen nennt. *Butter Bream* sagen unsere Kinder dazu, die die englischen Namen all der Fische, die sie fangen, schon längst von Roy gelernt haben. Als Alicia, eine Freundin von Roy, vorbeikommt, schnappt er sich unsere Gitarre, und die beiden singen zusammen eine Country-Ballade. Ihre rauchige

Jazzstimme überrascht uns. Die Musik klingt wunderbar unperfekt und lässt uns träumen.

Eine junge Frau mit kurzem schwarzen Haar und einem breiten Lächeln läuft von der Musik angezogen direkt auf uns zu. Sie hält ein Skateboard in der Hand, das sie einfach auf einen freien Platz in unserem Kreis wirft. Sie setzt sich darauf und lächelt zur Begrüßung freundlich und offen in die Runde. Maria reicht ihr spontan einen Teller mit gegrilltem Fisch, einem Stück Weißbrot und selbst gemachtem Knoblauchdip. Die junge Frau nimmt ihn an, bedankt sich wortlos, indem sie ihre Hände wie beim Gebet aneinanderlegt und den Kopf neigt. Dabei schenkt sie uns noch mal ihr strahlendes Lächeln, fängt an zu essen und lauscht hingebungsvoll der Live-Musik.

Wir sitzen noch lange so. Irgendwann hören wir auf zu singen und unterhalten uns so lange, bis die Kinder ganz müde werden. Filippa schläft auf der Picknickdecke ein, und auch die anderen legen sich gemütlich hin, Amy mit dem Kopf auf Marias Schoß.

»Es ist so schön, mit euch Erwachsenen lange aufzubleiben«, sagt sie, während sie müde blinzelt. »Ich wünschte, wir könnten das viel öfter machen.«

Maria streichelt ihr über das Haar und lächelt sie an. »Das werden wir.«

Wir fühlen uns unglaublich wohl in Noosa, und als Maria am Strand eine Schwedin kennenlernt, die ihr eine Arbeitsstelle in ihrer Firma anbietet, scheint ein Traum wahr zu werden. Wenn man eine feste Arbeitsstelle vorweisen kann, hat man nämlich gute Chancen, eine Aufenthaltsgenehmigung zu bekommen, was in diesem Land ansonsten fast unmöglich scheint.

»Wir könnten hier ein ganzes Jahr oder noch länger bleiben, wenn wir wollen«, strahlt Maria mich an. Doch in ihren Augen sehe ich nicht nur Begeisterung. In den grünen Tiefen verborgen entdecke ich etwas anderes, etwas, das auch mich schon eine Weile verfolgt hat. Ein Gefühl, das wir bisher nicht in Worte fassen konnten. Etwas, das in Neuseeland vor dem Gespräch mit dem Schwaben Bernhard bei mir zum ersten Mal an die Oberfläche gekommen ist, von seinen beruhigenden Worten jedoch wieder zum Untertauchen gebracht wurde. Vorerst. Denn jetzt ist das Gefühl wieder da: Wir fühlen uns trotz all der unglaublichen Schönheit irgendwie verloren und haltlos.

Es ist seltsam. Wir führen hier ein Leben wie im Paradies – und gleichzeitig sehnen wir uns immer mehr nach etwas Vertrautem, nach Freunden und Familie. Es wird uns plötzlich klar, dass wir Europa vermissen.

»Vielleicht sollten wir langsam an die Heimreise denken«, sagt Maria und spricht dabei die Worte aus, die uns beiden durch den Kopf gehen. Obwohl wir so etwas schon lange nicht mehr haben. Ein Heim. Ein Zuhause.

Wir schauen uns Flüge nach Hawaii und von dort über Kalifornien zurück nach Europa an, auch wenn wir immer noch nicht das Geld für diese Route haben. Die Vorstellung, mit diesen weiteren Reisezielen tatsächlich um den ganzen Globus zu fliegen, finde ich schon seit Beginn der Reise verlockend. Doch selbst für mich haben diese beiden Ziele jetzt ihren Reiz verloren.

Was wollen wir auf Hawaii und in Kalifornien? Ohne jemanden zu kennen? Das, was uns vor ein paar Monaten noch so gereizt hat – das Unbekannte, die Unsicherheit, das ständig Neue –, fühlt sich seit ein paar Wochen zunehmend anstrengend und leer an.

Was ist bloß mit uns los?

Kurz darauf schauen wir nach Flugtickets zurück nach Norwegen, schließlich haben wir in Deutschland keine Wohnung, wo wir unterkommen könnten. Die von Lea und Peter zum Beispiel, in der wir direkt vor der Reise kurz gewohnt haben, ist schon längst vermietet worden. Marias Eltern haben aber eine Wohnung für uns im Kellergeschoss ihres Hauses frei, also fühlt es sich besser an, erst mal nach Norwegen zu fliegen.

Als wir die Seite der norwegischen Fluggesellschaft öffnen, werden wir von unseren eigenen Gefühlen sehr überrascht. Schon allein Oslo als Reiseziel auszuwählen, erfüllt uns mit einem fantastischen und leichten Gefühl, das uns klarmacht: Wir sind einfach satt von der Welt. Wir haben erst mal genug erlebt und gesehen, und es ist wieder Zeit für Stabiles und Normales. Genauso wie wir vor einem Jahr die uneingeschränkte Freiheit gebraucht haben, brauchen wir jetzt ein wenig Halt und Sicherheit. Vermutlich kommt es auf das rechte Gleichgewicht an. Bis letztes Jahr war uns unser Leben schlicht und ergreifend zu vertraut und zu vorhersehbar, und außerdem hatten wir uns noch nicht vollständig von unserer Vergangenheit in der Sekte gelöst. Wir brauchten eine Überdosis Freiheit, um uns irgendwann – jetzt – wieder einzupendeln.

Vielleicht sind wir tatsächlich wieder bereit für eine Art Alltag. Doch wie soll dieser Alltag aussehen? Wir wollen ja nicht in unser altes Leben zurück. Schon vor dieser Reise haben wir von einem einfachen Leben in der Natur geträumt, doch nach der wundervollen Zeit, die wir auf Tasmanien und in Neuseeland verbracht haben, gibt es für uns keine Alternative mehr dazu. Wir wollen diese Verbundenheit mit der Natur spüren. Wir wollen mehr Wert auf Zeit und Dinge legen, die uns erfüllen, und nicht auf Arbeit, Luxus und Geld. Können wir so ein Leben nicht auch in Europa führen? Zumindest für die nächste Zeit?

Die Frage ist allerdings, ob wir etwas Passendes finden werden. Einen Ort, an dem wir uns vorstellen können zu leben. Wird unser Traum von einem Leben in der Natur am Ende wahr, oder enden wir an irgendeinem traurigen Ort, der uns nicht gefällt, weil wir nichts Besseres finden?

Ach, komm. Es hat schon immer irgendwie geklappt, sage ich zu mir selbst und versuche positiv zu denken, als zu der Sehnsucht nach Sicherheit wieder die alte Angst vor der Unsicherheit kommt.

Wie oft haben wir auf dieser Reise in vermeintlichen Sackgassen festgesteckt – und es irgendwie immer wieder geschafft, uns herauszumanövrieren. Aus eigener Kraft oder mithilfe all der wundervollen Menschen, die wir unterwegs kennengelernt haben.

Das musst du für die Zeit danach bitte immer im Kopf behalten: die Gewissheit, dass alles am Ende irgendwie gut wird. Und wenn es nicht gut ist, dann ist es noch nicht das Ende. Mach dir keine Sorgen, Thor. Leb einfach!

Wir buchen noch am gleichen Tag die Tickets für den Flug nach Norwegen – über Bangkok – und haben jetzt noch neun Tage in diesem Paradies, bis wir die Rückreise antreten.

Noch eine andere Entwicklung sorgt dafür, dass unsere Sehnsucht nach Norwegen wächst. In den vergangenen Monaten ist die Facebook-Gruppe der ehemaligen Sektenmitglieder nämlich immer aktiver geworden.

Nachdem Erik und die anderen versucht haben, mit Karl in einen Dialog zu treten, und er dieses Angebot einfach ignoriert hat, sind ein paar von ihnen zu einer Zeitung gegangen und haben Interviews gegeben. Andere haben Kontakt zu ehemaligen Freunden in der Sekte aufgenommen und mit ihnen über die Vorwürfe in den Zeitungsartikeln geredet. Und zu unserer großen Überraschung tut sich dieses Mal etwas. Einzelne Mitglieder der Sekte beginnen tatsächlich, kritische Fragen zu stellen, unter anderem eine Person, die seit Jahren dem Vorstand der Sekte angehört. Es passiert etwas, was noch nie zuvor geschehen ist: Immer mehr Leute fangen an zu reden, zu reflektieren und Karl kritisch zu hinterfragen. Zuvor war es unvorstellbar, bloß kritisch zu denken – jetzt werden kritische Gedanken sogar laut geäußert. Es ist wie ein Lauffeuer, eine kleine Revolution, die aus dem Inneren der Sekte kommt und sich erst langsam, dann immer schneller ausbreitet. Die Zeit für die Wahrheit und für Gerechtigkeit ist endlich gekommen.

Maria und ich sind in diesem Prozess bisher relativ passiv gewesen. Während der letzten Wochen, in denen wir mittlerweile täglich Meldungen bekommen haben, was dort geschieht, ist jedoch das Feuer der Revolution auch in uns erwacht. Wir wollen handeln, aktiv werden, unseren Beitrag leisten.

Und so sitze ich abends im Auto, während die Kinder im Zelt schlafen und Maria neben mir liest, und tippe unsere Geschichte in meinen Laptop. Es sind noch fünf Tage, bis unser Flug nach Hause geht, und ich habe das Gefühl, dieses Kapitel unseres Lebens nun zu einem Abschluss bringen zu müssen.

Ich schreibe über alles, was uns angetan worden ist, über die Gehirnwäsche, über die Geschichte mit Marias Exfreund Erik und darüber, wie blind wir damals waren und wie wir das Ganze erst viele Jahre später verstanden haben.

»Es brauchte eine andere Kultur, die etwas toleranter, weltoffener und ein Stück weit anders war, um uns langsam, aber sicher die Augen zu öffnen. Erst in Deutschland lernten wir, wirklich selbst zu denken, und waren dadurch erst imstande, unsere Vergangenheit zu hinterfragen.«

Ich schreibe darüber, wie wir uns selbst erst als erwachsene Menschen zum ersten Mal kennen und verstehen lernten. Und dass wir uns zum ersten Mal im Leben so richtig frei fühlten.

Ich will diese Zeilen als Leserbrief an eine norwegische Zeitung schicken, die bereits Interviews mit anderen Sektenmitgliedern veröffentlicht hat, und gebe mir beim Schreiben richtig Mühe, denn ich möchte, dass das, was ich schreibe, einen wirklichen Einblick in die Sekte gibt. Ich will, dass sowohl für die Mitglieder der Sekte als auch für Außenstehende verständlich ist, wie man als normaler Mensch in so einem System gefangen sein und geblendet werden kann. Gleichzeitig ist es mir wichtig, nicht zu emotional zu werden, sondern sachlich und ausgewogen zu bleiben, damit ich ernst genommen werde.

Als ich das letzte Wort geschrieben habe, bin ich hin- und hergerissen.

»Was soll ich tun?«, frage ich Maria, »soll ich die Mail wirklich abschicken? Ist das jetzt zu viel? Das Ganze ist ja sowieso im vollen Gange.« Ich denke auch an Karl. Ich will ihm wirklich nichts Böses. Und ich weiß, dass Karl meinen Text als Hochverrat empfinden wird. Es fühlt sich so an, als würde ich auf jemanden eintreten, der bereits auf dem Boden liegt.

»Ich weiß es nicht, Thor, vielleicht fragen wir lieber in der Facebook-Gruppe nach?«

Genau das tun wir, und nachdem wir ein paar Rückmeldungen bekommen haben, entscheiden wir uns am Ende dafür, die Geschichte an die Zeitung zu schicken.

»Es ist nichts als die Wahrheit«, schreibt Erik uns und nimmt mir meine letzten Zweifel. »Und es ist immer gut, wenn die Wahrheit ans Licht kommt.«

Zwei Tage später wird unsere Geschichte tatsächlich in der Zeitung veröffentlicht, und sie schlägt ein wie eine Bombe in ein Haus, das bereits in Schieflage geraten ist. Einer der Gründe, warum mein Leserbrief relativ viel Gewicht hat, ist wohl, dass es von unserer Seite noch keinen offiziellen Bruch mit der Sekte gegeben hat und wir – sosehr wir uns in den letzten Jahren innerlich von der Sekte distanziert haben – noch immer als Sektenmitglieder gelten. Wir werden von den Mitgliedern dort sogar noch immer als ihre Missionare angesehen, da wir bis vor Kurzem jedes Jahr zu Besuch gekommen sind und von unserer Arbeit in Dortmund berichtet haben. Ich bin sozusagen einer von ihnen, und Maria kommt aus einer zentralen Familie der Kirchengemeinde.

Karl meldet sich am selben Tag für mehrere Wochen krank, und der Widerstand aus den Reihen der Mitglieder wächst täglich. Ständig bekommen wir neue und zunehmend positivere Meldungen von der »Front«. Das Ganze geht uns emotional sehr nahe, da Marias Familie und viele Freunde von uns vor Ort sind und diesen schwierigen Kampf austragen und hautnah miterleben müssen.

»Ich halte es fast nicht mehr aus, so weit weg von ihnen zu sein«, sagt Maria zu mir, als wir mit den Kindern am Strand entlangspazieren. »Jetzt, da sie all das durchmachen, möchte ich bei ihnen sein. Seite an Seite.«

Kurz nachdem sie das sagt, bekommen wir einen Anruf von Trude, einer Freundin aus der Sekte, mit der wir allerdings schon seit vielen Jahren kaum noch Kontakt haben.

»Vielen Dank für euren Artikel«, sagt sie, »ich habe zwar selbst nichts von alldem erlebt, aber ich verstehe jetzt endlich, dass vielen anderen Unrecht getan worden ist.«

Zwei Tage später ruft sie noch einmal an, doch dieses Mal klingt sie sehr aufgeregt, fast wütend.

»Ich habe selbst nichts erlebt? Von wegen!«, sagt sie mit zitternder Stimme. »Mein ganzes Leben hat Karl kontrolliert. Er hat mich manipuliert und benutzt. Ich habe alles geopfert für diesen Verein und was nun? Plötzlich sehe ich alles so klar, ich musste bloß erst *einen* kritischen Gedanken zulassen, dann ist der Staudamm gebrochen.«

Trude und die anderen Mitstreiter durchleben innerhalb weniger Tage eine Transformation, die sich bei uns ganz sanft, über viele Jahre hinweg und mit großem Abstand vollzogen hat. Ihre ganze Welt, alles, wofür sie gelebt haben, und alles, woran sie geglaubt haben, fällt innerhalb kürzester Zeit in sich zusammen. Und während sie diese schmerzhaften Erfahrungen durchleben, versuchen sie gleichzeitig, sich wieder aufzurappeln und für das Richtige einzustehen. Sie sind die Helden dieser Geschichte, und wir sind unendlich stolz auf sie.

Gleichzeitig können wir unser Glück kaum fassen. Zusammen mit den anderen Leuten der Facebook-Gruppe hatten wir höchstens gehofft, dass wir mit unseren Aktionen ein paar Leute in der Sekte erreichen und befreien können. Dass am Ende das ganze Kartenhaus zusammenfällt, hätten wir nie zu träumen gewagt. Genau das passiert jedoch. In den folgenden Wochen wenden sich fast drei Viertel der Mitglieder gegen

Karl. Sie fordern gemeinsam seinen Rücktritt, doch er kooperiert nicht, sondern klammert sich an seine Macht.

»Sucht euch eine andere Kirchengemeinde, wenn es euch hier nicht mehr gefällt«, fordert Karl die Kritiker auf. Er versteht anscheinend nicht, wie respektlos diese Aussage gegenüber Menschen ist, die den Großteil ihres Lebens – und teilweise auch Geldes – dafür eingesetzt haben, diese Kirchengemeinde gemeinsam mit ihm aufzubauen. Sie haben mindestens genauso viel wie er – vermutlich sogar mehr – für diese Kirchengemeinde geopfert. Doch ihre Meinungen sind für ihn wertlos, denn er scheint zu glauben, dass sie keine eigenständigen Menschen sind, sondern dass sie ihm gehören, wie Vieh.

»Als er diesen Satz von sich gegeben hat, dachte ich, ich höre nicht richtig«, erzählt uns später Marias Vater, der bei diesem Treffen mit Karl anwesend war. »Da hat jeder endlich sehen können, wie er wirklich denkt. Er glaubt, dass es *seine* Kirchengemeinde ist und die Menschen für ihn nur Werkzeuge sind, die er benutzen kann.«

Und so verlassen tatsächlich zahlreiche Menschen die Sekte. Zurück bleibt Karl mit einem riesigen Gebäude und einer Handvoll vorwiegend älterer Leute, die noch zu ihm halten. Und als wir von all unseren Freunden mitbekommen, dass sie die Sekte offiziell verlassen, wird uns klar, dass auch wir tatsächlich immer noch Mitglieder sind. Also setze ich mich hin und schreibe eine förmliche E-Mail an Karls Sekretärin.

»So, damit ist dieses Kapitel endgültig abgeschlossen«, sage ich laut zu mir selbst, schicke die Mail ab und gehe rüber zu Maria und den Kindern, die auf dem weichen Rasen Radschlagen üben.

Die Sonne strahlt über der Sunshine Coast, und wir nehmen Abschied vom Paradies – erleichtert und entspannt. Denn mit dem Auseinanderbrechen der Sekte scheint irgendwie alles möglich zu sein. Warum sollten wir jetzt nicht auch eine gute Lösung für unsere Zukunft finden?

Zwischendurch sind die Zweifel zwar kurz wieder da.

Aber das ist uns egal.

Denn wir sind uns sicher: Am Ende wird alles gut.

So verbringen wir auch den letzten Tag in Noosa wieder am Strand mit Roy und ein paar anderen Leuten, die wir kennengelernt haben. Wir essen ein letztes Mal selbst gefangenen Fisch und hören noch ein paar Lieder von Roy und Alicia, bevor wir den vorletzten Flug unserer großen Reise antreten.

14

Ende gut, alles gut?

*Wir sichern uns die Heimat nicht durch den Ort,
wo, sondern durch die Art, wie wir leben.*
GEORG BARON VON OERTZEN

Bangkok, Mai 2016
Es ist spätabends, und wir befinden uns im Landeanflug auf Bangkok. Maria lehnt den Kopf gegen meine Schulter. Die Kinder sind mit irgendwelchen Malbüchern beschäftigt, die sie von einer Flugbegleiterin geschenkt bekommen haben. Ich schaue aus dem Fenster und sehe Tausende von Lichtern und überall Straßen, kreuz und quer wie ein riesiges Gitternetz. Minuten vergehen, wir fliegen immer tiefer, doch die unendlich große Stadt scheint nie aufzuhören. So weit ich blicken kann, gibt es nichts als Häuser und Lichter und noch mehr Straßen.

Nachdem wir elf Monate fast ausschließlich in der Natur gelebt haben, überwältigt mich dieses Bild. Eine Stadt in dieser Größe, mit so viel Armut und so vielen Kindern, die ihr ausgeliefert sind. So viele Schicksale und so viele Erwachsene, die den ganzen Tag arbeiten müssen und trotzdem in einer dreckigen Blechhütte leben müssen. Mitten in diesem Chaos aus Lärm und Smog.

»Weißt du«, flüstere ich Maria zu, als ich meine schwermütigen Gedanken allein nicht mehr aushalte, »in den ländlicheren

Gegenden Thailands geht es den Armen gut, in der Natur. Dort haben sie doch alles, was sie brauchen. Und dennoch zieht es so viele von ihnen hierher.«

»Es ist der Wohlstand, der sie hierherlockt. Davon träumen sie – und merken scheinbar nicht, wie groß das Opfer ist, das sie dafür bringen müssen«, gibt Maria nicht minder nachdenklich zurück.

Rund um die Uhr arbeiten für ein Smartphone und vielleicht schickere Kleidung. Mehr ist für die Armen in der Stadt meistens nicht drin, wenn überhaupt. Auf dem Land hätten sie klares Wasser, frische Lebensmittel, ein Leben mit der Natur, nur kein Geld.

»Es ist verrückt. Sie tauschen offensichtlich ein freies und relativ sorgloses Leben, umgeben von Schönheit und Ruhe, ein gegen ein Leben voller Stress und mit wenig Zeit und noch weniger Schönheit.«

»Ist bei uns im Westen doch nicht anders. Den meisten von uns sind auch materielle Dinge, Status und Sicherheit wichtiger als Freiheit und Zeit zum Leben.«

Ich gebe Maria recht. Oder zumindest leben wir im Westen so, weil wir nicht auf die Idee kommen, dass es auch anders geht. Die meisten von uns wählen lieber ein gestresstes Leben statt ein ruhiges.

In Norwegen zum Beispiel, wo wir herkommen, hat sich der Wohlstand seit den Siebzigerjahren verdreifacht. Und was machen wir heute? Wir arbeiten mehr und sind gestresster denn je. Warum? Weil unsere Ansprüche mit unserem Geldberg mitgewachsen sind. Es sind ganz neue, vermeintlich essenzielle Bedürfnisse entstanden, ohne dass wir es gemerkt haben. Und somit hat uns das Ganze doch eigentlich nichts gebracht, außer schönere Häuser und Wohnungen, schickere

Autos, feineres Essen und teurere Kleidung. Alles Dinge, die mir, ehrlich gesagt, nichts bedeuten. Außer das gute Essen vielleicht. Ich glaube, wenn wir uns mit dem Standard der Siebzigerjahre zufriedengeben würden, könnten wir viel weniger arbeiten und hätten viel mehr Zeit zum Leben.

Ach, der Kapitalismus und der sogenannte Fortschritt. Natürlich bringt all das auch viel Gutes mit sich, doch nun, da wir hier im Flieger sitzen und uns diese riesige Stadt anschauen, denken wir an all die Menschen, die eigentlich ein nach unserem Maßstab viel schöneres Leben haben könnten. Diese Stadt kommt mir in diesem Moment vor wie ein riesiges Monster, das all das repräsentiert, was wir nicht wollen.

Am nächsten Tag nehme ich mir eine kurze Auszeit von der Familie. Ich sitze in einem kleinen Straßencafé und genieße einen Kaffee, während ich ein gutes Buch lese. Zwischendurch schaue ich aus dem Fenster und lasse den Gedanken freien Lauf. Immer wieder fallen mir ein paar spannende neue Ideen ein, die ich unbedingt festhalten will. Also hole ich mein Notizbuch aus meiner Hosentasche und schreibe sie auf. In diesem Buch befinden sich bereits unzählige kleine Geschichten, Zeilen, Zitate und Ideen, die ich im Laufe der Reise gesammelt habe. Für ein Buch, das ich vielleicht irgendwann in der Zukunft über diese Reise schreiben möchte.

Das Nachdenken und die Stille sind für mich wie Meditation. Es gibt wenig, das mich glücklicher und zugleich entspannter macht, als wenn ich Zeit zu lesen, zu träumen, zu denken habe und zwischendurch ein bisschen schreiben kann. Und danach vielleicht ein Spaziergang, ganz alleine, und die Gedanken schweifen lassen.

Auf dem Weg zurück zu unserem Hostel, wo Maria und die Kinder sind, bleibe ich plötzlich neugierig stehen. Mitten in der Stadt, auf der anderen Straßenseite, befindet sich ein relativ großer Käfig mit Flutlicht, in dem eine Gruppe junger Erwachsener Fußball spielt. Sie lachen. Haben Spaß. Ihre Kleidung ist zerschlissen, der Ball abgewetzt. Doch sie gehen ganz im Spiel auf und entziehen sich der alltäglichen Hast, die diese Stadt so atemlos macht. Der Anblick beeindruckt mich zutiefst, weil er zu meinem Bild dieser Stadt – oder vielleicht besser gesagt zu dem Vorurteil, das ich ihr gegenüber habe – überhaupt nicht passt.

Männer, fast in meinem Alter, die einfach Spaß haben, und zwar auf eine Art und Weise, die mir aus Dortmund sehr bekannt ist. Ich spüre, wie ich das wöchentliche Fußballspielen aus meiner Zeit in Dortmund beinahe körperlich vermisse, und fühle mich wie magisch angezogen von diesem Käfig, der im gelb-warmen Scheinwerferlicht leuchtet.

Ich überquere die Straße und schaue ihnen eine Weile sehnsüchtig zu.

Natürlich gibt es auch hier Leute, die das Leben genießen, denke ich bei mir. *Es ist bei Weitem nicht alles so schlecht und deprimierend hier, wie ich es mir gestern im Flugzeug vorgestellt habe.*

Während ich in Gedanken versunken dastehe und dem Spiel zuschaue, läuft plötzlich einer der Männer zu mir rüber und fragt, ob ich mitspielen möchte. Er spricht zwar eine Sprache, die ich nicht verstehe – vermutlich Thai –, doch es ist trotzdem unmöglich, seine Gesten falsch zu interpretieren.

Und ich bin natürlich dabei.

Die nächste halbe Stunde vergesse ich Raum und Zeit und gehe ganz im Augenblick auf wie schon lange nicht mehr. Als ein Mitspieler einen Elfmeter ausführen soll, schaue ich mich kurz um. Eine bessere Atmosphäre für ein Fußballspiel habe ich noch nie erlebt. Das Flutlicht, der braune Kies unter meinen Füßen, der schwarze Nachthimmel, die vielen Neonschilder und die Lichter der vorbeifahrenden Autos. Es sind die gleichen Lichter, die ich gestern aus dem Flugzeug gesehen habe, doch nun haben sie eine komplett andere Wirkung auf mich. Die Welt ist eben nicht schwarz-weiß, auch wenn wir Menschen oft dazu tendieren, sie so zu sehen.

Es ist nur eine halbe Stunde – völlig losgelöst von der Realität –, doch eine Begegnung, die ich nie vergessen werde. An einem Ort, an dem ich es nie erwartet hätte.

Wir wohnen in Bangkok im selben Hostel wie zu Beginn der Reise. Unsere kleine Oase, versteckt in einem Hinterhof, mitten in dieser riesigen Stadt. Es ist ein seltsames Gefühl, wieder in dieser Metropole zu sein. So viele Gerüche, Geräusche und natürlich wieder gegrillte Hähnchenspieße, Sticky Reis, Mangos und jede Menge frische Kokosnüsse vom Markt. Es fühlt sich so vertraut an, als wären wir erst gestern und nicht vor zehn Monaten hier gewesen.

Gedanklich sind wir jedoch bereits in Norwegen. Dort wartet die leer stehende Wohnung im Haus von Marias Eltern auf uns, die wir für die nächsten Wochen kostenlos nutzen können. Das ist sehr praktisch, da uns langsam das Geld ausgeht.

Unser derzeitiger Plan ist, nach einer Wohnung in Deutschland zu suchen, sobald wir in Norwegen angekommen sind. Am liebsten wollen wir mitten in der Natur leben, vielleicht sogar auf einem Bauernhof. Und möglichst nicht so weit weg von Dortmund, wo wir unsere ganzen Freunde haben. Es sind noch drei Monate, bis für Aaron, Amy und Lydia die Schule anfängt, also haben wir noch ein bisschen Zeit.

Gleichzeitig könnten wir uns hier im Herzen Bangkoks nicht weiter entfernt von Norwegen fühlen. Der Gedanke, dass wir am nächsten Morgen in ein Taxi steigen und zwanzig Minuten später am Flughafen aussteigen werden, wo uns ein Flugzeug einer norwegischen Fluggesellschaft sozusagen abholt, fühlt sich völlig absurd, aber auch wahnsinnig gut an. Mein ganzer Körper kribbelt vor Vorfreude, und ich schlafe mit einem großen Grinsen im Gesicht ein.

»Es flattert in meinem Bauch fast ein bisschen wie damals, als die Weltreise losging«, sagt Maria, als sie unsere letzten Habseligkeiten in ihren Rucksack stopft.

Mir geht es genauso, und diese Tatsache bringt mich ins Grübeln. Kein Ort der Welt ist besser als irgendein anderer, jedes Plätzchen auf dieser Erde hat seine Vor- und Nachteile. Manchmal muss man nur wegkommen, aus dem Alltag rauskommen, um das zu erkennen. Manchmal reicht es nicht, nur über den Tellerrand hinauszublicken. Manchmal muss man den eigenen Teller ganz verlassen, um sich selbst überhaupt zu verstehen. Man muss raus aus den Strukturen, die einem so viel Sicherheit geben, dass man kaum noch nachdenken muss. Man muss die Routinen hinter sich lassen, die einen den Großteil des Tages auf Autopilot leben lassen. Man muss dorthin gehen, wo man über alles nachdenken und ständig Entscheidungen treffen muss, weil dort nichts mehr selbstverständlich ist. Was gibt es heute zum Frühstück, und wo besorgen wir überhaupt unser Frühstück? Was machen wir danach, und wie gestalten wir den Rest des Tages? Und was ist mit morgen? Sind wir dann noch hier, oder geht es weiter?

Und wenn ja, wohin? Irgendwann fängt man dann auch an, die größeren Fragen zu stellen wie: Was gefällt mir an meinem jetzigen Leben unterwegs in der Welt? Was gefällt mir an meinem Leben zu Hause? Was macht mich glücklich, und wie möchte ich mein Leben in der Zukunft gestalten?

Aus irgendeinem Grund ist es viel einfacher, sich kritisch mit dem eigenen Leben auseinanderzusetzen, wenn man längere Zeit Abstand hat. Genauso wie es für uns auch mit der Sekte war. Man lernt viele Zusammenhänge verstehen, über die man vorher nicht nachgedacht hat, und man erkennt so viele neue schöne Seiten vom Leben, auch von dem, das man vor der Reise gelebt hat.

Das ist für uns eins der schönsten Dinge an so einer großen, langen und unsicheren Reise.

In Norwegen angekommen, nehmen wir den Zug nach Sandvika und werden von Marias gesamter Familie herzlich empfangen. Sie haben in einer Pizzeria Tische für uns alle reserviert, und wir essen und lachen zusammen, während unsere Kinder Geschichten erzählen, die sie aus der großen, weiten Welt mitgebracht haben.

Doch wir reden auch über ernstere Themen. Marias Eltern haben nun ebenfalls endgültig die Entscheidung getroffen, die Sekte zu verlassen, nachdem sie fast ihr ganzes Leben damit verbracht haben, diese zusammen mit Karl aufzubauen. Es ist unglaublich schwer für sie, doch sie läuten damit eine neue Zeit der Versöhnung und Heilung für sich und ihre Kinder ein. Es gibt viel zu gestehen und noch mehr zu verzeihen.

»Auch wenn ich weiß, dass manche Dinge unverzeihlich sind«, sagt Marias Vater mit Tränen in den Augen, während Maria seine Hand hält.

Wir treffen uns auch mit vielen Freunden aus der Sekte, Leuten, die für Gerechtigkeit gekämpft haben, während wir auf der anderen Seite der Welt das Leben genossen haben. Unter anderem mit Benjamin, den wir noch aus unserer gemeinsamen Zeit in der Jugendgruppe kennen.

»Es ist so eine schwere Zeit gewesen«, erzählt er und sieht dabei ein wenig niedergeschlagen aus. »Ich gehe jetzt zwar nicht mehr in die Gottesdienste, habe aber auch irgendwie ein schlechtes Gewissen gegenüber Karl. Ich hab in den Gottesdiensten immer Musik gemacht. Eigentlich braucht er mich.«

»Denk da gar nicht drüber nach, Benjamin«, versucht Maria ihn zu ermutigen. »Du bist nicht verantwortlich dafür, dass es Karl gut geht, oder dass er jemanden zum Musikmachen in seinen Gottesdiensten hat. Du musst entscheiden, was sich für dich richtig oder falsch anfühlt.«

Maria und ich spüren, wie verunsichert er ist. Er steht noch ganz am Anfang seines Befreiungsprozesses, doch das ist nicht schlimm. Er hat ja noch Zeit.

Wir reden viel, auch mit einigen, die sich viel stärker im Kampf gegen Karl positioniert haben als Benjamin. Es freut uns, dass sie auf einem guten Weg in ein freies Leben außerhalb der Sekte sind, auch wenn dieser bei einigen von ihnen sicherlich noch weit ist.

Ich sitze am Oslofjord, und Aaron und Filippa spielen vor mir im Sand. Mein Blick schweift über die Wellen, die sich im Sonnenlicht kräuseln, über die bunten Häuser, die wie hingetupft wirken auf das felsige Grün der Hügel. Es riecht nach Sommer. Eine Mischung aus trockenem Kiefernwald, salziger Meerbrise und Holzkohlegrills, die mich sofort in meine Kindheit zurückversetzt. Ich bin bis ans Ende der Welt gereist, habe die schönsten und exotischsten Gegenden gesehen, die ich mir vorstellen konnte, und doch gibt es keinen Ort für mich wie den Oslofjord. Wenn Sommer ist und das Wetter mitspielt, gibt es keinen schöneren Platz.

Ich denke zurück an die Sommerferien in meiner Kindheit. Wie wir mit unserem Boot zu einer der vielen Inseln gefahren sind und mitten in der freien Natur Urlaub gemacht haben. Ein Teil der Familie zeltete, die anderen schliefen im Boot. Auf dem Wasser zu übernachten war das Schönste überhaupt. Vom sanften Schaukeln der Wellen und dem Schreien der Möwen geweckt zu werden, der salzige Geruch des Meeres in der Nase und die angenehme Wärme der morgendlichen Sonnenstrahlen auf der Haut. Ich liebte es, auf diese Art und Weise den Tag zu beginnen. Wir spielten auf den Felsen, fuhren mit Fahrrädern durch den Wald, um beim Hafenbäcker frisches Brot zu kaufen. Wir angelten Krebse, die wir in einen Eimer voll Wasser legten, um sie kurz danach wieder freizulassen.

Klingt nach *Ferien auf Saltkrokan* von Astrid Lindgren? Genau so war es auch!

Ich blicke hinaus aufs Meer, lasse die sehnsüchtigen Gedanken an meine Kindheit ziehen, schlüpfe in meine Badehose und springe ins Wasser. Es ist kälter, als ich erwartet habe, doch sobald ich mich an die Wassertemperatur gewöhnt habe, lege ich mich auf den Rücken, schließe die Augen und lasse mich treiben. Na ja, fast. Ein bisschen muss ich mit den Armen und Beinen nachhelfen, um oben zu bleiben. Ich nehme mir vor, etwas Gewicht zuzulegen, damit es beim nächsten Mal besser klappt.

Obwohl das Wasser sich noch immer kalt anfühlt, empfinde ich es jetzt als angenehm. Die Kälte lässt mich spüren, dass ich lebe, und sie hält mich im Jetzt, zwingt mich, mich auf meine unmittelbare Realität, meine Sinneswahrnehmungen zu konzentrieren und mich nicht in einer der vielen Traumwelten meiner Gedanken zu verlieren.

Ich spüre, wie das endlose Meer meinen Körper umgibt und fühle mich dabei winzig klein. Ich höre Möwen, spielende Kinder und das Plätschern der Wellen, wenn sie auf die Felsen treffen. Die Wassertropfen auf meinen Lippen schmecken nach Meersalz, und der Geruch eines warmen und trotzdem frischen Sommertags am Oslofjord macht diesen Augenblick perfekt.

Wir bekommen Besuch von Sandhya, Benedict und ihrem Sohn Liam. Das ist die Familie, die wir an unserem letzten Tag auf Bali kennengelernt haben und mit der wir uns auf Anhieb so gut verstanden haben. Wir nehmen sie mit zu dem großen Tipi im Wald, wo unsere Weltreise angefangen hat, und verbringen dort zwei Wochen gemeinsam.

Dieses Mal haben wir richtig viel Zeit, um uns kennenzulernen. Tagsüber gehen wir auf Entdeckungsreisen, und abends, wenn die Kinder im Bett sind, sitzen wir mit ihnen am Lagerfeuer und philosophieren über das Leben.

»Was ist der Sinn des Lebens?«, fragt Sandhya eines Abends in die Runde, während sie ein paar Holzscheite nachlegt.

»Liebe«, sage ich.

»Und Freundschaft«, fügt Maria hinzu.

»Sex«, sagt Benni, gefolgt von seinem tiefen, leise rollenden Lachen, für das Maria ihn schon seit einigen Tagen aufzieht. Wir alle lachen mit, was unvermeidbar ist, wenn Benni damit loslegt.

»Nein, im Ernst«, sage ich dann etwas übereifrig. »Das alles! Das Zwischenmenschliche ist für mich der Sinn des

Lebens. Wenn ihr mich vor zwei Jahren gefragt hättet, hätte ich bestimmt etwas komplett anderes gesagt, aber mittlerweile sehe ich das so.«

Danach sagt erst mal keiner was. Wir sind alle still und lauschen dem Feuer, bis Sandhya plötzlich die Stille bricht.

»Ich möchte in einer Art Community leben«, erzählt sie. »So wie jetzt, mitten in der Natur. Mit coolen Leuten, mit denen man sich gut versteht – so wie mit euch. Und noch ein paar andere Familien dazu. Ich stelle mir das total entspannt und schön vor. Und natürlich. Ich glaube, wir Menschen sind dazu geschaffen, so zu leben.«

An einem dieser Abende setzen wir uns in ein Holzbecken mit heißem Wasser, das mit einem Holzofen beheizt wird. Wir müssen also vorher Feuer machen und ein paar Stunden lang Holz nachlegen, bis die richtige Temperatur erreicht wird. Es ist ein kühler, skandinavischer Sommerabend. Wir lehnen unsere Köpfe gegen den Rand des Holzbeckens und blicken hinauf in den Himmel.

Wieder so ein Moment, in dem einfach alles gut ist und ich zufrieden und glücklich bin. Ich freue mich über die Reise, die jetzt langsam zu Ende ist und die uns in Kontakt mit so vielen Menschen gebracht hat, deren Freundschaft wir uns auch für die Zukunft bewahren werden. Gleichzeitig bin ich voll freudiger Erwartung angesichts unseres Neuanfangs in Europa, irgendwo in der Natur.

Kurz bevor wir schlafen gehen, erzählen Maria und ich von unserer Idee, einen Film über unsere Reise zu machen.

»Wir wollen anderen unsere Geschichte erzählen. Wir wollen zeigen, dass es möglich ist, anders zu leben, wenn man nur will«, erläutere ich den anderen unsere Idee.

»Es soll zwar um unsere Reise gehen, aber in erster Linie wollen wir Menschen dazu inspirieren, ihr Leben selbst in die Hand zu nehmen«, führt Maria meinen Gedanken weiter und lächelt mich an. »Wir wollen auch zeigen, dass man keinen Erwartungen gerecht werden muss, sondern dass man herausfinden darf, was einen glücklich macht.«

Sandhya und Benedict lassen sich sofort davon begeistern, und wir beschließen, einen gemeinsamen Film zu produzieren – auch wenn wir nicht wirklich wissen, wie das funktioniert. Ein Interesse für Foto und Video hatte ich aber schon immer, und in meiner Vergangenheit als Musiker habe ich ein paar einfache Musikvideos gedreht und geschnitten und etwas über Marketing gelernt. Maria habe ich während der Reise auch beigebracht, Kurzvideos für unseren Blog zu schneiden. Und Sandhya und Benedict haben einen gemeinsamen YouTube-Kanal, durch den sie schon Videoerfahrung haben. Also verfügen wir alle über Grundkenntnisse, was das Schneiden von Videos angeht. Das ist doch schon ein Anfang.

Wovon wir alle vier jedoch keine Ahnung haben, ist, wie man eine Geschichte durch das Medium Film erzählt. Geschweige denn, wie man einen ganzen Film macht. Wir haben keine Kontakte. Wir wissen nicht, wie so ein Film vertrieben wird. Aber wenn wir eines auf unserer Reise gelernt haben, dann dass man auf bestimmte Dinge einfach naiv drauflosgehen muss. Vielleicht geht es schief, aber oft entsteht auch etwas Wunderbares, mit dem man selbst nicht rechnet.

Ein paar Tage später fallen wir allerdings in ein tiefes Loch. Wir haben uns von Sandhya und Benedict mittlerweile verabschiedet, die mit ihrem Sohn zurück nach Deutschland gereist sind. Und mit diesem Abschied wird uns klar, dass die Reise nun endgültig an ihr Ende gekommen ist. Wir fühlen uns wieder genauso halt- und orientierungslos wie in unserer vorletzten Woche an der australischen Küste.

Maria und mir wird plötzlich der Ernst der Lage klar. Die Schule in Deutschland beginnt in weniger als zwei Monaten. Wir setzen uns hin und suchen im Internet nach Wohnungen in Deutschland. Unsere Traumwohnung sieht folgendermaßen aus: Sie soll sich mitten in der Natur befinden, gerne auf einem etwas abgelegenen Bauernhof; sie soll möglichst günstig sein; es soll eine Wohnsiedlung mit anderen Familien direkt in der Nähe geben. So nah, dass die Kinder alleine mit dem Fahrrad zu Freunden fahren können, aber nicht zu nah; wir wollen nicht in der Wohnsiedlung wohnen. Und wir wünschen uns einen Fluss oder einen See direkt in der Nähe.

»Unmöglich«, meint meine Schwägerin, als sie mitbekommt, wonach wir suchen. »Ihr wollt von allem das Beste, so was gibt es nicht. Man muss immer irgendwo einen Kompromiss eingehen.«

Je länger wir suchen, desto mehr beginnen wir zu zweifeln, denn es scheint in der Tat extrem schwierig zu sein, etwas zu finden, das unseren Vorstellungen entspricht. Vielleicht hat Marias Schwester recht? Sind wir zu wählerisch? Vielleicht könnten wir auf einige dieser Dinge verzichten. Reicht es womöglich aus, gute Freunde in der Nähe zu haben?

Doch eine kleine Stimme tief in uns drin sagt uns, dass wir weiter auf sie hören sollen. Ein mehr oder weniger unbeschwertes Leben in der Natur ist schließlich genau das, was unsere Kinder für die nächsten Jahre brauchen. Und auch wir. Es ist uns wichtig geworden, in der Natur zu leben. Das haben wir schon längst eingesehen. Und das wollen wir jetzt auch umsetzen. Also suchen wir weiter.

Und weiter.
Immer weiter.
Und fühlen uns dabei immer verlorener.

Wir finden nichts in Deutschland, bei dem die kleine Stimme Ja sagt. Wenn wir auf etwas stoßen, das vielleicht infrage kommen könnte, ist es viel zu weit von Dortmund und all unseren Freunden entfernt, was sich dann auch wieder völlig sinnlos anfühlt. Unsere innere Unruhe wächst mit jeder weiteren Wohnung, die wir uns anschauen.

Doch nicht nur die Probleme bei der Wohnungssuche sorgen im Hinblick auf Deutschland langsam für gemischte Gefühle bei uns. Da nun der Schulbeginn immer näher rückt, beginnen wir uns zu fragen, ob das deutsche Schulsystem überhaupt noch das richtige für uns ist. Dieser Gedanke hat schon länger in uns gearbeitet, doch wir haben ihn immer wieder beiseitegeschoben, weil es uns so sehr in unsere Wahlheimat zurückgezogen hat. Nun aber, da wir bei der Wohnungssuche vor derartigen Problemen stehen, beginnen wir, den Deutschland-Plan grundsätzlich zu hinterfragen. In unseren Augen gibt es in deutschen Schulen zu viel Druck und zu wenig Freiraum für kreative Chaoten – ein paar unserer Kinder sind welche. Und dann ist da noch die große Herausforderung, sich nach der vierten Klasse für die passende Schulform zu entscheiden. Spricht man mit deutschen Eltern, ist das eine Entscheidung, die die Weichen für das ganze Leben stellt. Wollen wir das überhaupt? In Norwegen bleiben alle Kinder bis zur zehnten Klasse in einer Klasse. Es gibt kein Sitzenbleiben, sondern Sonderunterricht für Schüler, die Probleme in einem Fach haben.

Als die Reise vor einem Jahr losging, haben wir uns über so etwas keine Sorgen gemacht. Der naive Optimismus, mit dem wir beide von Natur aus gesegnet sind, gab uns damals das Gefühl, dass die Reise uns diese und viele andere Antworten auf einem Silbertablett servieren würde.

Na ja, auf viele unserer Fragen haben wir tatsächlich Antworten gefunden, auf diese jedoch nicht. Denn nun ist die Reise so gut wie zu Ende, und wir haben immer noch keinen Plan, wo wir wohnen und wo unsere Kinder zur Schule gehen werden.

Noch eine Sache, die wir aus dem Reisen gelernt haben: Völlig sorgenfrei wird das Leben dadurch eben auch nicht. Und manche Dinge lassen sich vielleicht in die hinterste Ecke des Bewusstseins schieben – irgendwann kommen sie aber wieder hervorgekrabbelt und verschaffen sich so penetrant und lautstark Gehör wie eh und je.

»Verdammt, wieso eiern wir so rum?«, frage ich Maria, während ich durch die Wohnungsanzeigen scrolle. »Wir könnten fast überall auf der Welt wohnen, doch wir wissen einfach nicht, was wir wollen. Ich glaube, das ist das Problem: Wir wissen weniger als je zuvor, wo wir leben wollen. In uns drin ist nur dieses vage Gefühl. Es hat uns zurück nach Europa gebracht, aber irgendwie scheint es uns auch zu sagen, dass Deutschland im Moment nicht das Richtige für uns ist.« Ich seufze verzweifelt. »Ich will aber nach Deutschland«, sage ich fast ein bisschen bockig. »Verdammt, was sollen wir machen?«

»Beruhige dich, Thor«, flüstert Maria leise, während sie ihren Kopf an meine Schulter lehnt. »Seit wir unser Haus in Dortmund verkauft haben, waren wir uns sicher, dass alles gut wird. Und bis jetzt hat doch eigentlich alles sehr gut geklappt, oder? Wir dürfen jetzt nicht die Hoffnung verlieren, nur weil sich gerade alles beschissen anfühlt. Wir müssen weiter daran glauben! Es wird alles so kommen, wie es kommen soll.«

Als ich in ihre Augen schaue, bin ich mir nicht ganz sicher, ob sie wirklich so von ihrer eigenen Aussage überzeugt ist, wie sie mich glauben machen will. Doch das ist mir gerade egal. Mir helfen ihre Worte ein wenig, alles andere kümmert mich nicht. Nicht, dass ich jetzt plötzlich alles positiv sehe, aber Maria hat mich eben daran erinnert, dass es trotz allem immer noch Hoffnung gibt.

Es gibt immer Hoffnung.

Ich klappe den Laptop zu und nehme ihre Hand. »Komm, lass uns was anderes machen, oder? Jetzt weiterzusuchen, zieht uns nur noch mehr runter.« Es ist spät, die Kinder schlafen bereits eine Weile. Also machen wir es uns für den restlichen Abend gemütlich und vergessen unsere Sorgen für ein paar Stunden.

Tatsächlich hilft es wohl manchmal, Dinge einfach zu überschlafen. Am nächsten Morgen ruft uns Marias Bruder an.

»Hey, ich hab die perfekte Wohnung für euch gefunden.«

»Wie jetzt, in Norwegen?«

»Ja, schaut's euch an. Ich hab euch einen Link geschickt. Sie ist auf einem Bauernhof. Im gleichen Haus wohnt eine andere Familie, und die sucht genau so Naturfreaks wie euch!«

Wir schauen uns die Anzeige an, und sie scheint tatsächlich wie für uns geschrieben zu sein.

> Wir suchen eine Familie, die naturverbunden leben möchte und sich vorstellen kann, mit uns biologisches Gemüse für den Eigenbedarf anzubauen. Außerdem wäre es schön, wenn wir zwischendurch etwas Gemeinsames in der Natur unternehmen und uns gegenseitig mit den Kindern aushelfen würden.

Diese nette Anzeige fesselt uns sogleich. Die wunderschönen Bilder in der Anzeige geben uns den Rest. Sie zeigen die herrliche Umgebung rund um den Bauernhof: Wald, Wiesen, Hügel, so weit das Auge reicht. Es schlängelt sich ein Fluss am Bauernhof vorbei, und es gibt mehrere schöne Seen in der Nähe. Eine Wohnsiedlung mit anderen Familien und Kindern liegt nur fünfhundert Meter entfernt. Die Anzeige ist perfekt. Das einzige Problem: Der Bauernhof befindet sich im falschen Land.

Ein paar Tage später fahren wir hin, um uns die Wohnung erst mal anzuschauen. Ich bin skeptisch. Maria fällt es leichter, sich mit dieser Idee anzufreunden. Die Kinder aber möchten nicht mal mitkommen.

»Ich will in Deutschland leben«, jammert Lydia. Dass unsere Kinder wieder in Deutschland wohnen wollen, ist kein Wunder. Sie sind dort geboren und aufgewachsen und kennen sich dort besser aus als in Norwegen. Außerdem sprechen die Kinder zwar alle Norwegisch, haben aber zum Beispiel nie gelernt, auf Norwegisch zu schreiben.

»Das werden wir doch wahrscheinlich auch«, erwidere ich. »Wir schauen uns den Bauernhof einfach mal an, okay? Es ist nichts anderes als ein schöner Sonntagsausflug mit der Familie. Und Kälber zum Streicheln gibt es dort übrigens auch!«

Das überzeugt die Kinder, also machen wir uns auf den Weg zu einem Dorf, in dem wir noch nie gewesen sind. Es liegt eine Autostunde von dem Ort entfernt, wo wir herkommen und wo Marias Familie noch wohnt.

Die Realität ist noch besser als die Vorstellung, die wir uns davon gemacht haben, und wir verstehen uns gut mit der Familie, die dort bereits wohnt. Das Wetter ist perfekt an diesem Tag, und die Umgebung sieht atemberaubend aus. Es ist wie der Himmel auf Erden. Zumindest fühlt es sich für uns an diesem wundervollen Tag so an. Maria möchte die Wohnung fast direkt nehmen, auch die Kinder sind begeistert und wollen jetzt alle plötzlich doch in Norwegen leben. Auf dem Weg hierher haben wir uns die Schule angeschaut und ein paar Kinder gesehen, die dort gespielt haben. All das hat unseren Kindern geholfen, sich ein Leben hier besser vorstellen zu können. Und es gefällt ihnen.

Nur ich bin innerlich hin- und hergerissen. Ich mag Deutschland, die Menschen dort, die Mentalität, die Sprache. Es ist meine Heimat geworden, und meine besten Freunde kommen aus diesem Land. Maria und ich haben unseren Freunden in Dortmund immer gesagt, dass wir nie wieder nach Norwegen ziehen werden. Und jetzt soll ich das doch tun? Obwohl ich natürlich die Vorteile sehe. Die herrliche Natur. Das kinderfreundlichere Schulsystem. Und der Bauernhof ist wirklich ein Traum. Vielleicht habe ich auch ein bisschen mit meinem Stolz zu kämpfen?

Eine ganze Woche brauche ich, und die anderen sind geduldig mit mir, lassen mir Zeit. Mit jedem Tag spüre ich, wie etwas in mir wächst. Mein Bauch fängt plötzlich zu kribbeln an, wenn ich an diesen Bauernhof denke. Und dann merke ich: Ich will diese Wohnung. Der Ort ist einfach perfekt für die Kinder, für uns alle. Verdammt, es ist doch genau das, was wir wollen.

Also sagen wir zu und sind überglücklich, als wir zwei Wochen später den Vertrag unterschreiben. Die Kinder und auch wir Erwachsenen können es kaum erwarten, auf einem richtigen Bauernhof zu leben. Es mag vielleicht das Ende einer großen Reise sein, aber für uns ist es vielmehr der Anfang eines neuen Abenteuers!

Gleichzeitig spüren wir, dass unsere große Reise für immer ein Teil von uns bleiben wird. Sie hat uns selbstsicherer gemacht und uns mehr Vertrauen ins Leben gegeben. Das heißt nicht, dass wir nie zweifeln, dass wir nie Angst haben. Wir haben jedoch gelernt, dass es immer irgendwie klappt. Maria und mir tut es unglaublich gut zu wissen, dass man in jeder noch so ausweglos erscheinenden Situation irgendwie zurechtkommt. Auch wenn es manchmal bedeutet, dass man auf Hilfe von anderen Menschen angewiesen ist. Wir waren immer mal wieder verloren während dieser Reise, sowohl mental als auch physisch. Doch es ging immer gut aus. Immer hat uns irgendjemand den richtigen Ratschlag oder einen Ort zum Schlafen gegeben, oder wir haben selbst die Kurve gekriegt und die Situation gemeistert, obwohl wir in einem fremden Land waren, in dem wir uns nicht auskannten. Und solche Erlebnisse geben einem viel Vertrauen in einen selbst und vor allem ins Leben – und machen offen für Neues.

Das gilt nicht nur für uns, sondern auch für die Kinder. Sie sind so mutig geworden und so gut darin, auf andere Menschen zuzugehen. Sie sind weltoffen und neugierig geworden. Und sie verurteilen Andersdenkende nicht so schnell, wie ich das als Kind getan hätte, sondern stellen stattdessen Fragen und wollen wissen, wie diese Menschen denken.

Diese Entwicklung zu beobachten freut uns sehr, vor allem angesichts unserer eigenen Vergangenheit, in der es nur schwarz und weiß, richtig und falsch gab.

Wir sind unglaublich stolz auf sie.

»Das, was wir in diesem Jahr gemeinsam erlebt haben, hat uns für immer verändert«, sagt Maria, als wir einmal mehr unsere wenigen Habseligkeiten in die Taschen stopfen. Diesmal vermutlich das letzte Mal für lange Zeit.

Ich lächle sie schweigend an.
Und wer weiß?
Vielleicht dauert es ja doch nicht allzu lange, bis wir wieder den Ruf der Ferne hören und abermals alles hinter uns lassen, um uns in das nächste Abenteuer zu stürzen?

Epilog

Wir sind alle Reisende oder: überall zu Hause

Besser ein dummer Wanderer als ein Weiser, der zu Hause sitzt.
MONGOLISCHES SPRICHWORT

In den ersten Monaten nach unserer Reise leben wir uns gut ein. Die Kinder fangen in ihrer neuen Schule an, finden schnell Freunde und fühlen sich sehr wohl. Aaron kommt in die erste Klasse, und Amy und Lydia finden sich gut zurecht, auch wenn sie ein Jahr verpasst haben. Bei Amy sind es sogar zwei verpasste Jahre, weil die Kinder in Norwegen nach einem anderen System eingeschult werden als in Deutschland – nämlich nach Geburtsjahrgang und nicht nach Schuljahr.

»Letztes Jahr war ich in der zweiten Klasse, und jetzt bin ich plötzlich in der fünften«, erzählt sie ihrer Cousine auf einer Familienfeier, und alle müssen lachen. Die ersten sechs Monate muss sie sich anstrengen, aber danach läuft alles ganz normal.

Wir bauen mit den Nachbarn einen Hühnerstall und schaffen uns drei Hühner an, machen Entdeckungsreisen zu den vielen Seen, die es um den Hof herum gibt, und baden im eiskalten Fluss, der direkt an unserem Grundstück entlangfließt.

Finanziell geht es uns nicht wirklich gut. Seitdem wir nach Norwegen zurückgekommen sind, haben wir gar kein Geld mehr. Wir haben alles für die Reise ausgegeben. Doch von unserem Traum, einen Film über die Reise zu drehen, wollen wir nicht ablassen. Um uns Zeit zu »kaufen«, damit wir »Zwei Familien auf Weltreise« produzieren können, müssen wir Schulden machen. Ein Jahr arbeiten wir gemeinsam mit Sandhya und Benedict an dem Film. Während dieser Zeit fährt Maria immer wieder Traktor für einen Bauern, und ich übersetze zwischendurch, damit wir über die Runden kommen. Zuletzt stehen wir vor einem Schuldenberg von über zwölftausend Euro. Und das mit Anfang dreißig, einem Alter, in dem die meisten Leute sich längst etabliert haben und bereits ein Haus oder Erspartes besitzen.

Eigentlich ist diese Situation aber nichts Neues für uns, auch wenn der Schuldenberg noch nie so groß gewesen ist. In unseren zwölf Jahren in Deutschland haben wir uns häufiger unterhalb als oberhalb der deutschen Armutsgrenze befunden. Und das lag in erster Linie daran, dass ich immer wieder versucht habe, im »künstlerischen« Bereich Geld zu verdienen. Ich habe zwar als freiberuflicher Übersetzer gearbeitet, allerdings immer zu wenig, weil die anderen Projekte, die damals kaum Geld brachten, mir viel mehr Spaß gemacht haben.

»Naiv und dumm«, könnte man vielleicht sagen. »Wenn man vier Kinder hat, muss man doch in erster Linie an die denken!« Tja, das mag stimmen, aber irgendwie konnte ich nicht anders. Da war einfach so eine starke Kraft in mir, die mich immer in diese Richtung gelenkt hat. Eine tief verankerte Sehnsucht danach, etwas zu schaffen, das andere Menschen berührt. Mal riss ich mich zusammen, um ein Jahr lang gutes Geld zu verdienen, doch früher oder später wurde ich wieder rückfällig. Und erst nachdem wir 2017 per Crowdfunding genug Geld gesammelt haben, um »Zwei Familien auf Weltreise« weiter zu finanzieren und die bisher dafür angefallenen Schulden abzubezahlen, und den Film danach über das Internet verkauft haben, sind wir finanziell auf einen grünen Zweig und eine solide Basis gekommen.

Warum ich das alles erzähle? Es ist mir wichtig, nicht den Eindruck zu erwecken, dass wir einfach so in die Welt hinausgereist sind, ein paar Fotos auf Instagram gepostet haben und dann plötzlich davon leben konnten. Wenn Menschen uns das nachmachen möchten, wollen wir, dass sie wissen, worauf sie sich einlassen.

Wir wollen erzählen, was sich bei uns alles hinter den Kulissen abgespielt hat. Mit welchen Widrigkeiten wir zu kämpfen hatten. Und dass nicht alles plötzlich flutscht, weil man »mutig« gewesen ist. Doch für uns hat die Geschichte ein Happy End, denn das unabhängige Leben, das wir uns so lange gewünscht haben, können wir jetzt nach so vielen Jahren tatsächlich führen – ohne akute Geldnot.

Inzwischen sind wir sehr glücklich mit unserer Entscheidung, uns auf dem kleinen Bauernhof niederzulassen. Nur Maria fällt es zu Beginn etwas schwer, wieder Fuß zu fassen. Obwohl die Leute im Ort und unsere Nachbarn sehr freundlich sind, ist es für uns gar nicht so einfach, Freunde zu finden. Was hatten wir dagegen auf unserer Reise für Möglichkeiten! Ständig neue Menschen. Ständig andere aufregende Geschichten. In unserem neuen Dorf fühlt Maria sich plötzlich wieder klein, so wie in Wanaka.

»Was ist los mit mir, Thor?«, fragt sie immer wieder. »Bin ich deprimiert, weil die Reise vorbei ist? Weil ich nicht mit der Rolle als Neue im Dorf klarkomme? Früher war ich ja immer diejenige, die sich voller Selbstbewusstsein um die Neuen gekümmert hat, die zu uns in die Gemeinde kamen!«

Vielleicht ist an jeder Vermutung ein bisschen was dran, auf eine Antwort kommen wir allerdings nicht wirklich. Maria ruft sogar einen Psychologen an und wird auf eine lange Warteliste gesetzt. Dann findet sie schließlich doch ein paar Freunde im Dorf, und mit der Zeit wird alles besser. Als der Psychologe irgendwann anruft, braucht Maria ihn nicht mehr.

Während unserer Reise und auch während wir dieses Buch geschrieben haben, haben wir oft darüber nachgedacht, dass nicht nur wir als Sektenkinder von Erwartungen gesteuert werden – oder besser gesagt wurden.

Wir alle wachsen in einer Welt auf, in der wir an jeder Ecke mit Erwartungen konfrontiert werden. Sie formen und prägen uns und sorgen dafür, dass wir vieles für selbstverständlich hinnehmen und nicht hinterfragen.

Schon als Kinder bekommen wir zu hören: »Du musst zuerst studieren und dir dann einen sicheren Job suchen.

Danach kannst du dann heiraten, zwei Kinder bekommen und dir einen Hund anschaffen. Aber bitte alles in dieser Reihenfolge.«

Die meisten von uns enden auf diese Weise in einem Job, der einem nicht wirklich gefällt, wir arbeiten vielleicht mehr, als uns lieb ist, um uns all das leisten zu können, was wir eigentlich nicht brauchen.

Wenn ich Leute auf dieses Thema anspreche, bekomme ich oft als Antwort zu hören: »Das Leben ist eben kein Wunschkonzert.« Und natürlich kann man im Leben nicht alles haben, was man will. Aber es ist verdammt nochmal viel mehr möglich, als wir denken. Und wir können selbst entscheiden, was wir mit unserem Leben anfangen wollen.

Wenn ein Kind nicht die üblichen Warnungen und Erwartungen zu hören bekommt, sondern man ihm stattdessen erzählt, dass es unendlich viele Möglichkeiten und Lebensentwürfe gibt, dass es sich ruhig eine Arbeit aussuchen darf, die in erster Linie Spaß und/oder Sinn macht, dass es keinen materiellen Reichtum braucht, um glücklich zu sein, und dass »Sicherheit« völlig überbewertet ist, weil es sie sowieso nicht gibt, dann kann das Leben ganz anders verlaufen.

Dann ist es gut möglich, dass das Kind sich mit einem offenen Geist und einem offenen Herzen viel mehr Gedanken über das eigene Leben macht und viel mehr Optionen in Erwägung zieht.

Vielleicht landet es dann irgendwann als glücklicher Mitarbeiter in einem Kinderheim in Nepal oder es verbringt sogar einige Jahre in der großen weiten Welt als umherreisender Straßenkünstler. Oder es entscheidet sich am Ende doch für einen sicheren Job in Deutschland – aber dann ganz bewusst.

Das ist eine ganz wichtige Sache, die wir unseren Kindern für die Zukunft mit auf den Weg geben möchten – und die wir uns auch selbst immer vor Augen führen.

Denn je mehr Dinge man versucht, desto mehr wird auch gelingen. Und außerdem hat man so die Möglichkeit, sich zu fragen:

Was will ich wirklich?

Was macht mich glücklich?

Was gibt meinem Leben Sinn und womit möchte ich es füllen?

Das ist jetzt also unsere Herausforderung, vor die wir dich als Leser am Ende dieses Buches stellen möchten:

Vergiss alle Erwartungen, die die Gesellschaft, deine Freunde oder deine Familie an dich haben, und frage einfach dich selbst, was *du* willst, was *dir* gefällt und wie *dein* Leben aussehen würde, wenn du von Anfang an auf dein Herz hören und den Erwartungsdruck ausblenden würdest.

Und falls dir die Vorstellung gefällt, dann mach den ersten kleinen Schritt in diese Richtung.

Es geht nicht darum, dein Leben komplett auf den Kopf zu stellen, sondern einfach darum, dass man sich bewusst sein darf, wie man leben möchte. Vielleicht stellst du ja fest, dass dein Leben perfekt ist, genau so, wie es ist.

Wenn es nur eine Sache ist, die du aus diesem Buch mitnimmst, dann hoffen wir, dass es folgende ist:

Es ist dein Leben. Du hast nur dieses eine und du kannst damit machen, was du willst. Du darfst verrückt sein, du darfst Dinge ausprobieren, du darfst scheitern.

Du brauchst all die Sicherheiten nicht, von denen man dir vorgaukelt, dass sie unbedingt nötig sind.

Denn hey, was soll schon Schlimmes passieren? Die meisten unserer Ängste sind doch unbegründet, denn wir kommen alle mehr oder weniger heil durchs Leben. In dem Teil der Welt, in dem wir leben, ist die Wahrscheinlichkeit, dass wir Not leiden müssen, extrem gering, also wovor die Angst?

Um den Tod kommen wir alle nicht herum – und da ist es doch besser, vorher so richtig gelebt zu haben!

Du darfst herausfinden, was dich glücklich macht und was deinem Leben Sinn gibt, um dann dein Leben dementsprechend auszurichten. Und wenn du es herausgefunden hast, darfst du – je nachdem – dein Leben komplett umwerfen oder eben ein wenig korrigieren.

Vielleicht stellst du zum Beispiel fest, dass dich Konsum nicht glücklich macht und dass dir die Zeit für die Menschen fehlt, die dir wichtig sind. Dann arbeite einfach weniger, gib weniger Geld aus und verbringe mehr Zeit mit deinen Liebsten.

Bei uns war eine große Veränderung nötig, weil unsere Vergangenheit so extrem unfrei und gesteuert von Erwartungen anderer war. Vielleicht ist es bei dir aber ganz anders.

Wie dem auch sei, vergiss bitte nie:
Der Sinn des Lebens ist leben!

Nun, während wir diese Zeilen schreiben, liegt unsere Weltreise bereits zweieinhalb Jahre zurück. Vor eineinhalb Jahren hat uns die Reiselust wieder gepackt, und wir haben mit unseren Kindern einen Roadtrip zu den Lofoten gemacht, den wir auch verfilmt haben. Der Film ist fünfundsechzig Minuten lang und heißt »Nordwärts«. Wir reisen ähnlich wie in Neuseeland, nur zelten wir in Norwegen meistens in der freien Natur, weil das hier erlaubt ist.

Auch wenn die Reise nur fünf Wochen dauert, ist es wunderbar, wieder so frei zu sein. Wir alle lieben unser Unterwegssein, und das Schönste daran ist zu sehen, wie sehr die Kinder aufblühen und zur Ruhe kommen, wenn sie einfach nur in der Natur sind, weit entfernt von den ganzen Ablenkungen des Alltags.

Ansonsten genießen wir immer noch das ruhige Leben auf dem Land, aber tatsächlich wächst langsam etwas tief in uns drin. Eine Sehnsucht, die schon eine Weile da ist, erst in letzter Zeit allerdings langsam Form annimmt – und die durch Roadtrips wie zu den Lofoten nicht zu stillen ist.

Unsere Kinder weinen zum Beispiel manchmal, wenn sie ein Lied hören, das wir auf der Weltreise oft gehört haben. »Wir vermissen unsere Reise«, sagen sie dann. »Es war so eine schöne Zeit.« Das hat aber nichts damit zu tun, dass den Kindern unser jetziges Leben nicht gefällt, sondern es liegt daran, dass die Erinnerungen so schön sind, dass es wehtut. Manchmal fragen sie uns auch direkt, ob wir nicht mal wieder eine große Reise machen können.

In unserem Inneren ist da ein klares Ja. Aber irgendwie auch eine Angst. Davor, dass wir unseren Kindern die Möglichkeit nehmen, Wurzeln zu schlagen. Was ist, wenn wir auch dieses Mal nach der Reise nicht zum selben Ort zurückkehren? Die Wohnung müssten wir vermutlich aufgeben, wenn wir länger unterwegs sein wollen. Oder sollten wir doch nur drei oder vier Monate reisen und sie in der Zwischenzeit untervermieten?

Fragen über Fragen. Das Gefühl werden wir allerdings nicht los. Irgendwas wird bald passieren, da sind Maria und ich uns ziemlich sicher.

Zunächst kommt jedoch im April 2019 der Film über unsere Weltreise deutschlandweit in die Kinos, und wir gehen auf eine vierwöchige Deutschlandtour, beginnend mit der Premiere in Berlin zusammen mit Sandhya und Benedict. Danach wird dieses Buch veröffentlicht, und dann ist möglicherweise die Zeit für ein neues Abenteuer da.

Wir freuen uns schon darauf.

Maria und Thor
Im Frühjahr 2019

Danksagung

Herzlichen Dank an Lydia, Amy, Aaron und Filippa. Ihr macht unser Leben zu einem Abenteuer! Wir lieben euch bis zum Mond und zurück.

Unser Dank gilt zudem unserer Lektorin Anna Baubin. Dafür, dass du von Anfang an an uns und das Projekt geglaubt hast!

Ebenso möchten wir uns bei Carina Heer bedanken. Du hast uns während des ganzen Schreibprozesses mit Rat und Tat zur Seite gestanden. Ohne dich hätten wir es nicht geschafft.

Vielen Dank an unsere Redakteurin Wiebke Bach. Dafür, dass du meine ganzen Füllwörter irgendwie halt gestrichen und das Buch quasi somit um etwa zwanzig Prozent gekürzt hast. Nein, im Ernst: Dein Feedback, deine Vorschläge und das lange Telefongespräch waren superhilfreich und haben das Buch besser gemacht!

Herzlichen Dank an Marie. Dafür, dass du uns in dem Jahr, als dieses Buch entstanden ist, eine große Hilfe warst und ein Teil unserer Familie geworden bist!

Unseren Familien und Freunden möchten wir auch herzlich danken. Ihr wisst, wer ihr seid. Wir lieben euch!

Quellennachweis

Trotz intensiver Recherche konnte der Verlag nicht alle Rechteinhaber ermitteln. Bitte wenden Sie sich gegebenenfalls an den Diana Verlag in der Verlagsgruppe Random House GmbH.

Auf Seite 6 wird verwiesen auf Seth Godin, zitiert in: Marianne Cantwell, *Be a Free Range Human (Escape the 9 to 5, Create a Life You Love and Still Pay the Bills)*, Kogan Page Limited, 2013, übersetzt von Thor Braarvig.

Zitat auf Seite 41 von Oscar Wilde, *Ein idealer Gatte: Komödie in vier Akten*, 1. Akt (Lady Chiltern).

Zitat auf Seite 91 von William Shakespeare, *Macbeth*, IV. Akt, 3. Szene (Malcom).

Zitat auf Seite 131 von Friedrich Nietzsche, *Jenseits von Gut und Böse*, 1886, 4. Hauptstück.

Zitat auf Seite 162 von Jack Johnson, *Banana Pancakes*, In Between Dreams, 2005.

Zitat auf Seite 163 von Johann Wolfgang von Goethe, Zahme Xenien, 1, aus: *Gedichte. Sämtliche Gedichte in zeitlicher Folge*, hrsg. von Heinz Nicolai, Insel Verlag, 1982.

Zitat auf Seite 189 von Henry David Thoreau, *Walden oder Leben in den Wäldern*, in der Übersetzung von Wilhelm Nobbe aus dem Jahr 1922.

Zitat auf Seite 221 nach Casper, *Das Grizzly Lied*, Xoxo, 2011.

Die norwegischen Sprichwörter auf S. 5, S. 21 und S. 251 wurden vom Autor selbst übersetzt.